GESTÃO E CURRÍCULO

FUNDAÇÃO EDITORA DA UNESP

Presidente do Conselho Curador
Marcos Macari

Diretor-Presidente
José Castilho Marques Neto

Editor Executivo
Jézio Hernani Bomfim Gutierre

Conselho Editorial Acadêmico
Antonio Celso Ferreira
Cláudio Antonio Rabello Coelho
José Roberto Ernandes
Luiz Gonzaga Marchezan
Maria do Rosário Longo Mortatti
Maria Encarnação Beltrão Sposito
Mario Fernando Bolognesi
Paulo César Corrêa Borges
Roberto André Kraenkel
Sérgio Vicente Motta

Editores Assistentes
Anderson Nobara
Denise Katchuian Dognini
Dida Bessana

ANGELA MARIA HIDALGO

Gestão e currículo
Fundamentos políticos e epistemológicos dos projetos Escola Cidadã e Cidade Educadora

editora
unesp

© 2008 Editora UNESP

Direitos de publicação reservados à:
Fundação Editora da UNESP (FEU)
Praça da Sé, 108
01001-900 – São Paulo – SP
Tel.: (0xx11) 3242-7171
Fax: (0xx11) 3242-7172
www.editoraunesp.com.br
feu@editora.unesp.br

CIP – Brasil. Catalogação na fonte
Sindicato Nacional dos Editores de Livros, RJ

H538g

    Hidalgo, Ângela Maria
    Gestão e currículo : fundamentos políticos e epistemológicos dos projetos Escola Cidadã e Cidade Educadora / Angela Maria Hidalgo. – São Paulo : Editora UNESP, 2008.

    Inclui bibliografia
    ISBN 978-85-7139-878-8

    1. Projeto Escola Cidadã (RS). 2. Projeto Cidade Educadora (RS). 3. Educação e Estado - Porto Alegre (RS). 4. Educação - Filosofia. 5. Educação - Aspectos políticos - Porto Alegre (RS). 6. Educação - Aspectos econômicos - Porto Alegre (RS). 7. Currículos - Mudanças - Porto Alegre (RS). 8. Cidadania. I. Título.

08-4454.
                                CDD: 370.981651
                                CDU: 37(816.51)

Este livro é publicado pelo projeto Edição de Textos de Docentes e Pós-Graduados da UNESP – Pró-Reitoria de Pós-Graduação da UNESP (PROPG) / Fundação Editora da UNESP (FEU)

Editora afiliada:

Asociación de Editoriales Universitarias de América Latina y el Caribe

Associação Brasileira de Editoras Universitárias

Ao meu querido Cláudio,
companheiro de vida,
e à nossa ainda pequena Mariana.
Aos meus pais, para os quais eu consigo,
agora na maturidade,
e apesar dos percalços da vida,
olhar de frente
e viver melhores momentos.

Nosso objetivo é dirigir o coletivo das crianças, de forma que cada membro possa administrar, quando seja necessário, e também obedecer e ficar nas fileiras, quando seja preciso.

(Pistrak)

SUMÁRIO

Prefácio   11
Introdução   15

1   Dimensões epistemológicas
    e culturais da organização curricular   25
2   Democracia e gestão: Diferentes perspectivas   109
3   A reforma do sistema municipal
    de educação em Porto Alegre   195

Conclusão   275
Referências bibliográficas   283

Prefácio

É bastante oportuna a publicação deste livro, pelo menos por duas razões. A primeira, em virtude de seu conteúdo ser um cuidadoso exame crítico da proposta educativa que foi constituída e implementada pelas diferentes tendências políticas presentes no interior do Partido dos Trabalhadores (PT), na prefeitura de Porto Alegre, em três gestões sucessivas, de 1993 até 2004. Tal exame – vindo a público em 2008, o mesmo ano em que se encerra a gestão do PMDB, partido que, em 2004, venceu o PT na capital do Rio Grande do Sul – permitirá a educadores, intelectuais e demais interessados análises e confrontos entre duas propostas no campo da educação básica: a do PT e a do PMDB, que o sucedeu, subsidiando possíveis estudos e secundando tomadas de decisões políticas que serão feitas.

A segunda, por constituir-se num trabalho feito com base no materialismo histórico-dialético, o que permitiu à autora perscrutar algumas dimensões importantes dos dois projetos denominados Escola Cidadã e Cidade Educadora, ambos oriundos de um partido situado exatamente à esquerda do espectro ideológico e, nesse sentido, supostamente alinhado a um referencial teórico pedagógico de base marxista.

Como resultado da escolha de um método de análise percuciente – e mesmo ressaltando, em alguns momentos, aspectos avançados da proposta educativa examinada –, são apontadas limitações e indicados equívocos, tanto teóricos quanto de ordem prática, presentes especialmente, mas não somente, do projeto Cidade Educadora, no qual a autora encontra, de forma marcante, traços do relativismo cultural pós-moderno e do reforço à participação da sociedade civil na educação pública em detrimento da responsabilidade do poder público para com a oferta e a qualidade do ensino. Tais traços vão sendo descortinados à medida que são analisados os desdobramentos pedagógicos das escolas e a flexibilização curricular, bem como a ampliação do espaço educativo não-escolar.

Tomando especialmente a questão curricular e a da democratização da gestão e do conhecimento escolar, com o desenvolvimento de políticas na direção de maior participação dos pais, nos é apresentado, em torno destes temas, um exaustivo estudo dos fundamentos políticos e epistemológicos da proposta educativa, com o aprofundamento das concepções filosóficas e pedagógicas que embasam os dois projetos.

Para adensar criticamente a compreensão das questões examinadas, a autora analisa dados colhidos em duas escolas, outros resultantes de análise de documentos e aqueles obtidos em entrevistas com dirigentes do sistema municipal de ensino de Porto Alegre e com os dirigentes educacionais da cidade de Barcelona, que vêm desenvolvendo propriamente o projeto das Cidades Educadoras.

Esses dados, trabalhados teoricamente, revelarão com nitidez, entre outras conclusões, que no Projeto Escola Cidadã:

- o contato com a realidade "cultural" dos alunos e da comunidade, que serviria como ponto de partida para a elaboração dos temas básicos para a organização dos complexos a serem estudados, não se traduziu em uma visão concreta da realidade e reduziu-se à visão empírica. Isso levou, muitas vezes, os educadores à aceitação passiva e acrítica da "barbárie" encontrada nas comunidades onde vivem os alunos (fruto da atual ordem do capital), atitude resultante do entendimento de que valores e situações com que se defrontam deveriam ser respeitados em vista da diversidade cultural;
- a opção pelos "complexos de conhecimento" (Pistrak), como base pedagógica orientadora da nova proposta curricular das

escolas estudadas, não resultou, pelo pouco aprofundamento dos professores, na reorganização curricular efetiva. Isso porque o momento de elencar e organizar os temas de estudo, após a pesquisa sócio-antropolítica, restou apenas como mais um momento "interessante" vivido pelos professores. Não podendo mais retomar a "antiga" seriação dos conteúdos e não atingindo os propósitos contidos na proposta de Pistrak, o professores voltaram-se para a elaboração de um rol de competências que lhes orientasse a ação educativa;

• o mecanismo da desseriação (ciclos) não colimou o objetivo da democratização do conhecimento nas escolas estudadas. Pelo contrário, resultou na superação apenas aparente da reprovação, processo percebido com clareza pelos pais como inoperante, no sentido de levar seus filhos a verdadeiramente aprender.

Quanto ao projeto Cidade Educadora, que teve seu início em 2001 e pretendia ser um aperfeiçoamento do anterior, as análises da autora permitirão apreender seu forte viés pós-moderno, com a não-afirmação da escola como lugar central nas possibilidade de acesso ao conhecimento sistematizado.

O papel cultural desse projeto é esmaecido pelo entendimento da quase equivalência dele a escolas de outras instâncias educativas da cidade e, conseqüentemente, pela pouca ênfase na ação do professor, profissional da educação.

Nesse sentido, o papel das organizações da sociedade civil (terceiro setor?) no Cidade Educadora é destacado – e não apenas o dos pais, como no primeiro projeto, a Escola Cidadã–, sob risco da quase negação de tarefas e responsabilidades do poder público sobre a educação básica. Assim, no afã de democratizar e compartilhar as tarefas educativas, pode-se trilhar caminhos antidemocráticos dos propugnadores da "Reforma do Estado", visando à redução da sua atuação e restrição de recursos no que se refere as políticas sociais.

É preciso ressaltar, no entanto, que o rigoroso esforço de análise crítica, cujos resultados são apresentados neste livro, não deve levar o leitor a pôr em dúvida quão verdadeiros foram os propósitos de todos aqueles que, na Secretaria Municipal de Educação de Porto Alegre ou nas escolas do período estudado, buscaram a concretização de uma sociedade mais justa e humana por meio também da ação educativa!

Finalmente, sentindo-me muito sensibilizada e feliz por prefaciar este novo livro de Angela Hidaldo, destacada professora do ensino superior estadual em seu estado, gostaria de lembrar a todos nós que, mesmo nos limites do metabolismo socioeconômico do capital, acreditamos e apostamos no fundamental papel da educação como forma de apropriação ativa e crítica da cultura, traduzida em saber escolar. Advertência essa de Terry Eagleton, no magnífico *A idéia da cultura*, publicado por esta mesma editora em 2005 (p.183-4):

> Em face desse florescimento cultural, um fato sério precisa ser lembrado. Os problemas básicos com que nos defrontamos no novo milênio – guerra, fome, pobreza, doenças, endividamento, drogas, poluição ambiental, desenraizamento de povos – não são, em absoluto, especialmente "culturais". Eles não são basicamente uma questão de valores, simbolismo, linguagem, tradição, pertinência ou identidade, e muito menos uma questão das artes. Os teóricos culturais, como teóricos culturais, têm muito pouco para contribuir para sua resolução. No novo milênio, surpreendentemente, a humanidade encara quase os mesmos tipos de problemas materiais de sempre, com alguns poucos novos acréscimos, como endividamento, drogas e armamentos nucleares. Como quaisquer outras questões materiais, esses assuntos têm um lado cultural: são associados a crenças e identidades e cada vez mais emaranhados em sistemas doutrinários. Mas eles são problemas culturais somente no sentido que arrisca entender o termo a ponto de perder totalmente seu significado.

Era isto!

MARIA DATIVA DE SALLES GONÇALVES
Professora de Educação da UFPR

Introdução

No referencial que dá sustentação ao projeto Escola Cidadã, implementado desde 1993 no município de Porto Alegre, capital do Rio Grande do Sul, afirma-se uma dupla dimensão da participação da família na escola. Uma, a do âmbito político da participação (que possui um plano pedagógico também), remete às possibilidades de estabelecimento de uma gestão democrática na qual os diversos segmentos participem das decisões fundamentais na elaboração das diretrizes tanto no nível do sistema como no da escola, formando o cidadão comum para o exercício da cidadania. A outra, a dimensão pedagógica da participação (que possui um plano político também), refere-se à possibilidade de conhecimento mútuo entre escola e comunidade, para a implementação de práticas pedagógicas e desenvolvimento de conteúdos que possam superar as dificuldades de aprendizagem decorrentes de questões culturais, pois supõe-se que a educação possuirá gradativamente um caráter transformador, à medida que ela se organizar pela lógica dos excluídos.

Identificamos um ponto de dissenso quanto à dimensão pedagógica das práticas participativas na educação. São divergências que se relacionam com diferentes concepções acerca da epistemologia, envolvendo um histórico embate, realizado de forma dicotômica entre perspectivas de efetivação de um ensino que possua um caráter universalizante e posturas que defendem a inclusão de elementos culturais no conteúdo ministrado pela escola.

A participação dos subordinados nos processos decisórios tem sido objeto de estudo e análise dentro das escolas da administração geral, desde que a Teoria das Relações Humanas, na década de 1930, identificou, para além dos mecanismos coercitivos, elementos motivacionais que alteravam a produtividade dos operários. Ao analisar a presença de espaços participativos e seus respectivos significados dentro das teorias administrativas, Lima (1992) indica que sua introdução segue a lógica da cooptação, reduzida à técnica de elevação da produtividade.

A preocupação existente nas análises referentes à participação concentra-se nas possibilidades ou não da incisão dos interesses e perspectivas dos subordinados nos processos decisórios, problema em si com um grau significativo de complexidade. Ao abordar as incongruências entre democracia e burocracia, Lima (1992) apresenta, como uma das principais questões colocadas à democracia nas organizações, a problemática da redução da participação à mera consulta a decisões previamente tomadas por especialistas, reduzido, portanto, a seu aspecto formal.

Em relação à gestão escolar, os âmbitos em que os diversos segmentos – professores, alunos, pais e representantes da comunidade local – podem intervir não têm sido suficientemente abordados. Todavia, se nos pautarmos pela assertiva anterior, da incongruência entre democracia e burocracia, inferiremos que os alunos, suas famílias e a comunidade devem reivindicar o direito de atuação no processo de tomada de decisões; entretanto, surge a questão: essa participação da família e da comunidade na escola, do ponto de vista dos segmentos interessados na superação das contradições fundamentais do sistema capitalista, deve ficar restrita às questões administrativas e financeiras, ou deve abranger também as decisões referentes ao currículo, metodologia e avaliação?

A partir da constatação da defesa da participação da família e da comunidade na gestão escolar como um ponto comum nos discursos das tendências pedagógicas de caráter emancipatório, simultaneamente à explicitação de uma divergência histórica entre a pedagogia popular e a pedagogia histórico-crítica com relação à concepção de currículo, colocamo-nos o seguinte problema: essa defesa da participação na escola estaria restrita aos aspectos políticos ou envolve também os pedagógicos?

Se remetermos o problema dos conteúdos escolares ao entendimento da relação entre educação e cultura, compreenderemos o caráter orgânico dessa relação: o conteúdo da educação implica seleção no interior dos elementos culturais – portanto, em atendimento às particularidades imediatas de grupos específicos – e, simultaneamente, constitui-se de elementos culturais que ultrapassam essas especificidades (Forquin, 1993).

Na década de 1960, desenvolve-se a abordagem sociológica do currículo. A característica essencial da "nova sociologia do currículo" é a analise dos fatores sociais da educação a partir do ponto de vista da "seleção, da estruturação, da circulação e da legitimação dos saberes e dos conteúdos simbólicos incorporados nos programas e nos cursos". O currículo é tratado de um ponto de vista crítico, cuja ênfase recai sobre seu caráter social (ibidem, p.77).

A preocupação diante da possibilidade de adesão a um relativismo radical, a partir das contribuições da "nova sociologia da educação", é desenvolvida por G. Whitty (apud Forquin, 1993), que sugere que um melhor conhecimento das contribuições do pensamento marxista contribui para separar "entre os aspectos do conhecimento e do pensamento que são suscetíveis de escapar do relativismo e aqueles que podem variar segundo os contextos históricos ou os vínculos e os interesses momentâneos dos diferentes grupos" (Forquin, 1993, p.112). Forquin remete ainda às contribuições de Entwistle, baseado nos escritos pedagógicos de Gramsci, para defender um currículo comum de base acadêmica e afirmar a cultura da criança como um ponto de partida, para permitir o acesso à cultura humanista. Reconhece, assim, que "se pode ser ao mesmo tempo conservador em pedagogia e revolucionário em política" (ibidem, p.131).

A pedagogia histórico-crítica, gestada e elaborada por educadores brasileiros durante a década de 1980 (Saviani, 1986; Libâneo, 1985; Cury, 1992; Mello, 1984), amplamente debatida e defendida no decorrer dos anos 1990, tem sofrido, no início deste novo milênio, uma série de questionamentos, especialmente por teóricos receptivos às tendências pós-modernas na educação. Silva (2000), por exemplo, situa o pensamento de Dermeval Saviani como filosoficamente deslocado, até mesmo ante os princípios da educação socialista.

Os autores afeitos ao pós-modernismo, quando sistematizam e analisam as tendências dos diversos campos da área da educação, fazem a contraposição entre as vertentes estruturalistas do pensamento educacional, contrapondo-as às posições críticas, pós-críticas e apresentando o pós-modernismo como uma síntese revolucionária (Silva, 2000; Giroux, 1997).[1] Realizam essa operação ignorando ou menosprezando os princípios do materialismo histórico-dialético e da pedagogia histórico-crítica, com suas contribuições para a educação brasileira, nas elaborações tanto acerca do currículo quanto das questões organizacionais.

Como temos formulado a hipótese de que as questões organizacionais, na área da educação, devem pautar-se por princípios derivados das questões epistemológicas, as quais, por sua vez, são gestadas no interior de perspectivas teóricas que constituem as principais vertentes teórico-filosóficas da modernidade, constatamos que o ponto de partida para a análise dos modelos organizacionais encontra-se nos pressupostos teóricos relacionados à metodologia de análise do real, por sua vez relacionados a pressupostos filosóficos e sociológicos de concepção de sociedade.

Optamos, para a realização da pesquisa[2], pela efetivação de um trabalho empírico, o qual envolve um levantamento de dados da experiência desenvolvida no município de Porto Alegre, que divulga, como objetivo principal da reforma educacional, a criação de um Estado

---

1   Fazemos aqui a ressalva a Moreira (1990, p.181), que apresenta o confronto entre a pedagogia popular e a histórico-crítica nos anos 1980, no Brasil, e clama por uma elaboração teórica que evite "posições reducionistas e que se conceba a escola como o local de confronto das culturas erudita e popular, no qual se adquirem e produzem conhecimentos, paralelamente ao desenvolvimento da consciência crítica".
2   Pesquisa realizada com bolsa concedida pela Capes, sem a qual não teria sido possível a realização deste trabalho

democrático e de um sistema de ensino compatível com sua natureza, promovendo a participação da comunidade nos espaços públicos de decisão. Para a efetivação desta pesquisa, fizemos um levantamento das publicações da Secretaria Municipal de Educação (SMED) daquela capital e a realização de entrevistas com os técnicos que atuam nessa Secretaria e nas escolas da rede municipal de ensino, durante o período de outubro de 2001 a novembro de 2002. Na SMED foram entrevistados a coordenadora pedagógica, a coordenadora do Ensino Fundamental, uma técnica do Núcleo de Ação Cultural, o secretário municipal – aquele que permaneceu por mais tempo no cargo desde a implementação da proposta – e ainda a presidente do Conselho Municipal de Educação do município na gestão 2000-2002. Realizamos entrevistas e observações em duas escolas da rede municipal, as quais, segundo informações dos técnicos da Secretaria, expressavam a realidade da média das escolas – ou seja, unidades que não se constituíam em vanguardas no processo de implementação da proposta da organização por ciclos de aprendizagem, tampouco eram resistentes às diretrizes da SMED a ponto de apresentarem características diferenciadas do conjunto das escolas. Foram, portanto, escolhidas para estudo duas unidades escolares que optaram pela organização em ciclos e já possuíam uma experiência passível de análise. Nas escolas foram entrevistados: diretor, supervisor, professor e representante de pais no Conselho Escolar; também foram realizadas observações nos espaços coletivos e nas salas de aula.

Ainda com a preocupação de ouvir sujeitos envolvidos no processo de implantação dessas propostas educativas, realizamos entrevistas com coordenador e assessores da sede mundial do projeto Cidades Educadoras, em Barcelona, Espanha, e também com um assessor do Institut d'Educació (Instituto de Educação) do Ajuntament (Prefeitura) daquela cidade.

Examinamos alguns dos textos publicados pela Secretaria abordando as questões pertinentes ao estudo. Essa análise realizou-se por meio da identificação das categorias presentes no conteúdo do material e em razão do quadro de referência assumido para a efetivação deste estudo. Esses conteúdos foram agrupados por categorias para permitir a visualização da abordagem desses temas pelas diferentes fontes: concepção de homem, cultura, educação, currículo, processo de conhecimento e administração escolar. Essas categorias, presentes nos materiais da pesquisa suscitaram também a necessidade de novas leituras e levantamentos bibliográficos, realizados no Brasil e em Portugal.

O presente estudo justifica-se em razão da existência de construções teóricas que veiculam a flexibilização curricular e buscam a pertinência cultural dos conteúdos trabalhados na escola como mecanismo de emancipação das classes populares. Essas elaborações influenciam as políticas educacionais implementadas pelos Estados e municípios, como veremos com os projetos implementados em Porto Alegre; além disso, é o estudo dos pressupostos que embasam as políticas implementadas e os mecanismos desencadeados para sua efetivação que contribuam para novas teorizações. Como pudemos verificar que a democratização da gestão e a democratização do conhecimento na política educativa desse município são apresentadas como forma de publicização do Estado na esfera educacional, por intermédio da ampliação dos espaços participativos e da reestruturação curricular, entendemos que este estudo poderá produzir uma série de dados e reflexões com vistas a contribuir para novas análises e elaborações acerca do problema delimitado.

Nosso objetivo, portanto, é aprofundar as elaborações acerca da participação dos pais na escola, a partir do reconhecimento da especificidade da atividade ensino-aprendizagem, e realizar uma análise em que as questões tratadas na área do currículo constituam-se em parâmetros para os problemas da administração escolar.

A organização dos capítulos busca apresentar as questões trabalhadas no campo educacional, que envolve as questões da organização curricular, passando para o campo organizativo-administrativo. Todas as discussões teóricas realizadas nos dois primeiros capítulos foram desenvolvidas com vistas a esclarecer os problemas apresentados pela pesquisa empírica, a qual, no entanto, é apresentada no terceiro capítulo (quarta seção), mesmo porque a síntese realizada no tratamento desses dados pauta-se pela compreensão destas questões a partir do estudo teórico realizado.

No primeiro capítulo, abordamos como o campo curricular envolve questões relativas à epistemologia, cultura e política na definição dos programas de estudos. Inicialmente traçamos o embate entre as principais abordagens no Brasil para, posteriormente, apresentarmos de forma agrupada as principais vertentes educacionais que estiveram em pauta na elaboração e implementação das propostas do sistema de ensino de Porto Alegre. Agrupamos essas tendências pedagógicas, não obstante as profundas diferenças entre si, pelo critério da abordagem que realizam acerca das possibilidades das transformações sociais e do papel da educação neste cenário. Definimos dois agrupamentos: ao primeiro, chamamos de *teorias das novas possibilidades*, por termos identificado, nos pressupostos da educação popular, da educação permanente e das teorias pós-modernas na educação, uma formulação teórica que defende o poder da educação de, promovendo a criação de valores, potencializar transformações sociais, sem que as contradições do sistema capitalista sejam consideradas neste quadro; o segundo é a análise marxista, que toma como ponto de partida para o exame do currículo o caráter histórico e de classe social do conhecimento humano. Incluímos nessa última vertente do pensamento educacional as questões epistemológicas tratadas na perspectiva dialética, mostrando como esses elementos são sistematizados nas propostas de educação e trabalho por Pistrak e na pedagogia histórico-crítica.

No segundo capítulo, apresentamos a análise marxiana[3] das contradições do sistema capitalista, realizada aqui em razão da necessidade de compreensão das diferentes perspectivas teóricas acerca das possibilidades de transformação social, as quais concebem de variadas formas o papel da educação e do regime democrático na sociedade de classes. Discutimos ainda diferentes vertentes do pensamento marxista com relação à democracia e como a perspectiva da democracia, como valor universal, desdobra-se nas postulações da Terceira Via, a

---

3 Para distinguir o que é próprio de Marx e o que vai além dele, recebendo a contribuição de outros autores na construção dessa corrente de pensamento, utilizamos distintamente o termo *marxiano*, para nos referirmos ao primeiro, e *marxista*, para nos referirmos aos segundos, seguindo a indicação de Manacorda (1991, p.IX).

qual defende uma ampliação da capacidade de controle e articulação da sociedade civil sobre as políticas públicas, como alternativa ao mercado e ao Estado no papel de regulação social. Essas defesas têm justificado uma série de reformulações no aparato institucional do Estado, o que, por sua vez, gera impacto sobre as teorias administrativas. Analisamos, por conseguinte, as teorias acerca da administração escolar, agrupando-as a partir do mesmo critério que evidenciamos na síntese do exame das teorias acerca do currículo, também na área da administração, o que é natural, dada as imbricações destas áreas na educação.

Dentre as teorias acerca da gestão escolar, abordamos, portanto, num primeiro momento, as que chamamos de *teorias das novas possibilidades*, em que incluímos uma perspectiva liberal de tentativa de universalização dos princípios da administração geral para a área educacional; e um enfoque multidimensional, que realiza um esforço teórico de busca de um consenso entre diferentes interesses na definição das formas organizacionais da educação; esse consenso seria obtido pela adoção do critério cultural como o elemento conciliador por natureza. Contrapondo às perspectivas anteriores, esboçamos os pressupostos do arcabouço teórico marxista referente às questões de organização do Estado e da administração escolar, que apresentam como grande desafio da área da administração escolar a definição de princípios para a organização da educação, consoantes com a especificidade da natureza das atividades educativas.

No terceiro e último capítulo, apresentamos o referencial teórico que sustenta a reformulação do sistema de ensino da capital gaúcha, por meio tanto do projeto Escola Cidadã quanto do Cidade Educadora. Esses dois, implementados por administrações do mesmo partido político, o Partido dos Trabalhadores (PT), apresentam elementos de continuidade e ruptura em seus princípios básicos, em razão de terem sido concebidos por diferentes tendências do partido. Analisamos como foram tratadas nos projetos as questões epistemológicas e administrativas que suscitaram o estudo teórico apresentado nos capítulos anteriores, portanto necessário para a análise e compreensão das questões postas pela dinâmica dessa realidade.

Considerando que os princípios da gestão escolar são indissociáveis dos problemas enfrentados pelos teóricos da área curricular, os quais, por sua vez, remetem obrigatoriamente a diferentes vertentes do pensamento filosófico. Apontamos, desse modo, a necessária explicitação dos princípios filosóficos, sociológicos e administrativos que embasam as determinações na área curricular, para o desenvolvimento de princípios organizativos coerentes.

1
DIMENSÕES EPISTEMOLÓGICAS E CULTURAIS DA ORGANIZAÇÃO CURRICULAR

> "A consciência humana deve ser, pois, considerada tanto no seu aspecto teórico-predicativo, na forma do conhecimento explícito, justificado, racional e teórico, como também no seu aspecto antepredicativo, totalmente intuitivo. A consciência é constituída da unidade de duas formas que se interpenetram e influenciam reciprocamente, porque, na sua unidade, elas se baseiam na práxis objetiva e na apropriação prático-espiritual do mundo. A recusa e a subestimação da primeira forma conduzem ao irracionalismo e às mais variadas espécies de "pensamento vegetativo"; a recusa e a subestimação da segunda forma conduzem ao racionalismo, ao positivismo e ao cientificismo, os quais, em sua unilateralidade, determinam o irracionalismo como complemento necessário."
>
> (Karel Kosik)

A partir das questões que permeiam este estudo – os impactos da assunção da dimensão pedagógica da participação dos pais na escola sobre a organização curricular e as implicações da busca da especificidade da atividade educativa na derivação de princípios organizacionais –, assumimos como premissa básica que os estudos sobre gestão escolar, para responderem às questões colocadas, precisam ter como ponto de partida as discussões em torno do currículo. Em razão de termos identificado no estudo realizado no município de Porto Alegre, como questão central, a dimensão cultural da educação, abordada especialmente a partir da perspectiva da educação popular, do pós-modernismo e da educação permanente, elegemos as dimensões epistemológicas e culturais da organização curricular para análise em diferentes abordagens, sistematizadas partindo do critério que, do nosso ponto de vista, imprime as diferenças essenciais, entre elas a perspectiva de classe social.

Com esse propósito, agrupamos num primeiro tópico as abordagens que, no intento de superação do que consideram limites do pensamento marxista (as relações de trabalho são condicionamentos que estão na base do modo de produção, e são fundamentais na organização societal), elegem os aspectos culturais, de gênero, étnicos, religiosos, como elementos com maior peso de estruturação e definição de diferenças sociais. Apresentamos, portanto, num primeiro bloco, os fundamentos do pensamento de Paulo Freire, origem e base dos princípios da educação popular, a qual aborda as questões curriculares e participativas da educação formal e não-formal a partir dos mesmos pressupostos; em seguida, explicitamos a concepção de educação permanente e suas relações com os projetos Cidades Educadoras; e, por último, identificamos os elementos teóricos e metodológicos das perspectivas pós-modernas na educação. Assim procedemos, agrupando essas diferentes perspectivas por – não obstante a existência de diferenças em seus pressupostos, no que se refere às questões tratadas neste estudo – possuírem convergências significativas.

No segundo bloco deste capítulo, apresentamos a perspectiva classista do materialismo histórico-dialético acerca do conhecimento humano e das questões culturais. Assim procedemos em razão de que a proposta da Escola Cidadã, implementada em Porto Alegre, também toma como quadro de referência a pedagogia socialista de Pistrak. Por isso, analisamos as implicações pedagógicas do caráter sócio-histórico do conhecimento humano também na pedagogia histórico-crítica, para posteriormente, no capítulo seguinte, verificarmos quais as implicações de uma perspectiva classista da democracia política, com o objetivo de orientar a análise das abordagens sobre gestão escolar realizadas no terceiro capítulo.

Currículo: epistemologia, cultura e política

Os estudos curriculares são parte dos problemas debatidos pelas teorias pedagógicas, as quais, entre outras dimensões da atividade educacional, pensam e indicam intervenções também na área da administração escolar. Debateremos neste tópico os problemas curriculares discutidos pelas principais vertentes do pensamento educacional contemporâneo, para indicar, ao longo do trabalho, as convergências dessas questões com os problemas da participação dos pais na escola.

Considerando o desenvolvimento dos estudos curriculares nos Estados Unidos da América, Silva (2000) esclarece que, com a expansão dos sistemas de ensino, em seu marco inicial, esses estudos assumem um cunho nitidamente economicista. Ao conceberem as escolas do sistema de ensino como uma empresa, os primeiros teóricos dessa área nos Estados Unidos elegem a "eficiência" como estratégia principal. Em 1918, Bobbitt opera a transferência do modelo de organização proposto por Frederick Taylor para a escola, devendo essa, portanto, funcionar de acordo com os princípios da administração científica. Para tanto, ressalta a necessidade do estabelecimento de padrões para os produtos educacionais. Em 1949, Ralph Tyler consolida o modelo de Bobbitt, que adquire hegemonia no campo curricular norte-americano e influencia essa área no Brasil. Estabelece os princípios curriculares a partir "da idéia de organização e desenvolvimento" e apresenta a área como questão eminentemente técnica. Mesmo hegemônica, essa concepção encontra um contraponto com teóricos considerados progressistas. John Dewey, já em 1902, apontava a importância de o planejamento curricular considerar os interesses e experiências das crianças e jovens. Essa concepção de educação, segundo Silva (2000, p.23-5), estava mais voltada para as práticas de princípios democráticos.

Neste contexto analisado por Silva, essas duas elaborações teóricas acerca do currículo – tanto o modelo tecnocrático, de Bobbitt e Tyler, quanto o progressista, de Dewey – constituíam-se em reações ao currículo clássico, humanista, que priorizava o repertório das grandes obras literárias e artísticas das heranças clássicas grega e latina. Ambas as vertentes contestatórias ao currículo clássico surgiram no contexto da ampliação da educação de massas. Constituem-se o modelo tecnocrático e o democrático duas reações ao universalismo abstrato anterior. A vertente tecnocrática utiliza-se de um discurso científico, desenvolvido no âmbito das organizações empresariais, em que a racionalidade da organização do trabalho esteve submetida às demandas exclusivas de maior lucratividade via controle e exploração do trabalho alheio. O modelo democrático liberal, ignorando os condicionamentos histórico-sociais, concebe a educação como alavanca da transformação social pela via do desenvolvimento de subjetividades democráticas no espaço da escola.

Silva (2000) indica que, já na década de 1960, com a emergência dos movimentos sociais e culturais e a elaboração da teoria crítica, profundas alterações são instituídas nos fundamentos da teoria tradicional. A atenção exclusiva aos aspectos técnicos da elaboração e organização do currículo, sem questionamento político do papel da educação na sociedade, passa a ser substituída pelas preocupações com as desigualdades sociais e o papel do currículo na manutenção e ampliação dessas. Os autores marxistas são condenados por Silva (2000, p.34) pelo esforço em estabelecer relações entre educação, economia, produção e ideologia. O marxismo estruturalista, especialmente as elaborações de Althusser, desponta como *o* marxismo, considerado a perspectiva teórica que opera a relação entre educação e economia de forma reducionista, enquanto autores não-marxistas, tais como Bourdieu e Passeron, são utilizados e exaltados por terem supostamente desenvolvido o conceito de capital cultural, demonstrando como a dinâmica e lógica das instituições culturais não estão condicionadas pelo funcionamento da economia, mas, ao contrário, que "a cultura funciona como uma economia".

É importante assinalar o mecanismo utilizado por Silva de utilizar-se de um autor materialista estruturalista como Althusser, para negar a contribuição marxista para a compreensão da complexidade da sociedade atual e, portanto, para as questões curriculares e ressaltar a importância da assunção dos elementos da cultura como cruciais para a compreensão do fenômeno educativo. Ou seja, para Silva (2000), considerar outras determinações que não as de classe social implica a negação do materialismo histórico-dialético como referencial teórico válido para a discussão das questões curriculares.

Forquin (1993), na análise das relações entre cultura e currículo, explicita o debate travado na Grã-Bretanha entre diferentes posições teóricas, que nos esclarece de forma menos tendenciosa o desenvolvimento dos estudos acerca do currículo, o que permite situar o debate entre defensores de posições antagônicas no âmbito do embate político. Apresentaremos a síntese realizada por Forquin (1993) das posições de G. H. Bantock, Paul Willians e Paul Hirst, efetuada durante as décadas de 1950 e 1960, e indicações das posições de autores marxistas com relação às elaborações desenvolvidas pela chamada "nova sociologia do currículo", no final dos anos 1960. Esse debate é essencial para compreendermos a indicação de Forquin de que o relativismo – e muito menos a defesa do universalismo – em educação implica posições conservadoras ou renovadoras; portanto, faz-se necessária a explicitação da natureza do universalismo defendido pelo autor, que incorpora as questões dos culturalistas sem cair no relativismo conservador.

Em G. H. Bantock, Forquin identifica elementos de um humanismo tradicional que, pela defesa do "pluralismo cultural e do realismo psicológico", defende a implementação de cursos específicos para grupos socioculturalmente diferenciados. Bantock propõe "adotar deliberadamente uma política de diferenciação dos cursos, criar redes educativas completamente distintas para públicos incompatíveis e destinados a nunca mais se encontrarem", justificando essa defesa com os argumentos da existência de "uma cultura alfabética e erudita que não é, na verdade, compreensível e desejável a não ser para alguns", acrescentando que o objetivo de universalização de uma escolarização uniforme "resigna progressivamente a um nivelamento geral, renuncia a fazer progredir os melhores conforme as suas possibilidades e as suas motivações profundas". Para os alunos das massas, que Bantock considera portadores de necessidades afetivas ou possibilidades cognitivas diferenciadas, esse autor defende uma educação das emoções para o desenvolvimento de atitudes e disposições voltadas à profissionalização e uso criador dos meios de comunicação (Forquin, 1993, p.46).

Em Raymond Williams, Forquin (1993) identifica um ponto de vista "de esquerda" que aponta processos seletivos da cultura e do currículo escolar em razão de conflitos sociais. A cultura atua nos processos de seleção curricular de forma ambivalente: como repertório, do qual são retirados extratos para fins didáticos, assim como impulso, esquema gerador das escolhas. Ou seja, o processo de definição curricular ocorre da "seleção na cultura e seleção em função da cultura". Williams defende um ensino secundário que tenha um mesmo currículo organizado por "conteúdos culturais fundamentais", a partir de uma "cultura comum". Nessa vertente, "não são as considerações epistemológicas que comandam a concepção de currículo, mas as considerações culturais", entretanto, não no sentido do desenvolvimento de uma cultura nova, mas sim como uma reapropriação da herança da alta cultura tradicional. Essa perspectiva, para Forquin (1993, p.42), consiste em uma versão modernizada do currículo tradicional.

Os fundamentos epistemológicos como critério exclusivo para a organização curricular é defendida por Paul Hirst. Segundo Forquin (1993, p.56), esse autor defende uma educação com vocação liberal que, ao assumir como fundamento "a natureza do conhecimento em si mesmo", define como objetivo do sistema educativo desenvolver "em cada indivíduo os poderes do pensamento conceptual, isto é, o domínio de esquemas de simbolização elaborados intersubjetivamente ao longo do processo de civilização nos quais e pelos quais a existência humana pôde tomar forma e tornar-se comunicável". Para Forquin, Hirst assume uma concepção na qual a razão possui poder de estruturação e de conceptualização da experiência, o que justificaria a proposição de uma teoria do currículo fundamentada numa teoria do conhecimento. Após ter constatado a existência de formas fundamentais de conhecimento, chamadas "campos de conhecimento", de base temática e em que se encontram tipos de saberes conceitualmente heterogêneos, Paul Hirst assume, como critério exclusivo para a definição do currículo, "a identificação das formas de conhecimento", pois ele define por objetivo pedagógico o desenvolvimento da racionalidade nos alunos, a familiarização desses com os "conceitos essenciais, com as estruturas lógicas, com os critérios de validação dos enunciados, com as técnicas intelectuais próprias a cada uma destas formas" (Forquin, 1993, p.58-9).

No final dos anos 1960 e na década de 1970, desenvolve-se a "nova sociologia do currículo" que possui como característica essencial o fato de "considerar o conjunto do funcionamento e dos fatores sociais da educação a partir de um ponto de vista privilegiado que é o da seleção, da estruturação, da circulação e da legitimação dos saberes e dos conteúdos simbólicos incorporados nos programas e nos cursos". O currículo é abordado a partir de um ponto de vista crítico, com "ênfase sobre o caráter contingente, o caráter fortemente construído e por isso mesmo a natureza essencialmente 'problemática' dos saberes escolares" (ibidem, p.77). Essa nova tendência é examinada numa perspectiva chamada por Forquin de reconceptulização marxista da nova sociologia, que explicita o relativismo assumido por essa nova abordagem quando da sua crítica ao dogmatismo positivista em sua concepção autoritária e hierárquica das transmissões cognitivas. Para Geoff Whitty,

> a ênfase posta sobre o aspecto "socialmente construído" da realidade pode levar a negligenciar a questão de saber por que a realidade vem a ser "construída" deste modo mais do que outro e por que certas "construções" parecem suficientemente sólidas para poder resistir a todas as críticas dos sociólogos fenomenólogos. A *tese da "construção social da realidade"* pode conduzir, assim, a *subestimar as determinações objetivas* que pesam sobre as representações do mundo e que conferem mais credibilidade a uma do que a outras. (apud Forquin, 1993, p.112, grifo nosso)

Diante da preocupação com a dimensão objetiva das representações de mundo elaboradas pelos sujeitos, Whitty indica como contribuição do pensamento marxista a identificação da existência de um certo idealismo e ingenuidade na postura da nova sociologia do currículo. Ingenuidade essa que reside na crença de que seria suficiente que os professores suspendessem seus pressupostos usuais e desenvolvessem uma crítica às suas práticas para provocar alterações na natureza de suas atividades, sem que se questionassem as características do conjunto do contexto social capitalista.

Essa construção teórica de Forquin foi aqui apresentada para demonstrar que a questão do universalismo e do culturalismo no debate sobre os condicionamentos do processo de definição curricular não está resolvida a partir dos desdobramentos da nova sociologia do currículo, com as elaborações pós-estruturalistas e pós-modernas, e que as contribuições dos autores marxistas não estão superadas, como nos sugere Silva (2000). Ao contrário, essa questão apresenta diferentes perspectivas conflituosas, cujo embate é frutífero para que possamos avançar na formulação de posições que nos permitam incorporar tanto os elementos políticos quanto os culturais e epistemológicos nos processos de definição curricular, para o que as contribuições do materialismo histórico-dialético são essenciais.

Para Silva (2000), um dos desdobramentos da teoria crítica, em vigor na década de 1960, é a emergência do chamado "movimento de reconceptualização", cujos pensadores agruparam-se em torno de dois grupos: um deles baseava-se nos fundamentos marxistas, gramscianos e da Escola de Frankfurt, reconhecendo o papel das estruturas econômicas e políticas na reprodução cultural e social exercida pela educação e pelo currículo; o outro grupo constituiu-se de teóricos cujas críticas inspiravam-se "em estratégias interpretativas de investigação, como a fenomenologia e a hermenêutica". Esse "movimento de reconceptualização" foi "dissolvido no pós-estruturalismo, no feminismo, nos estudos culturais, [e] ficou limitado às concepções fenomenológicas, hermenêuticas e autobiográficas de crítica aos modelos tradicionais" (Silva, 2000, p.38-9). Fica nítida em Silva a utilização de argumentos a favor de uma abordagem relativista do currículo. Ele apresenta um histórico do desenvolvimento dos estudos críticos em educação, no qual demonstra ao leitor que esse movimento desembocou majoritariamente em concepções fenomenológicas e hermenêuticas acerca do currículo. Silva (2000) só faz uma ressalva, dirigida às reações de Michael Apple, que se recusa a ser enquadrado em tal movimento, por considerá-lo excessivamente subjetivista. Tomaz Tadeu da Silva ignora por completo as produções brasileiras em torno da tendência histórico-crítica, liderada sobretudo por Dermeval Saviani. Talvez seja injusto afirmarmos que ignora, pois, na verdade, dispensa pouco mais que alguns parágrafos para desqualificar tal abordagem como pretensamente marxista e deslocada de qualquer vertente do pensamento sociológico.

a Pedagogia de Saviani aparece como a única, dentre as Pedagogias críticas, a deixar de ver qualquer conexão intrínseca entre conhecimento e poder [...] é difícil ver como a teoria curricular da chamada "Pedagogia dos conteúdos" possa se distinguir de teorias mais tradicionais do currículo. (Silva, 2000, p.63)

Por entendermos como necessária, realizaremos neste tópico do nosso trabalho a análise de alguns autores (Paulo Freire, Dermeval Saviani, Pistrak) que manifestam, em seus estudos acerca do currículo, princípios ligados a diferentes vertentes do pensamento sociológico, a fim de captarmos o papel atribuído por eles ao conhecimento científico e as relações desse com os elementos da cultura dos alunos, na tentativa de extrairmos princípios administrativos referentes à participação das famílias e elementos da comunidade na gestão escolar.

O problema do campo curricular no Brasil

No Brasil, as teorias desenvolvidas e as políticas educacionais que influenciaram as decisões no campo curricular são fruto de uma constante tensão entre as contribuições dos chamados pioneiros da educação – que nas décadas de 1920 e 1930 difundiram e reelaboraram os princípios da democracia liberal de Dewey – e os postulados do modelo tecnocrático norte-americano. Com o desenvolvimento das teorias críticas e, mais precisamente, a partir da década de 1960, com a educação popular, essa tensão entre propostas emancipatórias e as medidas governamentais embasadas no liberal-tecnicismo implementado nesse período é enriquecida nos anos 1980 com o debate entre a perspectiva humanista freireana e a perspectiva da pedagogia histórico-crítica.

Na década de 1980, com a eleição de governos de oposição em diversos estados da federação, são implementadas algumas experiências de propostas educacionais alternativas. As tendências pedagógicas emancipatórias passam por um processo de ampla discussão e reelaboração. Polariza-se nesse momento um embate entre as posições da pedagogia histórico-crítica e a pedagogia popular. O fracasso da escola de primeiro grau no ensino de crianças das camadas mais carentes, constituindo-se o problema prioritário das teorias educacionais, traz a questão do currículo para o centro das preocupações. No governo Sarney, o documento "Educação para todos, 1985" ressalta a importância dos conteúdos curriculares, ao indicar a necessidade de esses estarem relacionados à realidade familiar das crianças, revelando uma ênfase no conhecimento vinculado à cultura dos estudantes. Essa preocupação com o ensino de primeiro grau é evidenciada também nos livros e artigos escritos por nossos autores críticos, que discordam em relação ao currículo. A pedagogia histórico-crítica acusa essa proposta de, por apresentar uma preocupação excessiva com o método, contribuir para o rebaixamento da qualidade do ensino, e ressalta que a função da escola é a transmissão de conhecimentos que possuem um caráter universal objetivo, a ser dominado por todos (Moreira, 1990).

A educação popular, por sua vez, defende que o eixo norteador da proposta curricular sejam as experiências da vida social, por apresentarem exigências e criarem necessidades a serem respondidas, em contraposição às disciplinas tradicionais. Seus pensadores defendem o desenvolvimento de programas e práticas pedagógicas alternativas a serem elaborados com comunidades populares específicas. Nessa vertente, a produção do saber é apresentada como o objetivo central da atividade pedagógica, em substituição à transmissão de conhecimentos, considerada como impeditiva do desenvolvimento de posturas críticas (Moreira, 1990).

Essa oposição entre as elaborações da educação popular e da perspectiva histórico-crítica, que poderia ser considerada como ênfase sobre diferentes aspectos do processo ensino-aprendizagem, passíveis de síntese, na verdade expressa discordâncias de caráter filosófico e epistemológico, cujos desdobramentos para a educação resultam em propostas divergentes de organização dos sistemas de ensino. Esse debate, que no decorrer da década de 1980 foi de confronto entre a defesa contundente do papel da escola de transmitir conhecimentos universais por parte da pedagogia histórico-crítica, e a defesa de uma indissociabilidade entre método e conteúdo, com primazia para os elementos culturais das populações marginalizadas que estariam sendo recriadas no trabalho pedagógico com grupos informais, na década de 1990 passa por uma alteração significativa, com ambas as perspectivas revendo posicionamentos. Tanto a pedagogia histórico-crítica avança na explicitação das relações entre diferentes formas de apropriação, elaboração e apresentação dos conhecimentos, quanto a pedagogia popular discute o papel da escola e do conhecimento sistematizado na formação dos alunos.

Não obstante essas mudanças de enfoques, gostaríamos de apontar a permanência e mesmo o aprofundamento de diferentes premissas acerca do processo de conhecimento e do papel da escola e suas relações com outras instituições da sociedade na promoção da educação. Enquanto os pressupostos dos teóricos que estão na base da teoria freireana concebem um papel determinante da subjetividade, com poder de transformação sobre os elementos estruturais – preconizando as possibilidades de superação das relações de violência e injustiça do sistema socioeconômico, pela construção de consensos entre grupos com interesses diferentes, portanto, sem que se alterem as características essenciais do modo de produção –, os pressupostos do materialismo histórico-dialético, assumidos pela pedagogia histórico-crítica, não permitem que se atribua tanta possibilidade às ações individuais e institucionais – postulando, portanto, que as mudanças nestes âmbitos, apesar de possuírem potencial transformador, também são condicionadas pelas estruturas que correspondem ao modo de produção, não possuindo autonomia em relação a essas. Portanto, se se vislumbram transformações sociais, essas estruturas e condicionamentos devem ser, tanto quanto as relações interpessoais e institucionais, foco de análise, para que sejam superadas suas contradições centrais.

Para auxiliar no fio condutor de nosso raciocínio, nos próximos tópicos analisaremos os fundamentos teóricos de diferentes tendências pedagógicas, para apreendermos como os pressupostos que as sustentam desdobram-se em diferenças em relação às posições acerca do conhecimento escolar e das instituições responsáveis pela sua veiculação.

Teorias das novas possibilidades ancoradas no consenso

O humanismo da educação popular

Apresentaremos agora as principais influências que marcaram o pensamento de Paulo Freire no final dos anos 1950 e início da década seguinte, para explicitar a sua concepção do papel da educação na sociedade, a qual dá margem a que se pense em uma indiferenciação entre educação formal e informal atualmente por parte dos educadores que, em nome da educação popular, alavancam os projetos Cidades Educadoras no Brasil.

As idéias do estudioso brasileiro, assim como a Nova Sociologia da Educação, desenvolvida na Inglaterra no mesmo período, influenciarão o pensamento educacional tanto no sentido da contestação dos pressupostos liberais-positivistas como no dos marxistas, os quais trarão como desdobramento o desenvolvimento das teorias culturalistas. Mais recentemente, algumas das vertentes das teorias do multiculturalismo, influenciadas pelo pós-modernismo, apoiar-se-ão nessas para operar uma completa negação dos condicionamentos sociais na análise educacional.

Isso não significa que Paulo Freire tenha operado essa inversão; na verdade, a superação de elementos da teoria marxista é realizada em razão da perspectiva freireana de necessidade de ir além de pontos considerados imobilizantes no marxismo. Em entrevista a Torres (2000, p.86-94), o próprio autor explicita essa ultrapassagem, tendo em vista a elaboração de uma teoria emancipatória.

Eu realmente fui mais aberto considerando-se que não concordava totalmente com as categorias marxistas. Eu penso que em relação a isso, o *Pedagogia do Oprimido* tem algo a ver com a *Perestróika*. É exatamente a possibilidade de negar as descobertas fundamentais de Marx, ou pelo menos, algumas delas, que então permite que você não se torne um objeto delas. [...] *Pedagogia do Oprimido*, ao estabelecer suas premissas epistemológicas e metodológicas sobre a crítica do positivismo pedagógico e lógico, ao dar preferência a uma concepção hermenêutica do conhecimento humano [...] ao tentar estabelecer a validade do conhecimento dentro de um processo de discurso racional, capaz de chegar à sua intercomunicação, causou uma ruptura. *Pedagogia do Oprimido* dá ênfase ao diálogo, à reflexão mútua e à análise teórica baseada na experiência do dia-a-dia. Logo [...] postula os componentes, tanto reais quanto utópicos de uma Pedagogia emancipatória.

Por discordar de algumas das teses marxistas, ainda que não mencione quais, Paulo Freire apresenta uma adesão teórica à fenomenologia e à hermenêutica. A concepção fenomenológica da epistemologia implica submeter o conhecimento que temos do cotidiano a uma atitude de suspensão: colocar os significados ordinários do cotidiano em dúvida para, por meio da linguagem e captando o substrato dessa forma de manifestação humana, recuperar o verdadeiro significado de nossas experiências. Essas categorias do senso comum não são substituídas por outras, teóricas e científicas abstratas; a investigação está focalizada na experiência vivida, nos significados subjetivos e intersubjetivamente construídos; concebe-se o significado como algo subjetivo, que se manifesta por meio da linguagem. "A perspectiva fenomenológica de currículo é, em termos epistemológicos, a mais radical das perspectivas críticas, na medida em que representa um rompimento fundamental com a epistemologia tradicional" (Silva, 2000, p.40), é a vertente que menos reconhece a estruturação do currículo em disciplinas e matérias. Nesse enfoque, o currículo não é constituído de fatos nem de conceitos teóricos e abstratos, mas é um espaço no qual os docentes e aprendizes têm a oportunidade de examinar os fatos da vida cotidiana, visto, o currículo, portanto, como experiência e local de interrogação e questionamentos da experiência.

A análise fenomenológica foge dos universais e abstratos do conhecimento científico, conceitual, para se focalizar no concreto e no histórico mundo vivido. A análise fenomenológica é, assim, profundamente pessoal, subjetiva, idiossincrática [...] A teorização sobre currículo tem sido combinada com duas outras estratégias de investigação: a hermenêutica e a autobiografia. (Silva, 2000, p.43)

A hermenêutica destaca as múltiplas possibilidades interpretativas dos textos. Já a autobiografia permite investigar as formas pelas quais nossa subjetividade e identidade são formadas. A partir de sua etimologia, a palavra *currículo*, do latim *curriculu*, assume um sentido renovado: como verbo, enfatiza-se o ato de correr, devendo ser compreendido como uma atividade que não se limita ao espaço educativo, mas engloba toda a vivência dos sujeitos (Silva, 2000, p.43).

Nesse momento, podemos observar como a concepção relativista do conhecimento humano desenvolvida pela hermenêutica condiz com uma percepção ampla do currículo – como percurso – e do ato educativo. A diluição da especificidade da educação formal presente no pensamento freireano em seus primórdios, juntamente com a ampliação do conceito de currículo, é coerente com os princípios explicitados pela Organização das Nações Unidas para a Educação, Ciência e Cultura (Unesco), de educação como processo que se estende ao longo da vida e se desenvolve em todas as instâncias sociais. Uma ampliação tanto vertical quanto horizontal do conceito que vai subsidiar as propostas de educação permanente, de uma integração ampla da escola com as demais agências sociais no processo de formação educativa. Esses pressupostos, do nosso ponto de vista, diluem as especificidades do papel da educação formal na sociedade, passando a corroborar com os intentos de desobrigar o Estado de seu papel de financiador das políticas educativas, defendidos de forma explícita pelos pressupostos neoliberais.

Em Freire, aponta-se um hibridismo teórico que serve de referência a diferentes posições teórico-metodológicas, representando um consenso humanista e democrático, em razão de duas características principais de sua obra: primeiro, por conciliar teóricos de diversos campos do espectro teórico-filosófico, sem aderir a ortodoxia alguma, e, segundo, por encampar uma ambigüidade entre o não-diretivismo pedagógico nas relações cotidianas e um certo diretivismo ideológico calcado nos valores de uma proposta histórico-social, religiosa e cultural (Paiva, 2000).

Dentre as influências teóricas que influenciaram o pensamento de Paulo Freire, destacamos o pensamento isebiano – do Instituto Superior de Estudos Brasileiros (Iseb) –, de Mannheim e do movimento radical católico brasileiro.

Quanto às influências do Iseb – ainda na segunda metade da década de 1950, os intelectuais que compunham o grupo defendiam ideais do desenvolvimento nacionalista –, podemos ressaltar a transposição do nacionalismo cultural africano para a realidade da América Latina, contribuindo para a elaboração da contraposição entre sociedade arcaica e sociedade moderna, em termos de desenvolvimento e democracia. A sociedade arcaica compõe-se de velhas classes sociais, mais precisamente das oligarquias brasileiras que sustentam uma situação de dependência socioeconômica do país em relação aos centros hegemônicos; a nova sociedade, dirigida pela burguesia empreendedora e pela população obreira orienta-se para um desenvolvimento autônomo e democrático. As considerações das contradições entre as classes sociais são elaboradas a partir da segunda metade da década de 1960 e formuladas em termos de necessidade de conciliação de interesses em nome do desenvolvimento.

Freire apóia-se em Mannheim para estabelecer a imbricação entre desenvolvimento e democracia: aquele é fator de democratização social; esta, formadora de homens necessários ao desenvolvimento. Em Freire e Mannheim a reforma da educação e da sociedade fazia parte de um mesmo processo. Para o primeiro, até os anos 1960 essa reforma social seria empreendida pelo consenso que se manifestaria por meio do voto para o parlamento, mas também englobaria o exercício da democracia na vida diária, referente a questões de relações interpessoais e do pequeno grupo.

Não é a luta que determina a transformação social, mas o esclarecimento das classes dominantes a respeito da funcionalidade das reformas às novas características da "fase" histórico-cultural atravessada pelo país [...] É a conciliação e não a luta de classes o motor da mudança social, e se ele reconhece a existência de contradições e luta na sociedade brasileira, estas não ocorrem entre classes sociais com interesses não-conciliáveis, mas entre grupos de homens que se colocam contra ou a favor da mudança. (Paiva, 2000, p.150-1)

No mesmo período, entre as décadas de 1950 e 1960, as elaborações de Freire com relação ao papel da educação restringem-se à ampliação da minoria com legitimidade para assumir a direção da sociedade por meio do desenvolvimento da consciência crítica, a ponto de garantir a continuação do modelo democrático representativo.

O planejamento democrático permitiria realizar reformas sociais baseadas no consenso criado conscientemente entre grupos sociais antagônicos de modo a evitar a luta de classes, a desintegração, a revolução, promovendo a justiça social sem necessidade de uma ditadura. (Paiva, 2000, p.148)

Essa fé na liberdade da ação humana encontra respaldo na sua concepção abstrata de homem, considerado como um ser de relações, naturalmente aberto para o mundo e, simultaneamente, influenciado pelas condições de seu ambiente. Esse homem é representado como "ser dinamicamente colocado em sua moldura, capaz de transcender os condicionamentos naturais e culturais de sua 'circunstância' e, por isso mesmo, em conjunto com os outros homens habilitado a interferir, criadoramente, em suas próprias condições de existência". Essa concepção de homem é central no método de alfabetização, pois condiciona a possibilidade de atuação criadora no ambiente à formação de uma consciência crítica. A educação é considerada como esse processo de conscientização (Beisegel, 1992, p.30).

Nas palavras de Freire, em um trabalho mais recente como a *pedagogia da autonomia*, tem destaque a visão de homem como ser criador de seu futuro em detrimento aos determinismos aos quais estaria sujeito:

> Gosto de ser homem, de ser gente, porque sei que a minha passagem pelo mundo não é predeterminada, preestabelecida. Que o meu 'destino' não é um dado mas algo que precisa ser feito e de cuja responsabilidade não posso me eximir. Gosto de ser gente porque a história em que me faço com os outros e de cuja feitura tomo parte é um tempo de possibilidades e não de determinismos. (Freire, 1996, p.58)

Para a inserção do homem brasileiro no processo de desenvolvimento econômico e democrático, Freire indica a necessidade de formação técnica e a elaboração de disposições mentais para que "adira ao desenvolvimento, aceitando, inclusive conscientemente, os traumas e as restrições decorrentes da industrialização". Preconiza, portanto, como meta para a educação do país, "a formação de disposições mentais democráticas com as quais se identifique com o clima cultural novo" (Freire, 1959, p.18).

Para que a educação desempenhe esse papel, o pensamento de Freire, assim como o de Mannheim, apresenta elementos implícitos de uma psicologia pedagógica que responderia à seguinte questão: como formar a "personalidade democrática"? Essa alternativa corresponderia à criação de situações sociais e ambiente cultural favoráveis ao desenvolvimento de uma educação social que, por meio "da escola ou de outras organizações", despertaria o interesse pela participação política. Essa personalidade democrática refere-se ao tipo "integrador", que consegue "transmudar seus diferentes enfoques no intuito de cooperar num sistema de vida em comum" (Paiva, 2000, p.156). Também são considerados os obstáculos de natureza psicológica que impediriam a devida utilização da razão na solução dos problemas. O papel das instituições primárias na formação da personalidade individual é ressaltado, derivando, assim, a proposta de trabalho com grupos primários. Tendo em vista a função catártica dos grupos, desapareceriam os padrões irracionais dos comportamentos à medida que fossem tornados conscientes. No plano social e político, manifestar-se-ia a vitória da razão pela ação de indivíduos liberados. Manifestam-se, por conseguinte, na proposta de alfabetização de adultos de Paulo Freire, os princípios do trabalho com pequenos grupos, uma vez que os participantes, "partindo de seus problemas imediatos, trazem à consciência seus temores, seus sentimentos de inferioridade, suas formas de pensamento mágico, libertando-os deles pela liberação das emoções a eles ligados e do simultâneo esclarecimento intelectual de suas causas sociais" (Paiva, 2000, p.157-8).

Do movimento radical católico brasileiro Freire reelabora os elementos ideológicos de um populismo indutivista, no qual o conceito de povo é apresentado em oposição à massificação, o que nos faz lembrar que Paiva (2000) destaca a influência do existencialismo cristão de Jaspers em Amoroso Lima, defensor da transformação da massa de indivíduos incultos em povo, pela via da conciliação entre capital e trabalho. A partir desses elementos, Freire aponta o conhecimento da cultura do povo brasileiro na tentativa de soluções para a educação.

Para Paiva (2000, p.174), as idéias pedagógicas desenvolvidas por Freire no final dos anos 1950 expressam uma posição liberal-conservadora diretiva. Posteriormente elas se modificam, juntamente com as mobilizações políticas do começo dos anos 1960, definindo nesse momento uma posição "liberal de esquerda", não autoritária, "indutivista", sem liberar-se de um "modo de pensar isebiano".

Essas concepções, presentes nos momentos iniciais da produção teórica de Freire, demonstram uma concepção de transformação social restrita aos avanços do desenvolvimento industrial a partir da construção de consensos entre grupos sociais. Buscando identificar os princípios desenvolvidos pelo pensador nordestino para a organização escolar, numa análise do conjunto de sua obra, Lima (2001), na tentativa de buscar perceber como são abordadas as questões organizacionais e administrativas, aponta um pensamento, chamado de *teoria da participação democrática radical*, em que a participação, a discussão e o diálogo constituem-se na forma de construção da democracia, o que nos indica uma crença desmedida no poder de promoção por parte das instituições educativas da democracia social, mediante a ativação da participação dos diversos segmentos.

Lima (2001) indica que o desenvolvimento dos processos democráticos é definido por uma concepção dialética da relação entre conteúdo e processo na obra do pedagogo brasileiro, na qual as questões curriculares e organizacionais aparecem indissociadas e extremamente vinculadas à organização social – ressaltamos que no sentido da influência da instituição educacional sobre a sociedade. O que, do nosso ponto de vista, é sem dúvida válido e extremamente necessário, desde que na mesma medida e com a mesma ênfase com que se consideram as influências do social sobre o educacional.

A construção da escola democrática e a democratização da organização e administração escolares não ocorrem de forma diferida; nem se democratiza primeiro a educação, o currículo e Pedagogia para, a partir daí, intentar finalmente a democratização organizacional e administrativa, nem se parte desta, como aquisição a priori, para depois conseguir alcançar aquela. Uma e outra encontram-se profundamente imbricadas e são naturalmente reforçadoras, ou inibidoras, da democratização da escola [...]. (Lima, 2001, p.69)

Com relação aos conteúdos escolares, o estudioso português indica que Freire apresenta em sua obra a necessidade de efetivação dessa participação na seleção dos conteúdos, sem que isso signifique o questionamento das competências dos docentes e de seus saberes técnicos. Lima (2001, p.58-9) apresenta ainda que o emérito professor brasileiro acredita na construção de uma escola que se constituiria um "centro de produção sistemática de conhecimento", que produz saber e constrói o currículo: "Freire não hesitará quanto à necessidade de uma (re)construção curricular discutida e participada por actores escolares e sectores sociais e comunitários [...]".

Essa defesa da participação dos alunos, pais, professores e representantes dos movimentos sociais nas discussões acerca do currículo é marcante nas elaborações de Freire e está em consonância com o reconhecimento da capacidade e necessidade das populações das classes populares de participarem dos processos decisórios, como fator de desenvolvimento da democracia no país. Quando defende a autonomia pedagógica da escola, afirma o caráter gnosiológico da prática educativa, portanto da necessária presença de objeto de conhecimento a ser ensinado, destacando, entretanto, o caráter político da questão da seleção dos conteúdos escolares. Ou seja, o problema a ser encarado refere-se aos segmentos sociais que participam deste processo de seleção: "tem que ver com quem decide sobre que conteúdos ensinar, que participação têm os estudantes, os pais, os professores, os movimentos populares na discussão em torno da organização dos conteúdos programáticos" (Freire, 2001, p.45).

Imediatamente à afirmação da autonomia pedagógica da escola, Freire ressalta o direito dos alunos de se formarem de acordo com os avanços da ciência, mas respeitando os métodos populares de saber, os quais, mesmo fora dos padrões científicos, levam aos mesmos resultados. A seleção dos conteúdos e a metodologia de ensino devem estar pautadas pelo saber da classe popular, em função do caráter histórico e provisório dos saberes sociais e da capacidade que as bases populares têm de autodireção.

A prática pedagógica caracteriza-se, dessa maneira, como dialógica, tendo em vista a possibilidade de respeito e valorização dos saberes, valores e práticas culturais dos alunos das classes populares. O papel do professor é definido não como um perfilador de conteúdos predefinidos, mas como provocador da descoberta da necessidade de apreensão dos conteúdos como *objetos de conhecimentos*. Freire (2001, p.59) defende que "*aprender* o objeto, o conteúdo, passa pela *apreensão* do objeto, pela *assunção* de sua razão de ser". O ensino do conteúdo não se desvincula do ensino de como conhecer. A isso ele chama "ensinar a pensar certo", o que, reconhece, é bem verdade que não se realiza sem o ensino de um conteúdo, mas como parte do mesmo processo de conhecer. O professor deve mostrar para os estudantes como estuda, como se aproxima do objeto de seu conhecimento, seu percurso na busca do conhecimento (ibidem).

Nesse sentido é que Freire denomina sua proposta de *pedagogia crítico-dialógica*, pois acredita que, por meio do estímulo à pergunta, à crítica, à criação por parte do aluno, chega-se à construção do conhecimento coletivo, num processo em que o saber popular e o saber crítico articulam-se ao conhecimento científico, mediados pelas experiências no mundo.

O que proponho é um trabalho pedagógico que, a partir do conhecimento que o aluno traz, que é uma expressão da classe social à qual os educandos pertencem, haja uma superação do mesmo, não no sentido de anular esse conhecimento ou de sobrepor um conhecimento a outro. o que se propõe é que o conhecimento com o qual se trabalha na escola seja relevante e significativo para a formação do educando. (ibidem, p.83)

Coerentemente com uma visão ampla do processo pedagógico, a construção da chamada *escola pública popular*,[1] onde a educação formal e a informal se interpenetram, exige um processo de interação com outros espaços que também são considerados como responsáveis pela veiculação de conhecimento. O currículo escolar, dentro desse quadro teórico, não se restringe à relação de conteúdos, mas é definido de forma ampla, como todas as atividades desenvolvidas na escola, incluindo "as relações entre todos e todas as que fazem a escola" (ibidem, p.123).

Percebemos que, em Freire, a preocupação e o objetivo da transmissão do conteúdo curricular, por parte da escola, não se sobrepõem à metodologia de produção do conhecimento. Ele reconhece a importância do conteúdo, entendido como "mediação para o ensino da forma de conhecer", ou seja, não aceita a separação entre transmissão e produção do saber (Moreira, 1990, p.177). Portanto, para os educadores que defendem a educação popular, a proposta curricular deve tomar como referência as necessidades e exigências da vida social, e não as disciplinas tradicionais, as quais, para esses educadores, implicam ênfase na cultura burguesa que, por sua vez, leva a uma forma de menosprezo pela cultura popular. Wittman (apud Moreira, 1990) considera a produção do saber a questão-chave da educação e julga que a transmissão de conhecimento não pode ser crítica.

Falar em gestão democrática da escola, numa perspectiva radical, como a defendida por Paulo Freire, sem negar o papel dos tecnocratas na seleção dos conteúdos ante a participação de todos

---

1 Primeiro documento elaborado pela gestão de Freire e publicado no *Diário Oficial do Município de São Paulo* em 1º de fevereiro de 1989, intitulado "Aos que fazem a educação conosco em São Paulo" (Freire, 2001).

os segmentos da comunidade escolar, implica que a questão sobre a produção e transmissão dos conteúdos deva ser mais bem explicitada, até mesmo em confronto com outras vertentes do pensamento pedagógico. Nesse sentido, reconhecemos e explicitaremos, nos princípios da concepção de educação permanente e cidades educadoras, convergências com as concepções da educação popular até aqui apresentadas.

Educação permanente e cidade educadora

O conceito de educação permanente consiste em um projeto de reformulação que tem como parâmetro e alvo concepções de sociedade – com o desenvolvimento da noção de Rede Social – e educação, que se desenvolvem no conjunto do *corpus* teórico produzido pela Unesco a partir do final da década de 1960, constituindo hoje um dos principais referenciais para a reorganização dos sistemas de ensino nos diversos países, formulações que, apesar de divergências com as diretrizes do Banco Mundial,[2] formam um conjunto de princípios e mecanismos de um processo crescente de transferência dos encargos do Estado com políticas públicas para as organizações sociais, via desenvolvimento do terceiro setor. Paralelamente ao conceito de educação permanente, desenvolve-se a noção de *sociedade educativa* ou *cidades educadoras*, como forma de definição de mecanismos de implementação, recursos e meios materiais, humanos e institucionais da concepção de educação permanente.

---

2   As críticas sobre as reformas educativas incidem especialmente sobre os princípios do Banco Mundial para o desenvolvimento de mecanismos de regulação empresarial idênticos aos do mercado capitalista na educação (Hidalgo, 1998; Silva, I., 1998). Com relação às diretrizes da Unesco, aqui analisadas, existe um consenso maior, mesmo por parte de segmentos críticos às formulações neoliberais e do Banco Mundial, tais como os defensores da educação popular e comunitária, acerca destas elaborações quanto às relações do Estado com as diversas instâncias da sociedade civil, como veremos em Silva (2003) discutido neste trabalho. Existe um caminho fácil das críticas à educação tradicional para as elaborações atuais em torno das competências, que acabam por negligenciar a dimensão reprodutora da educação.

Nos próximos tópicos, apresentaremos a emergência desse, as justificativas para sua implementação, as concepções de homem, educação e currículo, e ainda os mecanismos postos em curso pela proposta da sociedade educativa, presentes nos autores que escreveram para a Unesco na década de 1970 – sistematizados por Forquin (2002) e pelos coordenadores do Projeto Cidades Educadoras de Barcelona (Espanha), em curso desde a década de 1990.

O conceito de educação permanente aparece nos documentos da Unesco pela primeira vez em 1965, apresentando uma concepção do processo educativo como contínuo, estendendo-se por toda a vida do indivíduo, exigindo uma organização integrada. Até 1968, essa terminologia apresenta ambigüidades com as propostas da educação de adultos, como mostra a confusão explicitada na Conferência Geral da Unesco entre essa expressão e a educação permanente, cujo conceito, a partir de então, amplia-se e designa um processo educativo que engloba a educação de adultos. Forquin (2002) identifica três momentos nessa elaboração, demonstrando um movimento de mudanças significativas nos conceitos de educação e nas diretrizes regulatórias das práticas educacionais, com a incorporação da educação escolar em um único sistema que abrange tanto as diferentes fases da formação individual, quanto os diferentes espaços sociais em que essa ocorre: o primeiro momento define-se quando a concepção de educação permanente é apresentada de forma ambígua com a educação de adultos e ainda posta em oposição, de forma descontínua, com a educação escolar; o segundo revela ainda ambigüidades entre a educação de jovens e a educação de adultos, mas pensada como complementação de uma pela outra – nesse momento não se concebem alterações nas concepções fundamentais da educação escolar, que permanece auto-suficiente em relação às possibilidades formativas posteriores e fora do sistema oficial de ensino; já o terceiro momento representa uma elaboração que concebe uma integração em uma unidade orgânica entre as duas formas de educação, integração essa que, na perspectiva dos autores que a defendem, altera o conceito e o papel da educação, em razão de sua inserção em um novo sistema cultural: "Essa integração supõe uma modificação de todo o sistema educativo, de programas, de métodos, de organização administrativa. Trata-se de uma verdadeira substituição de um sistema educativo e cultural por outro" (Forquin, 2002, p.205).[3]

Essa alteração da educação inicial dá-se em razão de sua inserção em um todo orgânico, não como totalização aditiva, mas de um todo que determina suas partes. Nesse todo, a educação de adultos não tem um caráter de prolongamento, correção ou complementaridade em relação a uma educação inicial, concebida de maneira autônoma e autárquica. Essa nova concepção orgânica e integradora da relação entre educação inicial e educação de adultos desdobra-se do aspecto institucional para um outro plano, o da relação entre educação escolar e educação não escolar, já presente na XV Conferência Geral da Unesco em 1968, aperfeiçoada na preparação do ano Internacional da Educação, em 1970, e confirmada na XVI Conferência em 1970; em 1972 já aparece no título mesmo da Conferência de Tokyo: "L'éducation des adultes dans le contexte de l'éducation permanente" ["A educação de adultos no contexto da educação permanente"] (Forquin, 2002, p.201). Justifica-se uma alteração radical na educação inicial, que constitui um dos aspectos essenciais da educação permanente, em razão das necessidades da educação posterior e da possibilidade de aproveitamento das potencialidades educacionais dos outros espaços sociais formativos. Como bem traduz esta citação:

> Qualquer que seja a amplitude e a intensidade de uma ação em favor da educação de adultos, esta não pode ter êxito se não for acompanhada de uma ação também ousada por modificar as estruturas, os programas e os métodos da educação primária, esta que é endereçada às crianças e aos adolescentes. (Lengrand apud Forquin, 2002, p.203)

Essa alteração na concepção, nos princípios e nas formas educativas faz parte de uma determinada interpretação dos fenômenos sociais atuais, a qual, ao enfatizar as rápidas transformações tecnológicas como fator de aumento da complexidade do sistema social, investe no

---

3   As traduções de citações de obras ainda não traduzidas são de nossa autoria.

resgate do papel das diversas instituições sociais no cultivo e criação de valores que, se assimilados e interpretados pelos sujeitos, ampliam suas possibilidades de transformação da estrutura da qual fazem parte. O elemento estruturante da sociedade, diferentemente da concepção marxista, deixa de ser as relações de trabalho para constituir-se uma teia de relações, na qual a cultura assume centralidade e a subjetividade e a individualidade são resgatadas em detrimento das dimensões objetivas e coletivas das dinâmicas sociais, institucionais e educativas.

Em Gimeno Sacristán (2002, p.30), os processos educativos são concebidos a partir da emergência de uma "nova sociedade conectada em rede", que está "emergindo como conseqüência de fenômenos econômicos, políticos e culturais globalizadores", e necessita da definição de um projeto para a educação, para que essa recupere seu papel na construção de um "modelo orientador de ser humano". Tal projeto "exige recuperar o lugar central que a cultura teve nas finalidades fundamentais da educação e pôr os meios e técnicas pedagógicas a seu serviço". Como se vê, o autor espanhol concebe a educação como mecanismo "para implantar um tipo de cultura e para tornar realidade valores e ideais de cultura desejável" (ibidem, p.24).

Também nas publicações apresentadas pelo Instituto de Educação do município de Barcelona como referencial para o projeto Cidade Educadora, as instâncias sociais, entre elas a escola, adquirem uma potencialidade maior de correção dos desvios sociais. No caso específico da escola, indica-se que essa precisa superar o histórico papel de transmissora de conteúdos culturais para assumir-se como instância produtora destes mesmos conteúdos. Ou seja, caberia à escola desenvolver a consciência de que as identidades culturais – sistema geral de conteúdos, crenças, idéias, valores e ideais – de cada comunidade são produzidas e distribuídas por um conjunto de agentes, entre eles, a escola. Esse grupo de entidades formuladoras de identidade cultural, com o processo de globalização, tem sofrido a perda do referencial principal desta identificação que é a nação, com a universalização das "redes informáticas" que provocam o compartilhamento crescente das "idéias, estéticas similares, emoções próximas". Portanto, nesse contexto de aumento da complexidade das redes identitárias, a escola "não pode ser um simples divulgador da identidade cultural; a escola deve produzi-la. O redesenho de todo o sistema educativo passa por fazê-lo eficaz como produtor de identidades culturais". Nessa perspectiva, "A escola deve construir identidades pertinentes para fazer o trânsito entre a sociedade da informação e a sociedade do conhecimento" (Mascarell, [2000?], p.104).

Ainda pelos documentos do Instituto de Educação do município de Barcelona, constata-se que a sociedade atual, cujo elemento estruturante é o conhecimento, apresenta discrepâncias entre desenvolvimento econômico e democracia, restando à educação o papel de instância capaz de reforçar as "pontes" que permitem um trânsito em direção à integração social e igualdade de direitos, uma vez que promove a igualdade de oportunidades e a inserção "laboral da cidadania" (Gómez-Granell et al., [2000?], p.35). No entanto, esse esforço educativo só alcança êxito se compartilhado por toda a sociedade, e não somente praticado pela escola, na transmissão de valores que permitiriam uma maior coesão social. Vejamos esses elementos na presente citação:

> Neste momento, o grande desafio que enfrentam as cidades é como incoporar-se na denominada sociedade da informação e do conhecimento, conectando-o com o reforço e a extensão dos valores democráticos, que nas sociedades modernas parecem debilitar-se na mesma velocidade em que progride o desenvolvimento econômico, científico e tecnológico. Este desafio exige, sem dúvida, um esforço educativo importantíssimo, e a cidade se configura como o marco imprescindível deste esforço, a escola, ainda que sendo a instituição educativa mais importante, não pode dar resposta isoladamente às mudanças científicas, sociais e culturais [...] É necessário, pois, que a sociedade, a comunidade, e não somente a escola se responsabilizem pela educação de seus cidadãos e cidadãs, promovendo, sobretudo, os valores que são necessários para a convivência e a cultura cívica e democrática. (Gómez-Granell et al., [2000?], p.15)

Essa crença no poder da educação de desenvolver valores que possam assegurar a estabilidade do sistema, decorre do conceito de que as desigualdades sociais são fruto de diferenças de acesso às informações e ao conhecimento entre pessoas e grupos sociais. Afirma-se a existência de uma "crise da cidade", que constitui a expressão e sintetiza uma "crise educativa", radicada na origem dos problemas sociais enfrentados pelas sociedades contemporâneas: "a exclusão social, a violência, a fragmentação territorial, o desemprego, a poluição, a solidão e o individualismo estão, progressivamente, se apoderando da cidade [...] A crise da cidade está extremamente ligada à perda de sua função comunitária, educativa ou civilizadora" (Gómez-Granell & Vila, 2003, p.18). O resgate da cidade como espaço público, que assume seu caráter educativo, é apresentado como o encaminhamento para a resolução dos problemas sociais. Portanto, não mais *apenas* a escola, mas essa em conjunto com outras instâncias formativas da sociedade assumem o papel de correção dessas fontes de exclusão, por terem a possibilidade de permitir o livre acesso dos cidadãos aos conhecimentos e valores requeridos pela atual estrutura social. Esse quadro supõe também uma alteração no papel da Educação, não circunscrita ao desenvolvimento das capacidades cognitivas tradicionalmente desenvolvidas pela escola, mas voltada para o desenvolvimento de competências diversas, especialmente as atitudinais, tais como autonomia, criatividade e capacidade de autodidatismo.

    O advento da nova sociedade, que podemos chamar da informação ou do conhecimento, comporta também novos desafios e riscos [...] um destes são as novas formas de exclusão que têm a ver com a introdução de novas tecnologias, com o aprofundamento das diferenças entre países desenvolvidos e subdesenvolvidos e, em conseqüência, com o incremento dos fluxos migratórios [...] nascimento de novas formas de analfabetismo; a partir de agora, saber ler, escrever e calcular como se fazia até agora já não garante uma competência para identificar as mensagens informativas que podemos receber por canais comunicativos novos. Impõe-se um conceito mais exigente de alfabetização, que reclama conhecimentos informáticos, de idiomas e maior criatividade para fazer frente a problemas novos. (Associació de Mestres Rosa Sensat, [2000?], p.265)

Note-se que os autores aqui analisados apresentam a necessidade de uma reorganização do sistema educativo para que esse assuma uma nova perspectiva de intervenção, em razão da aceitação de novos parâmetros de regulação social calcados nos elementos culturais, implicando, portanto, que a escola altere seu papel na sociedade, deixando de privilegiar a transmissão de conhecimentos para investir na produção cultural. Como outras instâncias sociais também desempenham essa mesma função, devem constituir um sistema integrado, no qual os papéis dessas agências formadoras e distribuidoras de elementos culturais alterem-se: a *escola* deixa de privilegiar a transmissão de conhecimentos e passa a investir na *produção* desses, assim como as *outras instâncias*, tais como bibliotecas, museus, organizações comunitárias e empresariais, que historicamente têm assumido o papel de produção de cultura, passam a ter também a incumbência de *transmissão* dessas identidades.

Essa crença desmedida nas possibilidades da educação, na perspectiva alargada da educação permanente, de superar os limites, não mais apresentados como de natureza socioeconômica, mas de natureza cultural, apóia-se em princípios conceituais acerca do desenvolvimento humano, tais como os identificados por Forquin (2002) nos autores que escrevem para a Unesco na década de 1970: universalidade, singularidade, potencialidade, integralidade, interioridade, generosidade e autenticidade.

No desenvolvimento desses princípios, argumenta-se que o homem é portador de "necessidades constantes e universais" de formação, instrução e progressão contínua, residindo a educação permanente "entre uma dimensão de atualidade e uma dimensão de eternidade" (Forquin, 2002, p.208); tendo em vista essas necessidades de formação do homem, considera-se que o seu desenvolvimento ocorre primeiramente no âmbito individual, "de si como pessoa singular, como diferença positiva", consistindo um desafio para a educação a assunção de sua "verdadeira significação, que não é a aquisição de um ter de conhecimento, mas o desenvolvimento do ser, tornando-se sempre mais ele mesmo, através das diferentes experiências de sua vida" (Lengrand apud Forquin, 2002, p.210); mesmo porque, concebe-se o homem como ser completo, portador de riquezas embrionárias que necessitam de cultivo por parte da educação permanente, portanto essa ação educativa não deve residir em acesso progressivo à realidade exterior que não se exaure, mas buscar possuir o que está constantemente à sua disposição de forma embrionária, no ser físico, moral e intelectual de cada indivíduo; para os defensores da educação permanente, essa não se soma à vida como algo exterior, não se adquire, pois o conhecimento consiste em um "ato espiritual" que permite ao homem torna-se sempre mais ele mesmo, o ser em devenir consiste no verdadeiro sujeito da educação; a ênfase recai sobre a dimensão afetiva do ser e sobre o potencial humano, que na sociedade moderna encontra-se asfixiado pelas máscaras dos papéis e controles da vida social, consistindo o papel da educação no auxílio aos alunos para que realizem este potencial, em permitir que o outro seja aquilo que é, não em querer mudá-lo a partir do que se pensa que deveria ser.

A idéia de educação permanente firma-se sobretudo nessa concepção de homem inacabado e, portanto, em processo constante de fazer-se a si mesmo. "O homem não entra em uma fase e definitivamente a tal momento de sua história no status fixado e estabilizado que seria de um adulto. Ao contrário: sua existência é feita de entradas sucessivas que marcam o caminho de sua vida" (Lapassade apud Forquin, 2002, p.219). As concepções de conhecimento e, conseqüentemente, de educação que embasam tais formulações assumem as relações estabelecidas entre experiência e desenvolvimento em Dewey. Para esse autor, a criança e o adulto estão em pleno crescimento, e a distinção entre ambos "não é uma diferença entre conhecer e não conhecer, mas entre modos de conhecer apropriados a suas condições diferentes". Logo, a educação só tem como parâmetro o próprio processo educativo, concepção essa que não aceita a idéia de uma educação voltada a preparar para o futuro e separada do presente. É valorizado o desenvolvimento da capacidade de aprender pela experiência, sendo a noção de desenvolvimento vinculada à de experiência. Desse modo, a educação é definida como reorganização e reconstrução constante da experiência, considerada não como simples interação com o meio ambiente, mas como interação controlada e dirigida para um enriquecimento contínuo e sob domínio permanente de condições já presentes no ser.

Embasada sobretudo nos dados da psicologia empírica e da psicologia das aprendizagens cognitivas, na teoria dos papéis humanos e na psicologia das motivações educacionais dos adultos, e relacionando capacidades cognitivas com motivação, a educação permanente valoriza, como finalidade da ação educativa, o desenvolvimento de competências que os diferentes papéis requerem para a vida humana. Essas competências referem-se a comportamentos de ler, escrever, contar, avaliar, buscar conhecer, elaborar conceitos nos âmbitos familiar, de amigos, profissional, organizacional (Forquin, 2002).

Para o desenvolvimento de tais competências comportamentais, objetivo de uma educação elaborada a partir da idéia de uma revolução científica e técnica que imprime um caráter inacabado e instável aos saberes ligados à escola, o currículo escolar deve ser aberto e flexível. Em Kotasek, Forquin (2002) identifica a ênfase sobre os saberes conceituais ou categoriais opostos aos saberes fatuais e pontuais; a definição em termos de capacidades cognitivas e dos métodos pedagógicos; e, ainda, a importância da educabilidade, da autonomia intelectual e da individualização da aprendizagem. Um currículo com essas características atenderia aos anseios de grupos constituídos por interesses, com liberdade para escolha dos objetos de estudo, como bem esclarece Forquin (2002, p.287):

> na perspectiva de uma educação permanente e "progressiva", esta elabora formas de trabalho em grupo permitindo aos alunos, sem consideração estrita de sua idade e segundo seus interesses particulares, escolher e organizar eles mesmos o seu curso no mesmo espírito daquele da educação permanente.

Reafirmando as concepções de homem, educação e currículo até então apresentadas em Dave, Forquin (2002) identifica três grandes orientações pedagógicas para o currículo escolar: uma "instrumentalista", outra "realista" e ainda uma orientação "humanista". A primeira, também reconhecida como *antienciclopédica*, constitui a postura que enfatiza as capacidades cognitivas que permitem a aquisição de outros saberes. A educação inicial é consagrada a "aprender a aprender", suscitando capacidades em detrimento dos conhecimentos factuais, da acumulação e da erudição. A segunda, a *realista*, consiste em uma orientação antiacadêmica, que explicita uma preocupação com as relações entre os saberes escolares e as experiências vitais, tais como as situações de trabalho, com a utilização dos recursos educativos da comunidade e a participação nas atividades comunitárias, como forma de atualização permanente dos conteúdos de ensino. Por último, a orientação mais *personalista ou humanista*, que enfatiza a autonomia da pessoa e a expansão multidimensional do indivíduo, ou seja, o desenvolvimento de todas as dimensões do sujeito, não só a intelectual e a cognitiva (Forquin, 2002, p.275-80).

A partir da assunção das concepções de homem e educação que apresentamos, as perspectivas das sociedades educativas, que embasam os projetos Cidades Educadoras, têm como mote principal o desenvolvimento de mecanismos de criação de um sistema de ensino no qual a educação formal e a informal estejam no mesmo patamar de possibilidades e capacidades de desenvolvimento de atividades educativas, como criação de identidades culturais. Tanto que aparecem nos autores – tanto os analisados por Forquin (2002) quanto os que elaboram os textos do projeto Cidade Educadora de Barcelona – referências ao processo de desescolarização da sociedade. No decurso do questionamento do monopólio educativo da educação escolar, muitos dos estudiosos examinados por Forquin (2002) afirmam explicitamente – e todos implicitamente – a impossibilidade da permanência de manutenção da equação "educação = escolarização", isto é, surge a rejeição da separação entre a educação escolar clássica e a educação extra-escolar livre.

Essas elaborações são apresentadas como necessidade de redefinição das relações ente educação e cidade em dois aspectos. Se, primeiro, antigamente a cidade possuía a atribuição de desenvolver recursos educativos disponíveis ao serviço do sistema educativo formal, e, segundo, se a conclusão da escolarização associava-se ao término das práticas educativas escolares, um projeto educativo para as cidades altera esses dois aspectos, *porque assume-se uma concepção de educação que não se limita ao âmbito formal,* com a revalorização de práticas e experiências educativas diferentes das escolares, independentemente do grau de intencionalidade educativa dos agentes sociais envolvidos, buscando a melhoria do desempenho nestas instâncias (Gómez-Granell et al., [2000?]).

Para a concretização dessa perspectiva educativa, os autores que veiculam os princípios e métodos do projeto Cidades Educadoras defendem a acolhida no espaço escolar da diversidade social, com a ressalva aos necessários cuidados com relação aos riscos de "concentrações ou desequilíbrios em relação ao grau de heterogeneidade social existente em suas regiões" (Gómez-Granell & Vila, 2003, p.26).

A perspectiva de acolhimento das questões contemporâneas por parte da escola gera a compreensão da ampliação do seu papel para além do trabalho com os conhecimentos elaborados socialmente, acentuando a preocupação com os valores sociais, tais como "individualismo, consumismo, violência". Afirma-se: a "escola deve se encarregar da educação para paz, da não violência, da preservação do meio ambiente, da educação não sexista, contra o racismo, etc." (ibidem, p.30). Como não pode assumir essas tarefas isoladamente, porque estaria fadada ao fracasso, a administração municipal deve, além de canalizar os recursos necessários para aumentar a qualidade dos centros escolares, também promover a participação da comunidade.

Entendemos que esse raciocínio dilui a especificidade da escola como instituição educativa no conjunto da sociedade, de duas formas: quando conclama, da forma como o faz, a dimensão educativa das outras instâncias sociais e quando apresenta para a escola mais uma tarefa, a superação da violência social. Quanto à primeira, não questionamos o caráter educativo da sociedade, só que essa ação não se efetiva da mesma forma e com os mesmos objetivos que os escolares; com relação às diversas atribuições indicadas à escola, a partir da centralidade atribuída ao desenvolvimento de atitudes e valores, por meio dos processos educacionais, assumimos como premissa básica deste trabalho a necessidade do resgate da especificidade da atividade educativa ante os processos formativos que ocorrem em outras instâncias sociais, além da necessidade de ampliação do caráter público dos sistemas de ensino, por meio do envolvimento da sociedade civil na elaboração das políticas e do financiamento exclusivamente estatal dessa atividade.

Essas mudanças de paradigmas no campo da sociologia, que implicam alterações nas concepções de sociedade e educação, fazem parte de um processo mais amplo de reformulações conceituais em diversas áreas do conhecimento, chamada de pós-modernismo, na educação. Apresentaremos as linhas gerais dessa perspectiva para compreender os fundamentos teóricos de diversas propostas metodológicas que implicam ampliação dos níveis de participação dos pais nas escolas, tendo em vista a adequação curricular às realidades dessas famílias.

A teoria pós-moderna na pedagogia

O mundo, da perspectiva do pós-modernismo, é caracterizado por uma intensificação dos processos de mudança – dado o avanço tecnológico e científico, em razão da compressão dos "espaços" e "tempos" em que ocorrem os acontecimentos – e, portanto, pela exclusão das certezas e das referências até então elaboradas. O elemento considerado fundante da sociedade contemporânea é o conhecimento – sendo essa intitulada "sociedade cognitiva" –, em razão da transferência da importância da fabricação de bens materiais para a produção de informações cuja gestão assume um papel mais determinante. O mundo contemporâneo ganha um grau de complexidade tal que provoca uma instabilidade nos conhecimentos até então produzidos e uma crescente busca de integração desses saberes. A tentativa dos autores defensores desses princípios é de construção de premissas diferentes da perspectiva moderna para pautar as ações. Os princípios da modernidade criticados são especialmente a racionalidade e a fragmentação dos conhecimentos produzidos (Pourtois & Desmet, 1997; Fernandes, 2000).

Esses autores identificam a racionalidade moderna (atividade científica, tecnológica e administrativa) à dicotomia estabelecida pelo positivismo entre objetividade e subjetividade, pelo método experimental. Caracteriza-se, portanto, a racionalidade moderna como "instrumental", cuja exigência de neutralidade por parte do investigador opera a morte do sujeito, reprimindo o sentimento e a imaginação. Já com relação ao aumento vertiginoso da produção do conhecimento na era pós-moderna, critica-se a fragmentação e a dispersão provocadas pelas diversas disciplinas, correntes e teorias desenvolvidas, que acabam por se excluírem mutuamente. Na tentativa de superação desses limites da modernidade, propõem a emergência do sujeito – realizada por meio do diálogo entre subjetividade e objetividade – e a recuperação do grau de complexidade da realidade – até então simplificada por teorias totalizantes –, por meio da integração entre as diversas abordagens produzidas pela modernidade.

Para ultrapassar a fragmentação do saber contemporâneo, importa [...] adotar um meta-ponto de vista. As divisões e as exclusões atravessam os saberes que se entrincheiram na guerra de escolas. Enquanto que a modernidade tendia a procurar as diferenças e a marcar as distâncias, a pós-modernidade tende a procurar as semelhanças e a complexificar as aparências para melhor sublinhar as proximidades. (Pourtois & Desmet, 1997, p.31)

O "fim da modernidade" significa para os autores a necessidade de desenvolvimento de alternativas teórico-metodológicas e a conseqüente redefinição dos quadros epistemológicos até então considerados estáveis (Fernandes, 2000, p.31).

É interessante, entretanto, observar como a proposta da recuperação da complexidade do mundo pelas ciências, por Pourtois &Desmet (1997), opera-se pela consideração das mais diversas abordagens, mesmo que contraditórias, a título de integração das diversas teorias, sem que se considerem os princípios e métodos do materialismo histórico-dialético. Alguma referências são feitas ao "totalitarismo de determinadas teorias super-potentes" (Pourtois & Desmet, 1997, p.33).

Em Fernandes (2000), a perda da crença na racionalidade moderna é justificada pelo crescimento das desigualdades sociais, mesmo com a utilização dos princípios da gestão científica na organização das instituições sociais, e pela tentativa frustrada das sociedades planificadas do Leste Europeu.

> as mudanças ocorridas contribuíram para desacreditar a capacidade de controlar e melhorar a condição humana e de fazer progredir as instituições como tinham pretendido as economias planificadas da Europa de Leste. Perdeu assim a validade a crença iluminista no poder da razão e da ciência para dominar a natureza e melhorar a condição humana. (ibidem, p.29)

Esses posicionamentos são representativos de uma tendência das elaborações teóricas que buscam a superação dos limites da modernidade, e que, no intuito de suplantarem o marxismo, ante a derrocada dos regimes pós-capitalistas do Leste Europeu, praticam uma negligência teórica com as construções teórico-metodológicas do materialismo histórico-dialético, do nosso ponto de vista, desconsideradas nas análises acerca das diversas vertentes do pensamento moderno, e ainda não suficientemente analisadas e utilizadas. As críticas aos princípios do modernismo referem-se ao positivismo e ao materialismo estruturalista e trazem, como possibilidades de superação das debilidades dessas construções, os enfoques multidimensionais e multirreferenciais, como forma de articulação de todas as dimensões da realidade.

Os pós-modernistas apropriam-se da teoria de Vygotski, imprimindo-lhe um caráter antagônico ao marxista. Para eles, o elemento fundante do ser social não é mais o trabalho, substituído então pela *linguagem*, a qual, por meio das interações discursivas, desencadeia os processos de construção coletiva do saber, em cujo âmbito os significados culturais são negociados, retirando-se do professor e da escola o papel da transmissão de conhecimentos. Seus representantes defendem as concepções multiculturalistas, com base no argumento de que não existe uma cultura com validade universal a ser transmitida pela escola; perseguem uma abordagem epistemológica incompatível com a categoria de totalidade, pois nela o singular e o cotidiano ganham centralidade; prescrevem a interação entre alunos, supostamente mais democrática que a relação hierárquica entre professor e aluno; e pregam a superação da racionalidade científica e das distinções entre ciência e arte (Duarte, 2000).

Mais especificamente acerca da substituição do trabalho pela linguagem como a força motriz das relações sociais, Macnally (1999) ressalta como essa concepção está enraizada de um pessimismo crônico em relação às possibilidades da intervenção humana na construção do seu destino, em contradição com a perspectiva ingênua de transformações sociais via mudanças na subjetividade por intermédio da educação. Subjacente a esse princípio, percebe-se a existência de uma teoria política defensora de que a opressão "está enraizada na maneira como nós e os outros somos lingüisticamente definidos, ou seja, nossa identidade é constituída através da língua"; conseqüentemente, "é impossível escapar daquilo que nos torna o que somos" (ibidem, p.34).

Já no final da década de 1920, o lingüista russo Mikhail Bakhtin (2002), o primeiro a colocar numa base marxista o problema da língua como uma superestrutura, em sua obra *Marxismo e filosofia da linguagem*, mostrara que a linguagem é forjada na atuação viva das relações sociais, não fazendo sentido pensá-la abstratamente, como o fez Ferdinand Saussure, em seu *Curso de lingüística geral*, de 1916, ao utilizar o método sincrônico para mostrar o funcionamento da língua – separando a fala (ação verbal) da língua (sistema abstrato, dividido em significantes e significados). Bakhtin explica que a língua é um *médium* somente existente em razão da especificidade dialógica da experiência humana, oriunda da necessidade de racionalização e comunicação.

Do ponto de vista do materialismo histórico-dialético, portanto, a língua constitui-se em um dos elementos da prática humana, uma das dimensões da interação social, em última instância condicionada pelas relações e conflitos das relações de trabalho, ou seja, pelas relações entre as classes sociais. O fato de a consciência ter um papel importante na vida humana não significa que ela possua uma existência independente do conjunto das práticas sociais. O trabalho humano pressupõe consciência e necessita de comunicação para que se possa coordenar o trabalho social. A língua, concebida como meio para a comunicação, constitui-se no "material de que é constituída a consciência humana. A língua é a forma de consciência especificamente humana, a consciência de seres singularmente sociais" (Macnally, 1999, p.35).

A natureza social dos signos impõe-lhes que seus significados existam somente na interação comunicativa, concretizada no ato de fala, a qual constitui um dos aspectos "de um nexo multifacetado de relações sociais". Considerando que nessa interação diferentes grupos sociais *marcam* palavras que expressam suas experiências e aspirações sociais, "o signo torna-se uma arena de luta de classe" (ibidem, p.36).

O reconhecimento da dimensão política da linguagem não significa a subordinação de toda a dimensão sociopolítica às formas lingüísticas. Ao contrário, os estudos de autores marxistas recuperam "a história, a interação social e o conflito de classe no estudo da língua"; operam a centralidade da *luta de classe como experiência vivida*, explicando como "trabalho, exploração e resistência à exploração moldam outras dimensões da vida social, da mesma forma que, em contrapartida, são por ela moldadas" (ibidem, p.41).

Em decorrência dos princípios defendidos e apresentados nos parágrafos anteriores, a concepção curricular do ideário pós-moderno consiste na contraposição à existência de um "saber universal, de superioridade da razão científica, da existência de uma 'alta cultura', sendo o currículo construído com base na valorização do saber cultural próprio do meio de origem do aluno e na valorização do saber cotidiano" (ibidem, p.84).

Reconhecemos os riscos de os desdobramentos do pensamento pós-moderno na educação convergirem para a concepção epistemológica do neoliberalismo. Para Duarte (2000, p.72), em Frederick Hayek o conhecimento, como elemento individual e circunstancial, sem possibilidades de integrar-se a uma visão totalizadora do real, identifica-se com o pensamento pós-moderno de ataque às perspectivas totalizantes. A defesa do caráter parcial e particular do conhecimento da realidade, reduzindo o conhecimento científico à possibilidade de classificação de fatos ou dados, portanto como conhecimento efêmero e passível de erro, relaciona-se com a premissa da impossibilidade de planejamento social e de intervenção nas ações espontâneas dos indivíduos.

Opera-se nessa vertente pós-moderna a naturalização do social, concebido como resultante das ações individuais; logo, incontrolável e não passível de ser conhecido. O conhecimento reduz-se à percepção do "fenômeno cotidiano, particular, idiossincrático e não assimilável pela racionalidade científica" (ibidem, p.73); não existe nessa corrente teórica a diferença entre as características do pensamento científico – desenvolvido no âmbito das ciências, filosofia, da política e artes – e do cotidiano.

No mesmo sentido, o pós-modernismo apresenta alguns pontos recorrentes em sua formulação teórica, associados ao neoliberalismo em seu papel de reforço da estrutura capitalista: a crise das ciências e dos paradigmas aparece ligada à crise da razão, o que desencadeia um irracionalismo, concretizado na defesa de que a razão não pode captar o sentido imanente da história; por esse raciocínio, a razão não é capaz de captar "núcleos de universalidade no real", pois a universalidade constitui-se um "mito totalitário da razão"; o solipsismo se torna (oni)presente, na negação da esfera da objetividade e na defesa de um subjetivismo extremado; a fragmentação do conhecimento se dissemina, ao negar a realização do poder por meio de instituições próprias, defendendo a existência de micropoderes invisíveis e capilares (ibidem, p.77-8).

Além da valorização da diversidade dos saberes locais, também enfatiza-se como papel da escola o desenvolvimento de competências em detrimento da transmissão de conhecimentos, para o que se procede à recuperação do papel do professor nas escolas como o principal sujeito na definição dos conteúdos curriculares que possam atender às exigências localizadas nas escolas, em contestação à intervenção dos organismos centrais no processo de definição dos projetos pedagógicos.

Flexibilização curricular e projetos educativos de escolas

Em razão das características da *Sociedade da Informação e do Conhecimento*, em que "informação e conhecimento se transfiguram vertiginosamente e heterogeneidade e diversidade são características comuns", Pacheco & Morgado (2002, p.10) indicam uma alteração do papel fundamental da escola, de agência limitada a ensinar de forma dissociada da vida e calcada em mecanismos de memorização, a instituição preparada para o desafio de criar condições para que as pessoas aproveitem as situações de aprendizagem a que são submetidas ao longo da vida, permitindo ainda que as situações de ensino "façam frutificar os seus talentos e potencialidades criativas, o que implica, por parte de cada um, a capacidade de se responsabilizar pela realização do seu projeto pessoal" (Dellors apud Pacheco & Morgado, 2002, p.10).

Na mesma linha de argumentação, Roldão (1999, p.17), também considerando como elemento estruturante da sociedade "o saber", ressalta as transformações sociais que implicam a universalização da educação e a correspondente ampliação desse direito a públicos culturalmente diversificados. Essas mudanças correspondem a ampliação, mutabilidade e facilidade de acesso dos saberes e da informação, o que, conseqüentemente, causa impactos significativos na área curricular. O currículo escolar "já não incorpora uma passagem simples de saberes estáticos, mas constitui-se cada vez mais como campo crítico da aquisição dos saberes de referência e das competências para aprender", capacidades essas que, segundo a autora, se convertem em elementos de discriminação e exclusão social, caso não sejam estendidas à população por meio da escola.

Roldão aponta a urgência da discussão dos saberes, competências, hábitos e práticas "conducentes a saberem trabalhar e conviver com outros segundo princípios de civismo e colaboração", avaliando que essa discussão deve partir de uma "estrutura simplificada de objetivos, competências e aquisições essenciais pretendidas, o objeto de definição a nível nacional"; nas escolas, o protagonismo dos professores norteará a construção do currículo, através do "projeto curricular de cada escola" (ibidem).

Para Pacheco & Morgado (2002), a elaboração dos projetos de trabalho justifica-se na medida em que as pessoas e as instituições assumem a responsabilidade pela concretização de suas missões e aspirações e defendidas pela característica de congregarem intenções e opções acerca das orientações que serão dadas à ação educativa empreendida, permitindo uma adequação dessas ações à heterogeneidade local. Portanto, os projetos constituem-se em formas de mobilização dos diversos segmentos da escola, de parâmetro para a avaliação e, ainda, de articulação da política nacional com as condições e características locais. Dada a imperativa reordenação do tecido social, as mudanças organizacional e curricular ganham centralidade e implicam a necessidade de construção de projetos nas escolas.

A defesa da flexibilização curricular, com a necessária autonomia da escola em definir seu projeto de currículo, questiona o papel da administração central no que chama de "tutela" e "contratualização" dos atores da comunidade educativa, como bem demonstra esta citação:

Só faz sentido falar de projeto curricular e da sua construção pelas escolas se realmente, os professores dispuserem de uma verdadeira autonomia curricular, não apenas em termos de realização mas também ao nível da própria concepção curricular. Neste caso, o projeto curricular de escola só existe como dispositivo organizacional se o professor for considerado um *decisor político*. (Pacheco & Morgado, 2002, p.35, grifo dos autores)

Além do papel central do professor na definição da estrutura curricular, livre de interferências do poder central, essa perspectiva defende ainda a substituição da "estrutura hierárquica de comunicação", caracterizada por pautar-se pela transmissão de saberes aparentemente neutros, possibilitada pelo encontro entre "professor e aluno numa estrutura informal de comunicação, ligados por uma lógica de procura de informações e de problematização do quotidiano" (ibidem, p.20).

Diante do exposto, percebemos que os autores aqui analisados partem dos quadros de referência da "sociedade do conhecimento", argumentando o vertiginoso processo de produção, distribuição e transformação das informações. Divulgado pela Unesco, esse quadro referencial busca justificar a flexibilização curricular como uma resposta da escola à necessidade de superação de seu papel de transmissora de saberes ultrapassados, substituindo-o pelo desenvolvimento de habilidades, hábitos e competências suficientes para o necessário manejo de informações, imprescindíveis na produção de conhecimentos a partir dos elementos da realidade específica de cada grupo social, tendo em vista, sobretudo, o surgimento de predisposições para uma vida comunitária livre de perturbações de ordem social ou cultural.

Esses princípios da flexibilização curricular – calcados na autonomia das escolas, na centralidade do papel dos professores na definição do projeto educativo e, ainda, na defesa da postura desse como articulador entre a avalanche de informações produzidas pela sociedade do conhecimento e os saberes cotidianos – aproximam-se das elaborações teóricas dos autores pós-modernos, na medida em que esses empreendem a defesa da emergência do papel do sujeito na definição das instituições e da estrutura social e, especialmente, do pluralismo de concepções teóricas que nortearão a prática educativa.

Uma das propostas pedagógicas que ora analisamos, a *educação pós-moderna*, proposta por Pourtois & Desmet (1997), intitula-se multirreferencial, pela necessidade e vantagem da utilização das diversas línguas. Essa "mestiçagem" ou "poliglotismo" opera-se pela extração de conceitos e modelos das diversas áreas do conhecimento humano na área da Educação, mesmo quando contraditórios entre si, em nome da legitimidade de todas elas em razão do contributo que trazem para o desenvolvimento da criança.

Já não se trata de rigor, nem de utilizar uma linguagem unidimensional, proveniente de uma única corrente do pensamento, porque a complexidade estaria aí, ausente, implica um indispensável poliglotismo [...]. É certo que os referenciais são heterogêneos e muitas vezes incompatíveis entre si, mas são indispensáveis para pensar uma abordagem complexa. (Pourtois & Desmet, 1997, p.315)

E como a crítica à modernidade recai sobretudo na exclusão do sujeito, por parte das teorias até então elaboradas, cabe aos professores, no *enfoque multirreferencial*, a montagem dos parâmetros de ação a partir das diferentes correntes desenvolvidas pelo pensamento educacional.

Já a tendência que poderíamos denominar de *enfoque comunicacional* defende, com a valorização da capacidade reflexiva do sujeito, a apreciação do contexto em que se dá a produção do conhecimento. Transfere para os professores o protagonismo na elaboração do currículo, desencadeando, assim, um movimento permanente em direção à autonomia curricular da escola, a qual se justificaria em razão das pressões desencadeadas pelas transformações sociais, que apontam na direção da *diferenciação educacional* – objetivando a valorização da diversidade cultural dos alunos – e do *"prolongamento da educação e formação ao longo da vida e [da] articulação dos sistemas de educação e formação, de forma a evitar que ocorram novas fracturas sociais e situações de exclusão entre cidadãos"* (Fernandes, 2000, p.32).

Outro aspecto essencial dessas teorias pós-modernas que cabe aqui ser explicitado é a transferência dos imperativos da transformação social, das estruturas socioeconômicas para a capacidade reflexiva e de ação dos sujeitos envolvidos com a educação. Voltamos ao otimismo pedagógico que se nutre da fé na possibilidade de ocorrência de mudanças sociais a partir da ação dos sujeitos no âmbito da educação, elevando-a à condição de alavanca das transformações dos outros âmbitos da sociedade.

Identificamos aqui também uma concepção "redentora" da educação, que serve de justificativa para a ampliação das perspectivas educadoras para todas as instâncias sociais, as quais passariam, assim, a assumir sua dimensão educativa. Nesse enfoque, cabe à educação a superação das tendências degradantes da sociedade, tais como a violência e a destruição ambiental, devendo, pois, estar voltada para a formação de sujeitos de "identidade sólida", autônomos, responsáveis e inventivos. Já que, de forma isolada, a escola não consegue concretizar tamanha empreitada, ela necessita estar em constante articulação com os diversos espaços formativos existentes na comunidade.

> na população, mas também ao nível central, se impõe a idéia de que a educação e a formação são a solução para todos os problemas econômicos e sociais (Charlot et Beillerot, 1995, p.16). O que implica que não é apenas a educação da criança ou a formação contínua de adultos que devem ser reinvestidas, mas também a sociedade inteira na sua função educativa. (Pourtois & Desmet, 1997, p.13)

O conjunto de princípios pós-modernos, calcados em críticas à racionalidade capitalista, ao cientificismo e ao economicismo, fica carregado de ambigüidades, na medida em que nega as dimensões estruturais da realidade social e a existência de mediações com maior peso de determinação do que outras na produção dos fatos históricos. Valoriza como procedimento de pesquisa a descrição dos fatos, falas e eventos, ressuscitando posturas relativistas, uma vez que concebe que os fenômenos podem ser descritos de tantas formas quantos forem os sujeitos que os observam. Considera como ultrapassadas as perspectivas que baseiam suas análises nos conceitos de classe, práxis, ideologia, trabalho, história, entre outras. Mas o que não se pode esquecer é que o pós-modernismo foi forjado "a partir da materialidade do capitalismo atualmente vigente [...] tornando-se este modo de pensamento, ele próprio, um elemento material desta realidade" (Frigotto, 2001, p.27-8).

Essas ambigüidades, presentes no pensamento pós-moderno na educação, ficam ainda mais evidentes quando analisamos seus desdobramentos no âmbito da participação dos pais na escola. Apresentaremos no próximo tópico as elaborações de P. Silva (2003), que toma como ponto de partida para suas análises a crítica ao modelo mercadológico para a educação; compartilhando dos princípios pós-modernos, defende uma abordagem das relações entre escola e pais como uma relação entre culturas, e propõe uma oferta diversificada de escolas pautadas pelas especificidades das famílias às quais atende – o que, do nosso ponto de vista, se aproxima bastante das proposições voltadas ao estabelecimento de relações de mercado na educação.

Participação dos pais

A ênfase atual sobre as possibilidades de democratização das relações entre escola e pais, potencialmente transformadora das relações sociais, desenvolvida no bojo das teorias neo-idealista e subjetivistas, presentes no pensamento pós-moderno, gera posturas de extremo otimismo pedagógico e conduz à idealização da escola como "laboratórios da democracia" social, desconsiderando, assim, o caráter determinado dessa instituição social em relação ao modo de produção. Argumenta-se acerca da necessidade de consideração de outras clivagens sociais, para além das de classe social, tais como etnia, gênero e cultura. Contudo, ao analisarem as questões relacionadas à organização educacional, de uma perspectiva culturalista, partem da crítica ao neoliberalismo, condenando o desenvolvimento de práticas mercadológicas para a gestão educacional, e, na tentativa de elaboração de uma síntese entre as dimensões individual e coletiva, clássica e popular da relação pedagógica, elaboram um quadro teórico em que o conhecimento desenvolvido nas diversas áreas do saber humano, entre elas o pedagógico, é questionado no sentido da destituição de seu caráter de cientificidade, sem que se considere sua dimensão objetiva. Como decorrência do questionamento da cientificidade do conhecimento escolar, coloca-se em dúvida a atribuição exclusiva dos professores de definição dos conteúdos que serão trabalhados em sala de aula, na defesa da participação dos pais nesse processo.

A relação escola-família, enfocada como uma relação entre culturas, acusa a escola de tornar-se agência transmissora da cultura dominante, ou da classe média, urbana, letrada, branca e masculina, acadêmica, abstrata e compartimentada, portanto, em descontinuidade em relação à cultura das famílias dos diferentes grupos sociais.

A análise exclusivamente sociológica da relação escola-pais, como relação entre culturas, considera o fracasso escolar fruto da negação da cultura local por parte da escola; portanto, defende que, assim como a sociedade é caracterizada pela diversidade social e cultural, o sistema educativo deve ser também diverso. A instituição escolar discrimina quando trata desiguais como iguais: "a fim de impedir a reprodução de desigualdades, a escola deve possuir um núcleo curricular comum [...] para além deste núcleo as escolas devem [...] enfatizar as pequenas diferenças que as distinguem de modo que uma oferta diversificada se torne realidade" (Silva, 2003, p.59).

Por esse raciocínio, essa oferta diversificada – ou seja, escolas que, não obstante um núcleo curricular comum, apresentem currículos diferentes em razão das características culturais das famílias dos alunos – permitiria a ampliação dos níveis de participação dos pais. Esses, considerados *consumidores cidadãos*, conforme analisaremos adiante neste trabalho, ao buscarem de matricular seus filhos nas escolas que identificassem como as mais adequadas, por possuírem um currículo pertinente aos seus valores, princípios e expectativas, seriam induzidos a uma maior participação nas escolas. Ou seja, as tentativas participacionistas "só se poderão revelar eficazes na tentativa de aproximação dos dois 'mundos' se enquadrados numa política de descentração da escola de si mesma e de tentativa de conhecimento (e não de mero reconhecimento) (Stoer, 1994) da cultura local" (Silva, 2003, p.69).

Da análise de autores que discutem as influências da família e da classe social no desempenho escolar das crianças, P. Silva (2003) aponta três (Montandon, Toomey e Stein) que atribuem maior peso "à família em termos de sua influência quanto ao sucesso ou insucesso acadêmico das crianças e jovens". Em contrapartida, apresenta outros três que, apesar de adotarem as perspectivas de classe social como centrais na interação escola-família, indicam que a situação desfavorável de uns alunos em relação a outros na escola relaciona-se ao fato de os elementos da cultura dos alunos não interferirem na escola.

> a clivagem em torno das classes sociais á assumida como central na análise da interação escola-família [...] Não são as classes sociais (ou etnias), em si, que colocam as famílias numa situação mais favorável ou desfavorável face à escola. É antes o autismo cultural da instituição escolar, ao pressupor e funcionar de acordo com determinado padrão cultural, que coloca os alunos e suas famílias em situação mais ou menos vantajosa face aos seus requisitos. (ibidem, p.106)

Utilizando-se desse argumento, P. Silva (2003) encontra uma forma de afirmar os condicionamentos de classe, sem remetê-los às questões estruturais das diferentes condições de existência dos grupos sociais, dadas as características do modo de produção. Dessa maneira, realiza uma operação de responsabilização da escola na resolução das clivagens de classe, agora assumidas como culturais.

Quando esse mesmo autor discute as relações pedagógicas, desenvolve o raciocínio de que, se as relações de poder entre os professores e os pais dos alunos estão calcadas na exclusividade dos primeiros em decidir sobre as questões pedagógicas na escola, essa prerrogativa, por ancorar-se em elementos ideológicos, contribui para a perpetuação de relações de desigualdades na sociedade. A partir disso, defende a tese da ampliação do poder dos pais nas decisões sobre os aspectos pedagógicos da relação ensino-aprendizagem. Esse autor problematiza que "a questão da definição de papéis que se levanta, é a questão de se o domínio do pedagógico pertence ou não exclusivamente ao profissional da educação escolar"; e argumenta: "A questão da delimitação de fronteiras – entre pais e professores – não é pois uma questão técnica ou que se esgote nas competências profissionais. É uma concepção de escola e de sociedade – democrática ou não – que está em jogo" (ibidem, p.120).

Dentre os argumentos apresentados por Silva (2003) está a constatação de que o conhecimento escolar, como expressão da cultura dominante na sociedade, unge o professor, nas relações com as famílias dos alunos, de um poder sustentado por critérios ideológicos. Entendemos que esse dado, a ser considerado para o desenvolvimento de pressupostos críticos na educação, exige a instauração do debate sobre o profissionalismo docente, presente adiante em nossa discussão, a fim de que se possa avançar na definição de parâmetros para a consolidação de relações que, na defesa da democracia, não venham a reforçar a negação de uma especificidade do papel da escola na sociedade.

Com esse intuito – e também para que possamos perceber como o embate ocorrido no Brasil, durante a década de 1980, entre a pedagogia histórico-crítica e a pedagogia popular, está pautado por diferentes concepções filosóficas, sociológicas, epistemológicas, presentes nos projetos educativos implementados no município de Porto Alegre –, nos próximos tópicos deste capítulo apresentaremos os princípios do materialismo histórico-dialético acerca do conhecimento humano.

Perspectivas marxista de análise sobre o currículo

A autonomia relativa das ciências no materialismo histórico-dialético

Abordaremos nesta parte do trabalho de que maneira as questões relativas à teoria do conhecimento foram tratadas no interior do pensamento marxista. Primeiramente, numa abordagem sociológica, como na obra de Marx a autonomia relativa das ciências já é explicitamente defendida, e, posteriormente, como as influências do positivismo sobre alguns autores marxistas no interior da Segunda Internacional provocaram tanto uma tentativa de defesa teórica da neutralidade científica ante os interesses de classe social quanto um processo de ideologização das ciências naturais. Indicaremos de que modo os marxistas revolucionários (Lenin e Rosa Luxemburg) escapam da armadilha positivista e relativista, tanto no campo das ciências humanas quanto no das naturais.

No pensamento de Marx, a contradição entre ciência e ideologia no conhecimento social elucida aspectos significativos da *autonomia relativa* das ciências, os quais podem ser derivados de sua análise às limitações ideológicas da economia política. Em sua obra, reconhece os limites de classe da economia política, por ela não tratar determinados problemas, em razão justamente do seu caráter de classe, indicando, entretanto, o valor científico de determinadas descobertas, fundamentais para a constituição do próprio marxismo como crítica superadora do capitalismo.

Os clássicos descobriram que o valor era a expressão do tempo de trabalho, mas eles jamais se colocaram a questão de saber *por que* o trabalho tomava a forma de valor do objeto produzido [...] Ricardo pôde descobrir a contradição entre o lucro e o salário, mas ele a considerava como uma contradição que expressava as leis naturais da sociedade. (Löwy, 1987, p.103-4)

Pode-se indicar a consciência de que, para Marx e Engels, o ponto de vista revolucionário da própria obra é atribuído ao momento histórico em que, a partir de 1830, emerge o avanço do movimento operário em sua luta contra o capital. No entanto, sua teoria não representa uma ruptura epistemológica com a teoria de Ricardo, mas uma "dialética que nega/conserva/supera os momentos anteriores". A negação e a superação relacionam-se a uma radical *ruptura de classe*, que engendra uma conservação-continuidade, a qual representa também uma separação no nível científico. "Do ponto de vista científico existe, *ao mesmo tempo*, uma diferença essencial e um encadeamento parcial entre elas" (Löwy, 1987, p.109). O encadeamento refere-se à teoria do valor desenvolvida por Marx em *O capital*, a qual se desdobra no conceito de mais-valia, mas que tem um caráter essencialmente diferente do aspecto natural atribuído ao fato de ser o trabalho humano o produtor do valor da mercadoria na teoria ricardiana.

Para o marxismo, essa constatação da fonte do valor da mercadoria, em razão da perspectiva da classe proletária, desdobra-se na necessária superação do capitalismo, a partir da coletivização dos meios de produção e da conseqüente abolição das classes sociais, ao passo que, para a economia política, ela representou um aspecto natural das relações econômicas a ser mantido. Portanto, o valor epistemológico das visões até aqui discutidas é afetado pela perspectiva de classe que ambas representam. No entanto, como vimos, Marx destaca o caráter de objetividade, portanto de universalidade, dos conhecimentos que atenderão a determinados interesses, em razão da sua utilização a partir da perspectiva de classe social. Analisaremos, por conseguinte, a constituição histórica e social dos processos de elaboração do conhecimento humano para destacarmos seu caráter de universalidade, desde que conhecidos os processos subjacentes à sua produção, conhecimento este possível a partir das elaborações do materialismo histórico-dialético.

A historicidade dos processos de elaboração do conhecimento humano

O conhecimento constitui-se o conjunto de representações mentais conceptualizadas (elaboradas pelo pensamento na base da experiência); portanto, ele se apresenta sob a forma de *relações conceptuais*, expressão mental das interconexões e unidade da realidade objetiva, captada pela experiência humana, pelo pensamento, mediante a representação de feições isoladas, considerando que o raio experimental do homem é restrito, captando, por isso, uma parcela ínfima do conjunto do universo. Entretanto, essa "contingência orgânica do homem é suprida pelas propriedades específicas da função pensante", particularmente pelos processos de *mobilidade* e *memória*. A *mobilidade* "permite apreender sucessivamente as diferentes partes do universo dadas pela experiência e representadas mentalmente" (Prado Jr., 1969, p.624-5). Essas feições distintas da realidade, captadas separadamente, têm sua unidade restabelecida pelo processo de *relacionamento*. É *no interior do pensamento* que essas relações – de unidade entre as partes ou de certos aspectos do conjunto universal – ocorrem, constituindo a conceituação. Desse modo, as *relações conceituais* constituem-se na "tradução mental de um *conjunto*", obtido por essa capacidade de mobilidade do pensamento, que capta, por meio da ação humana, diversas particularidades da realidade a as articula sucessivamente. Portanto, afirma Prado Jr. (1969, p.624-5), "a *sucessividade*, resultado da mobilidade do pensamento, é assim o processo central do relacionamento e do estabelecimento de *relações conceptuais*. É o ponto de partida de todo processo de conhecimento".

Essa organização da sucessão, para a obtenção do reconhecimento, constitui-se no primeiro passo do método do pensamento. Essa observação dos processos pensantes ocorre não apenas nos planos individuais, mas também na intercomunicação desses na história, "porque as coletividades em conjunto reproduzem, embora, está claro, em circunstâncias específicas e próprias que precisam ser levadas em consideração, o processo individual do pensamento" (Prado Jr., 1969, p.627).

Buscando reconhecer como se dá a organização da sucessão do processo pensante, identificamos a existências de duas formas: a verbal e a lógico-formal. Ambas constituem-se mecanismos de utilização de elaborações já consolidadas pelos grupos sociais, que são, por sua vez, constituídas a partir de um permanente processo de confrontos do *ponto de partida*, por seu turno, transfigurado a cada embate com os dados da experiência empírica.

O que interessa aqui é que o conhecimento humano se realiza por meio da formação de conceitos, a partir de "sistemas conceptuais já adquiridos anteriormente", pela articulação desses sistemas já formados, com novos dados da experiência. Essa *articulação "inclusão por relacionamento"* significa a ocorrência de uma remodelação do sistema anterior. Esse processo de formação de conceitos diz respeito ao funcionamento do pensamento, fatos de natureza orgânica do homem que, repetidos sucessivamente e ao longo das gerações pensantes, desenvolvem a *formalização* desse processo: os conceitos elaborados mentalmente são expressos pela palavra. O homem expressa seus conceitos pelo pensamento sob a forma verbal e lógico-formal: a primeira representa uma síntese do processo de caracterização, discriminação e relacionamento da constituição do Universo, que é elaborada na forma de *conceito-palavra* – significa, assim, uma simplificação dos processos mentais. A forma verbal consiste, portanto, no modo de transmissão e socialização do pensamento, indispensável para seu desenvolvimento, pois substitui, a cada reflexão, a necessidade de reprodução dos processos mentais já elaborados pelas gerações anteriores, representados pelo arcabouço cultural das sociedades contemporâneas. Já a segunda forma, a lógico-formal, como resultado do pensamento elaborado do conhecimento, representa a *interligação* e *articulação* dos conceitos transmitidos pela forma verbal. É o que ocorre com os processos de *classificação*, que articulam conceitos na base da identificação de características, tendo em vista também mecanismos de identificação, permitindo que se estabeleçam relações entre os diversos fenômenos da realidade. "Com o pensamento logicamente formalizado, esse relacionamento se faz de cada vez automaticamente, pois se reporta a uma classificação pré-organizada, o que dispensa reproduzir todo o processo de elaboração conceptual que consistiu naquele relacionamento" (Prado Jr., 1969, p.624).

Posteriormente, em tópico seguinte desta mesma secção, indicaremos os limites epistemológicos da lógica formal que, como veremos, considera o *resultado* dos conhecimentos e as formas de sua apresentação, em detrimento dos seus *processos* de produção. Importa neste momento reafirmarmos a importância das formas verbais e lógico-formais de expressão dos conceitos elaborados pelo pensamento, como parte imprescindível, porém insuficiente, do conhecimento humano. Estamos também ratificando o caráter social dos processos de constituição da *natureza humana* – em contraposição às perspectivas subjetivistas, individualistas e voluntaristas –, ancorados na elaboração de Marx acerca desse problema.

A observação do curso da evolução da teoria do conhecimento em Marx indica que esse passa a dedicar maior atenção à articulação interna da sociedade, à estrutura das relações sociais na constituição do conhecimento humano.

> O reconhecimento da importância das *relações de classe*, bem como sua análise aprofundada levam Marx a convencer-se da impossibilidade de derivar a complexa articulação da sociedade a partir da análise da atividade do indivíduo singular, visto que essa última é precisamente determinada por meio da estrutura social como um todo. (Márkus, 1974, p.45)

É exatamente em *A ideologia alemã* que Marx apresenta uma mudança essencial acerca da relação indivíduo-sociedade. Nessa obra não existe mais a tentativa de partir da relação entre o indivíduo e uma atividade particular para a compreensão das relações sociais; mas ao contrário, essas são concebidas como elemento fundante da natureza humana. Ou seja, o indivíduo *humano* só existe em relação à sociedade, inserido em uma totalidade estabelecida pelas gerações passadas, portanto, anterior ao aparecimento da pessoa singular. O meio social é para o indivíduo algo dado em seus traços materiais e espirituais; "e aquilo que deriva do indivíduo, sua vida e suas ações, é em medida decisiva determinado por esses traços materiais e espirituais já pré-existentes". Entretanto, essa concepção não significa uma contradição com a visão do homem criando-se a si mesmo por meio de sua atividade material, o trabalho; representa a postura de que o exame do desenvolvimento histórico não toma como ponto de partida a "consideração *in actu* do agir imediato do indivíduo, mas sim da objetivação dessa atividade no quadro de conjunto da sociedade e, por conseguinte, dos meios de produção enquanto fatores primários e determinantes" (Márkus, 1974, p.47).

Uma essência humana, como elemento absoluto e metafísico, não existe; entretanto, devemos reconhecer a constituição histórico-social da humanidade, que cria uma *força essencial do homem*, tornada objetiva mediante os processos de trabalho. A consciência e o conhecimento humanos são constituídos e conhecidos a partir da atividade vital do homem, o trabalho, atividade que não se opera de modo imediato, mas por uma *mediação*, na forma dos instrumentos utilizados e na própria atividade do trabalho como mediação. Os instrumentos de trabalho manipulados pelo homem constituem-se em objetos já elaborados pelas experiências anteriores e continuamente readaptados às novas necessidades, transformando, assim, historicamente, o ambiente humano, no qual as capacidades e necessidades do homem se objetivaram. "Apenas o trabalho, enquanto objetivação da essência humana, configura de modo geral possibilidade da *história*." Em Marx, tanto a produção do objeto opera a humanização do próprio objeto como a objetivação do homem significa ao mesmo tempo a *apropriação* do objeto pelo homem. Essa "apropriação do objeto significa apropriação da força essencial do homem que se tornou objetiva" e que não ocorre espontaneamente, mas é mediada pelos adultos – conseqüentemente, pela sociedade (Márkus, 1974, p.52-3).

O núcleo da historicidade humana, em Marx, materializa-se nos processo de trabalho através da "dialética entre objetivação e apropriação". A partir das atividades de transformação da natureza o homem se relaciona com os seus semelhantes, desencadeando um processo de diferenciação dos outros seres animais e de constituição da sua humanidade. No contato com a natureza ele se apropria dos elementos naturais, em princípio na qualidade de matérias-primas, transformadas em instrumento de trabalho e materiais de consumo. Nesse processo, o homem imprime características socioculturais à natureza, as quais sofrem um acúmulo histórico, produzindo uma realidade objetiva, que deverá ser apropriada pelas gerações seguintes.

> O processo de apropriação surge, antes de tudo, na relação entre o homem e a natureza. Nessa relação o ser humano, pela sua atividade transformadora, apropria-se da natureza incorporando-a à prática social. Ao mesmo tempo, ocorre também o processo de objetivação, pois o ser humano produz uma realidade objetiva que passa a ser portadora de características humanas, uma realidade que adquire características socioculturais, acumulando a atividade de gerações de seres humanos. Isso gera a necessidade de outra forma do processo de apropriação, já agora não mais apenas como apropriação da natureza, mas como apropriação dos produtos culturais da atividade humana, das objetivações do gênero humano (entendidas aqui como os produtos da atividade social objetivadora). (Duarte, 2000, p.117)

Ao apropriar-se das produções históricas, dos artefatos materiais e culturais (linguagem, valores, conhecimentos), o homem sofre também um processo de alterações subjetivas, humanizando-se ao apropriar-se das condições socioculturais. Ocorre que essa apropriação não é passiva, ela é também subjetiva, na medida em que gera novas necessidades ainda não existentes. "Tal apropriação gera nos seres humanos necessidades de novo tipo, necessidades exclusivamente socioculturais, que não existiam anteriormente e que, por sua vez, levarão os homens a novas objetivações e a novas apropriações, num processo sem fim" (ibidem, p.118).

No início do desenvolvimento histórico da humanidade, esse processo de apropriação não estava dissociado da atividade prática, ou seja, os homens buscavam conhecer os objetos a partir da sua utilidade na satisfação de suas necessidades. No entanto, nesse processo de desenvolvimento social "o conhecimento foi adquirindo autonomia em relação à utilidade prática dos objetos. A ciência, por exemplo, permite, cada vez mais, conhecer a natureza na sua legalidade própria, interna, legalidade essa que, em sua origem, não é resultado de nenhum tipo de ato consciente" (ibidem, p.119).

Diferentemente do homem, o animal se relaciona com a realidade imediata em razão, exclusivamente, da satisfação das necessidades biologicamente determinadas, não retendo, muito menos relacionando, as diversas características dos objetos que utiliza; o homem, ao mediatizar sua relação com a natureza, modifica a imediaticidade dessa relação, que adquire um caráter de universalidade, na medida em que ele atua sobre todos os objetos presentes na realidade; os objetos singulares são inseridos numa conexão dinâmica com outros objetos; essas novas conexões estabelecidas entre os objetos do conhecimento humano introduzem, por sua vez, novas necessidades, que, por seu turno, desencadeiam o desenvolvimento de novos modos de produção, nos quais novas conexões são novamente estabelecidas, assim por diante.

 Tudo isso tem como resultado que o homem chega a um conhecimento cada vez mais completo do mundo dos objetos. Não se trata de uma completicidade de natureza quantitativa. O conhecimento humano é *universal* na medida em que – segundo a concepção de Marx – a atividade do homem é uma atividade de caráter *universal*. (Márkus, 1974, p.63)

Apropriar-se do objeto requer o conhecimento das características próprias desse objeto. A criação da realidade humana requer a apropriação da realidade natural que, por sua vez, se insere na prática social. Portanto, ao ser objetivado, o objeto adquire características novas, fruto da síntese da atividade social que deve ser apropriada à atividade individual de todos os homens do grupo social.

Lembramos neste ponto que um dos problemas principais do conhecimento, em Marx, consistiu na ocorrência da alienação, que impede a apropriação do indivíduo singular de toda a produção social.

Desta forma, a consciência empírica entra em contradição e se separa das formas da consciência social (moral, ciência, arte, política, etc.) essa alienação, que transforma em "ideologia" todas as formas do conhecimento, pode levar apenas a conteúdos limitados e, em última instância, falsos: a conteúdos de qualquer modo independentes do progresso do saber humano. (Márkus, 1974, p.67)

Nas sociedades de classe, em que a organização social do trabalho está pautada pela separação entre concepção e execução, a alienação, como "discrepância entre a riqueza genérico-social do homem e sua existência individual" (ibidem, p.13), constitui elemento fundante da apropriação privada dos meios de produção.

Reafirmamos, portanto, o caráter de universalidade do conhecimento humano, considerado em sua dimensão social e histórica. Isso, contudo, não implica a desconsideração do caráter de classe, tanto que disctimos anteriormrmente a autonomia relativa das ciências frente aos condicionantes de classe social, que lança a necessidade de se considerar a produção do conhecimeto em seus elementos contraditórios. Aqui reside a possibilidade de objetivação dos processos de criação humana: o reconhecimento do avanço científico, moral, estético, que pode proporcionar melhores condições de existência para a humanidade, não descolada dos interesses de grupos específicos. Portanto, a análise dos processos de criação e recriação dos conhecimentos sociais, em que estão presentes simultaneamente elementos objetivos e subjetivos, deve enfocar os processos de apreensão reformulação dos saberes já existentes, dos conhecimentos consolidados e disseminados na sociedade, que são canalisados em determinados momentos e situações para interesses específicos e determinados, mas que podem ser conhecidos, reconhecidos e destituídos desse caráter e reconfigurados por diferentes perspectivas sociais.

Essa premissa do caráter contraditório do conhecimento científico, e sua necessária apreensão/rearticulação social, está presente na afirmação de Saviani (1980), apresentada no último tópico deste mesmo capítulo, do duplo papel da educação: a crítica da cultura burguesa, no trabalho dos conteúdos escolares, extraindo dessa elementos articulados aos interesses objetivos para rearticulá-los às necessidades das classes populares, ao mesmo tempo que explicita e elabora, destas últimas, o seu "núcleo válido", o "bom-senso". Ou seja, o papel social da escola consiste em apresentar o conhecimento social e historicamente elaborado, não como neutro, e sim constituído de saberes válidos, desde que apurados de suas perspectivsas ideológicas e utilizados na re-elaboração dos saberes populares.

Para tanto, convém aprofundar a perspectiva dialética dos processos de produção do conhecimento humano, explicitando como essa perspectiva considerada as relações das elaborações novas, dos novos saberes com os conceitos anteriormente constrídos. Afirma-se dessa forma a validade dos saberes constituídos, não como mera reprodução do existente, mas como um processo em que ocorrem transformações mútuas e permanentes, de criação de novos conceitos a partir do conhecimento dos processos de discriminação e seleção que os motivaram. Nesses processos de descriminação e seleção de conceitos já afirmados para a criação de novos saberes é que operam as motivações ideológicas cujo papel da epistemologia, e conseqüentemente das ciências da educação, é analisar, explicitar e transformar.

Lógica-dialética e lógica-formal: superação por incorporação

A aceitação da autonomia relativa das ciências, o que implica a explicitação tanto da dimensão ideológica quanto cognitiva dessa atividade, leva-nos à defesa não só do caráter de classe da atividade educativa, como também do reconhecimento de certo grau de objetividade dos conteúdos escolares. O caráter de classe da atividade educativa, na perspectiva do marxismo, tem como desdobramento necessário o horizonte da ampliação da consciência proletária – entendida em sua dimensão histórica, portadora do mais alto grau de objetividade, dentre as outras classes sociais. Além disso, a consideração da dimensão cognitiva da atividade científica – por representar a necessidade de apropriação dos avanços científicos obtidos pela sociedade sob hegemonia das classes interessadas na perpetuação do modo de produção capitalista –, por parte do proletariado moderno, desencadeia a necessidade de desvendar o discurso da objetividade aparente, impressa pela racionalidade capitalista às formas de organização burocrática. É fulcral diferenciar o discurso da objetividade e da universalidade pela óptica marxista, da perspectiva da racionalidade burocrática, veiculada pela idéia de organização, a qual, utilizando-se do discurso da cientificidade como forma de ocultação ideológica, justifica a intervenção estatal na sociedade civil em prol dos interesses da estabilidade da sociedade capitalista, não obstante, ou melhor, encobrindo suas contradições centrais, o que faremos mais adiante neste trabalho..

Até o advento da dialética, a lógica-formal correspondeu a um processo "que não implicou a *consciência* do funcionamento do pensamento". Os conhecimentos filosóficos restringiam-se aos resultados do conhecimento. No formalismo lógico, "o emprego de expressões verbais representativas de conceitos e do relacionamento que esses implicam, fixou a atenção naquelas expressões e na sua disposição e estruturação formais, em prejuízo dos processos pensantes que estavam por detrás delas e na sua origem" (Prado Jr., 1969, p.636) Decorre disso a consideração dos conceitos, apenas na sua expressão verbal, em detrimento dos processos de relacionamento em que operam permanentemente transformações e engendramentos futuros. Para a lógica-formal, os relacionamentos entre os conceitos restringem-se a uma sucessão, "que se considerará como uma coleção estática de conceitos em que todos eles são dados simultaneamente, são permanentes e imutáveis", cabendo à Lógica, como produto, *a priori* da Razão, do Espírito ou do Entendimento, estabelecer as regras segundo as quais aqueles conceitos se devam agrupar, agregar uns aos outros e combinar-se, para que, dessa manipulação conceitual, se atinja a expressão da verdade. Na perspectiva da lógica-dialética, o momento da elaboração dos conceitos, na forma verbal, constitui um dos momentos essenciais da conceituação e dos processos pensantes. No entanto, a atenção exclusiva na forma verbal desencadeia um "desenvolvimento falseado do pensamento", pois constituirá na simples repetição dos processos de formalização anteriores (ibidem, p.636-7).

O formalismo é necessário, portanto, como ponto inicial do processo pensante, pois simplifica o processo, permitindo a generalização dos casos; no entanto, quando "a conceituação se imobiliza nas *formas* anteriormente constituídas [...] e quando [são] tornadas rígidas e definitivas [...] em prejuízo de seu dinamismo, vão constituir um obstáculo ao livre jogo deste dinamismo e assim um embaraço à elaboração de novos conhecimentos" (ibidem, p.638).

A classificação dos conceitos só adquire sentido quando se considera o processo de discriminação. O sentido de sua existência reside no relacionamento discriminatório que a originou, pois o critério da classificação lógica é definido a partir dos objetivos visados com processo discriminatório (e não a partir das características "intrínsecas" dos conceitos, nem das feições discriminadas do universo por eles representada). Quando os esquemas da classificação são tomados unicamente pelo aspecto formal, desenvolve-se um enquadramento rígido do conhecimento, o qual, para além das possíveis distorções, impossibilita, nesses esquemas, a inclusão de novos relacionamentos ainda não operados. Enfim, as formas verbais e lógico-formais do pensamento são fundamentais para o tratamento do conhecimento já desenvolvido anteriormente, precisando ser consideradas "dentro de sua relatividade, e em função de sua origem e do processo genético de que resultam; e essa origem e gênese encontram-se no dinamismo dos processos pensantes". A explicitação e *consciência* desses processos "representam a solução do problema fundamental do conhecimento" (ibidem, p.640).

Com a dialética, torna-se possível a apreensão da dinâmica do pensamento, tornada método pela lógica dialética. Esse método desencadeia-se pela explicitação do processo de pensamento e a inserção do observador em seu interior. O ponto de partida do processo de elaboração do conhecimento está, de um lado, nos conceitos elaborados anteriormente e, de outro, no presente, dado experimental e sensível. O novo conhecimento é obtido pela articulação entre os novos dados sensíveis e a conceituação preexistente, formando um novo conjunto relacional. A isso denomina-se *movimento do pensamento*, um desfilar de representações mentais, resultado da conexão entre as sucessivas representações. Essas conexões constituem em cada sucessão um *relacionamento*, que se apresenta ora como *afirmação* ora como *negação*; esta, que consiste na passagem para outra representação, não ocorre de forma arbitrária, e sim como "uma representação que se proponha em *ligação* ou em *função* da anterior que substituiu". A relação se estabelece por um processo de *negação da negação*, que ocorre "quando é possível articular as duas representações de tal modo que o pensamento retorne da segunda para a primeira trazendo esta última no seu bojo [...] do mesmo modo que a segunda representação se propôs antes em função da primeira, esta agora se proporá em função da segunda". A relação entre essas representações "*não* é uma *nem* outra" (ibidem, p.646).

Esta última citação de Prado Júnior explicita como o pensamento, no processo de criação do conhecimento, não dissocia as representações prévias já consolidadas das novas experiências que proporcionam as possibilidades de reformulação dessas representações anteriores. Fica, portanto, evidente como o pensamento opera uma constante articulação entre o que se costuma chamar de conhecimentos já consolidados socialmente e as novas situações, num processo em que a percepção dessas experiências é amplamente afetada pelas representações já elaboradas, as quais, por sua vez, também sofrem mudanças, em razão da ação do homem sobre o mundo.

Por conseguinte, com relação às ciências, concluímos que as visões de mundo relacionadas com as posições de classe (representações já consolidadas pelo pensamento) interferem na visão e escolha dos fenômenos a serem estudados, assim como nos métodos e técnicas utilizados no trabalho científico, cujos resultados são influenciados pelas ideologias do pesquisador. Não obstante essa constatação, não podemos deixar de reconhecer e considerar também o fato de que as ciências constituem um legado social e que, portanto, expressam o próprio processo de constituição da *humanidade*, não podendo, no necessário movimento de questionamento de sua dimensão ideológica, desencadear posturas de extremo relativismo e conseqüente negação do grau de objetividade possível e existente no legado humano das ciências, desde que operadas as ações de confrontação com os valores constituídos pelas perspectivas de classe social.

No âmbito específico da educação, é também necessária a análise de como os processos de transmissão e reelaboração do conhecimento escolar constituem-se em momentos simultâneos e complementares, tendo em vista que, no embate entre as diferentes vertentes do pensamento educacional, ocupa posição central a questão do caráter transmissivo dos processos educativos, o qual seria, segundo algumas perspectivas, incompatível com as possibilidades de desenvolvimento dos sujeitos com autonomia necessária para a promoção das transformações das estruturas sociais.

Pedagogias da essência e da existência: a historicidade do conhecimento humano no materialismo histórico-dialético

A educação, como elemento de transmissão da cultura sócio-histórica, não é incompatível com uma perspectiva educacional emancipatória que visa ao desenvolvimento de sujeitos autônomos e criativos. Ao contrário, uma pedagogia da transformação social incorpora o trabalho de transmissão como um dos momentos cruciais da atividade educativa. Reprodução do já existente e produção do novo estão indissociados na dialética entre apropriação e objetivação. Como lembra Duarte (2000, p.121), "A objetivação e a apropriação como processo de reprodução de uma realidade não se separam de forma absoluta da objetivação e da apropriação como produção do novo" (ao se produzir algo já existente são descobertos novos aspectos que levarão ao seu desenvolvimento). Assim,

> o trabalho educativo, para desenvolver a criatividade, não precisa e não deve ser concebido como algo incompatível com a reprodução da cultura existente. A dicotomização entre reprodução e criatividade, reprodução e autonomia decorre, entre outras coisas, do desconhecimento de que a dialética entre objetivação e apropriação na história social implica também e necessariamente a dialética entre reprodução do existente e produção do novo, do ainda não-existente. (ibidem, p.121)

O desenvolvimento histórico da humanidade, concebido como dialética entre apropriação e objetivação, tem como desdobramento a concepção da prática educativa como dialética da reprodução do existente e produção do novo. Para tanto, há que superar os processos de difusão e produção do conhecimento "sob a ótica de um *abstrato sujeito cognoscente* que interage com os objetos de conhecimento por meio de *esquemas próprios da interação biológica*" (ibidem, p.121, grifo nosso), próprio da epistemologia genética de Jean Piaget.

As características de uma epistemologia sócio-histórica de base marxista reconhecem no processo de formação da individualidade a apropriação das objetivações do gênero humano, o qual, por ser mediatizado pelas relações estabelecidas entre os homens, assume o caráter de um processo educativo, como transmissão da experiência sócio-histórica da humanidade; portanto, "o indivíduo se forma, apropriando-se dos resultados da história social e objetivando-se no interior dessa história" (Duarte, 2000, p.123).

A teoria materialista do conhecimento, como reprodução espiritual da realidade – que evidencia o caráter *ambíguo* da consciência (reflete e antecipa, é receptiva e ativa), assim como o caráter ativo do conhecimento (mesmo o conhecimento sensível elementar não constitui percepção passiva, mas uma atividade perceptiva) –, reafirma a concepção de que "toda teoria do conhecimento se apóia, implícita ou explicitamente, sobre uma determinada teoria da realidade e pressupõe uma determinada concepção da realidade mesma". Para o marxismo, a substância mesma do objeto é sua dinâmica, ou seja, a substância do homem é a atividade objetiva (*práxis*) e não substância dinamizada presente no homem (Kosik, 1976, p.33-4).

No âmbito específico da pedagogia, o problema central do pensamento moderno constituiu-se na existência de um conflito entre a pedagogia da essência e a pedagogia da existência, problema esse ainda não resolvido nas teorias contemporâneas da educação. Ora a ênfase recai sobre uma das concepções ora sobre outras; e mais, as tentativas de solução com base na conciliação entre ambas não superam a contradição central da questão. Apresentaremos, portanto, as reflexões realizadas por Suchodolski ([195-?]) acerca dos pressupostos de ambas as pedagogias e sua presença na pedagogia moderna, além da resposta da pedagogia socialista, que aponta a impossibilidade de superação desse dilema entre a pedagogia da existência e da essência no contexto do capitalismo, e defende a idéia da construção, no presente, de uma pedagogia voltada para o futuro, como a possibilidade de acirramento das contradições centrais do sistema vigente.

Acreditamos que essa análise pode contribuir para o aprofundamento das discussões acerca das propostas pedagógicas implementadas atualmente. De forma mais específica, contribui para a análise dos princípios filosóficos que nortearam a definição da política educativa implementada em Porto Alegre, tanto no período em que os pressupostos da educação popular e socialista foram mais determinantes, no Projeto Escola Cidadã, assim como no período em que os pressupostos elaborados pela Unesco foram implementados por intermédio do projeto Cidade Educadora.

O início desse conflito entre pedagogia da essência e pedagogia da existência ocorre com o Renascimento. Até então, no idealismo clássico, expresso sobretudo pelas elaborações de Platão e do cristianismo, predominava a idéia de que cabe à educação realizar no homem uma essência imutável, operando, assim, a distinção entre o eu "empírico" do homem e a sua essência "real".[4] A contestação desses princípios, no bojo do Renascimento, provém das inúmeras possibilidades trazidas pelas descobertas científicas de o homem poder afrontar os valores tradicionais e dirigir seu futuro com base nas experiências do presente. Suchodolski [195-?], p.24) interroga: "será a experiência interior do homem uma matéria bruta que deve ser seleccionada e formada por

---

4 A educação do pensamento, segundo Platão, pode recorrer à observação sensível das coisas e ao estudo dialético das opiniões, mas o conhecimento verdadeiro do mundo imutável da Idéia só é possível "como reminiscência da vida que o pensamento observou nesse mundo (da Idéia), antes de animar o corpo e de surgir entre os reflexos das coisas". A educação moral, assim, atinge os desejos, hábitos e vontades, mas as decisões definitivas provêm do mundo ideal, a que pertence o pensamento. Na educação moral não existe via que possa conduzir das experiências da vida quotidiana ao pleno desenvolvimento da personalidade moral (Suchodolski, [195-?], p.19).

ideais seculares ou poderá ser o homem considerado uma fonte animada de ideais novos?". Elabora-se a questão da individualidade no desenvolvimento do homem, considerada como forma de realização da essência humana.

Nos próximos parágrafos apresentaremos a concepção moderna de *pedagogia da essência*, a qual, no século XVII, expressava-se na forma laica e científica das leis da natureza, designada de "sistema natural da cultura", que, ancorando-se na noção de essência do homem, pretendia defender uma definição de normas e condutas de vida aos homens. No campo pedagógico, Jean Amos Comenius é partidário da tese de que a educação constitui-se em um processo formativo calcado em objetivos previamente estabelecidos para que se possa desenvolver nos homens concretos a verdadeira essência humana. Uma outra variante da pedagogia da essência inspira-se em Kant, que possibilitava ultrapassar tanto o dogmatismo religioso quanto o ceticismo, defendendo a objetividade do conhecimento humano com a defesa da "lei moral fundamental". Na educação, o presente problema adquire um aspecto inusitado: "o modelo tradicional de ideal, que se impõe ao homem do exterior, não podia manter-se; mas também não era possível conceber que as normas e os modelos se fundamentassem na própria existência concreta e variável" (Suchodolski, [195-?], p.44); exatamente por ser obra do homem que o conhecimento e os valores morais têm valor objetivo, devendo ser considerados na formação dos indivíduos.

Já em Hegel, a objectividade e a universalidade do ideal e das normas educativas são consideradas de forma imbricada com o desenvolvimento histórico e o desenvolvimento do espírito objectivo. A partir da análise da formação da criança, explicita-se um movimento de contradições e superações em que o indivíduo insere-se na realidade objectiva, "perdendo-se de si mesmo" e atingindo um nível superior, no qual se reencontra no processo de assimilação dos elementos da realidade. Encontramos nessa perspectiva a distinção entre uma realidade essencial, considerada como o espírito objectivo em desenvolvimento, e a realidade empírica. Suchodolski identifica em Hegel uma versão da pedagogia da essência, agora com um diferencial: calcada na consideração das contradições da actividade humana.

O processo educativo desenrola-se entre a personalidade e o espírito objectivo. O verdadeiro desenvolvimento da personalidade só é possível com a participação no desenvolvimento do espírito objectivo, portanto com a participação na cultura e nas instituições sociais, nomeadamente no Estado. (Suchodolski, [195-?], p.46)

Também no século XIX, por meio do humanismo racionalista francês, outra vertente da pedagogia da essência procura-se estabelecer e defender a existência de características universais e permanentes do ser humano, tendo em vista fundamentar a defesa da igualdade de direitos para todos. A razão humana é novamente apontada como traço comum e universal da humanidade, servindo de base para a elaboração de um programa educativo que priorizou a formação do espírito. Essa doutrina expande-se com o desenvolvimento dos regimes democráticos e os avanços científicos desse século e encontra em Durkheim uma versão tradicional da pedagogia da essência. Nesse autor encontramos a defesa de um racionalismo capaz de definir um conjunto de princípios, os quais, em razão do seu caráter universal, são defendidos como imutáveis, portanto passíveis de serem inculcados às gerações jovens. Promove uma divinização do grupo social com estatuto de realidade fundamental que cria os homens, relegando a vida concreta ou empírica do indivíduo à mera ilusão (Suchodolski, [195-?]).

Agora discorreremos sobre o início dos conflitos da pedagogia da essência com a pedagogia da existência no século XVII, e posteriormente, como no século XIX se consolida e se expressa a pedagogia que defende a vida concreta do homem como o único parâmetro para a delimitação de sua ação. Perceberemos como, em diversos momentos históricos, essas elaborações ganham a conotação de contestação ao conservadorismo ou são utilizadas contra uma ação uniformizadora das instituições públicas para a garantia de direitos sociais, em nome da preservação da individualidade.

Em Rousseau encontramos os germes da pedagogia da existência, quando ele se ancora na noção de natureza da criança de Comenius, abordando-a de forma empírica, pois realizada pela vida concreta e quotidiana. A educação, portanto, não visa à preparação para o futuro ou ao enquadramento do sujeito a um ideal preestabelecido, mas deve tomar como parâmetro a própria vida da criança. Pestalozzi e Froebel expressam princípios e meios para o desenvolvimento da criança de forma expontânea, contribuindo para a disseminação da idéia de uma educação que se realiza do interior para o exterior, tomando como ponto de partida as necessidades e interesses dos alunos.

Durante o século XIX, ocorre um processo de diferenciação da pedagogia da existência com Kierkegaard, Stirner e Nietzsche. Para Kierkegaard, o indivíduo caracteriza-se por uma personalidade única, constituída por opções livres, independentes da presença de estruturas e situações coercitivas. Nessa perspectiva, o processo de desenvolvimento da humanidade no sujeito se dá a partir de processos interiores. Max Stirner empreendeu uma luta radical contra a pedagogia da essência, pautando-se pela idéia de que os indivíduos são partidários de direitos ilimitados, não devendo portanto estar submetidos às ações educativas das instituições, especialmente da Igreja e do Estado. Em Nietzsche encontramos a elaboração mais contundente na defesa dos direitos de uma minoria de iluminados, direcionando críticas especialmente às teorias que buscam estabelecer relações entre o ensino, as necessidades econômicas e socais dos países, defendendo uma educação sem nenhum vínculo com verdades objetivas e com a moral humanista. "O bem e a verdade são para ele uma barreira erguida pelos fracos contra a audácia dos fortes. Esta barreira devia ser abolida: somente a vontade dos super-homens pode estabelecer por si a verdade e o bem" (Suchodolski, [195-?], p.52).

Essa perspectiva defende que o sistema de ensino deva estar organizado de forma a privilegiar os estudantes mais dotados, cultivando as personalidades excepcionais, ou seja, a vontade e as necessidades dos homens "eleitos" devem contrapor-se a qualquer princípio homogeneizante calcado em ideais comunitários. Enquanto em Rousseau as críticas eram dirigidas à sociedade aristocrática do feudalismo, dado seu caráter elitista e excludente, e em Kierkegaard o alvo eram as atitudes de comodismos propiciadas pelas instituições tradicionais, em Stirner e Nietzsche a pedagogia da existência defende o pretenso direito da vontade egoísta da minoria de eleitos de oporem-se a qualquer ideal comum. Esses princípios, segundo Suchodolski, foram amplamente disseminados durante o *fascismo*, na Itália e na Alemanha, quando o controle sobre a educação objetivou um ataque aos elementos permanentes e universais da essência humana, os quais, defendidos pela pedagogia da essência, representavam o esteio de um certo humanismo e universalismo na educação. O ataque dirigia-se a todo o humanismo e racionalismo.

Outra formulação que fortalece a pedagogia da existência é a teoria da evolução, que com Spenser perde o caráter de reforço à pedagogia da essência, com o surgimento das idéias evolucionistas antigas que proporcionaram o reconhecimento de um patrimônio secular, do qual a humanidade poderia extrair valores educativos; em meados do século XIX, ao contrário, passa a ser reforçada a idéia de que "o que se tinha conservado desta evolução existia efectivamente como elemento no presente e podia ser encontrado no presente". Desta forma, a educação assume uma dimensão utilitária e instrumental de defesa da vida (Suchodolski, [195-?], p.61). Esses princípios são utilizados pela ideologia liberal e para a condenação das tentativas de controle das conseqüências anti-humanistas do capitalismo e recusa das iniciativas voltadas para a institucionalização da assistência social e da instrução obrigatória. Nesse momento, a pedagogia da existência desenvolve métodos de investigação que demonstram no desenvolvimento do psiquismo da criança o critério para nortear a ação educativa.

O caráter da psicologia da existência desenvolve-se no mesmo período em que o pragmatismo norte-americano definia princípios próximos a esses, com pequenas diferenças. Em Dewey os objetivos da educação são definidos a partir do desenvolvimento da criança num determinado meio. Educar constitui-se em elemento de organização das experiências, e essas é que formarão o espírito e a moral infantil. Numa comparação dessa vertente da pedagogia da existência, Suchodolski ([195-?], p.66) avalia que, enquanto

> O idealismo tradicional procurou sempre alcançar o permanente para lá da mudança, atingir para lá do fenômeno a sua razão ou a sua finalidade interior; pelo contrário, o imanentismo evolucionista de Dewey aconselhava a tomar o curso da mudança como a realidade única e última, a aceitar

qualquer novidade como um dos elos do desenvolvimento fundamental e válido, não por aquilo que precede, mas pelo fato de existir. Este ponto de vista fazia incidir a atenção no presente e valorizava-o, abolia o direito do passado de impor os seus próprios modelos e abolia o direito de a imaginação atribuir ao futuro o papel de dirigir a vida presente.

Como uma das conseqüências para a educação, causadas pela contraposição entre essas duas pedagogias (existência e essência), temos o desenvolvimento de duas formas divergentes de conceber o programa de ensino. Se Dewey pauta-se pelas experiências intelectuais da criança, em detrimento de conteúdos universalmente válidos, Herbart desenvolve uma teoria da instrução formal, com base na crença de um espírito humano transcendental, e estabelece pormenorizadamente esquemas prévios para o desenvolvimento deste espírito.

Nesses parágrafos anteriores, pudemos perceber como tanto a pedagogia da existência quanto a da essência potencializam posições transformadoras e conservadoras, o que nos permite perceber que a mera defesa intransigente de aspectos de uma dessas, com ênfase exclusiva ora nos aspectos universais ora no processo de construção humana, não imprime automaticamente a nenhuma delas o seu caráter. Nenhuma elaboração teórica é melhor que a outra em razão de sua adesão ao individualismo e relativismo ou ao caráter coletivo e uniforme da sociedade humana.

Ainda em Suchodolski, encontramos a consideração de que a educação contemporânea mantém a antinomia entre a essência e a existência, "antinomia que só se pode resolver dentro de condições em que tanto a educação como o sistema social sejam concebidos à 'escala' do homem". As ações pensadas pelas duas vertentes do pensamento educacional: "unir educação e vida de modo que não seja necessário um ideal – ou definir um ideal tal que a vida real não seja necessária", constituem-se em extremos (Suchodolski, [195-?], p.116). Tanto uma quanto a outra opção não condizem com os processos que ocorrem na dinâmica da realidade. No entanto, a síntese entre esses extremos exige condições não existentes na sociedade burguesa, assim como depende da criação de perspectivas de elevação da vida cotidiana acima do nível atual. Do ponto de vista da pedagogia da essência, Suchodolski avalia que o ideal não deve nem reforçar e reproduzir as condições atuais nem assumir referentes indiferentes a essas. Pelo ângulo filosófico:

> a concepção da "essência humana" não pode dar origem a uma existência do homem correspondente a esta "essência"; no entanto, nem toda a "existência" humana dá necessariamente origem à "essência" do homem. O que importa é facultar à vida humana condições e encorajamentos, garantias e organização tais que possa tornar-se a base do desenvolvimento e da formação, base da criação da "essência humana". (ibidem, p.120-1)

Ou seja, assim como a existência humana não se reduz a determinada concepção de essência humana, não são todas as experiências do homem empírico que contribuem para a consolidação da essência da humanidade. Não pode, portanto, a realidade imediata constituir-se no único critério da educação. Suchodolski defende como critério válido a realidade futura, critérios que permitem ao homem poder empreender a crítica do presente, acelerando a superação dos elementos antiquados e caducos do presente, rumo à concretização do novo. Nesse sentido, a educação voltada para o futuro assume a defesa de uma dimensão da corrente pedagógica da essência. Entretanto, diferencia-se profundamente dessa ao conceber o ideal como "uma directriz de acção no presente" em direção às transformações sociais voltadas às exigências humanas. Nesse aspecto, a educação orientada para o futuro identifica-se com a pedagogia da existência, diferenciando-se dessa por conceber a crítica do presente como um apelo para sua reconstrução. Os esforços do presente é que condicionam o futuro.

> a juventude tornar-se-á melhor ou pior consoante o modo como seremos capazes de organizar as suas actividades concretas no meio em que vive, conforme a ajuda que lhe facultarmos para que se torne apta a realizar as tarefas futuras e conforme o que soubermos fazer para facilitar o desenvolvimento interior dos jovens. (ibidem, p.124)

Quando Suchodolski defende a constituição de um sistema de ensino que, além da instrução politécnica, se ocupe da formação social, argumenta que, como na sociedade do futuro, cada profissional constituir-se-á num cidadão responsável pela democracia social, essa formação deve partir das questões e processos sociais do mundo moderno à compreensão do meio concreto, ou seja, transpor os *ideais universais e sociais* para a vida *quotidiana e concreta do homem*.

A partir da análise de como a dicotomia entre as dimensões da existência e da essência humana, numa perspectiva materialista-dialética, não condiz com a dinâmica da realidade humana, e de como a síntese entre essas exige o desenvolvimento de uma criação de condições ainda não existentes sob o modo de produção capitalista, explicitamos, nessa concepção materialista-dialética, o caráter condicionado da educação ante a estrutura socioeconômica, mas que, nem por isso, nega o seu papel no processo de transformação social. Pelo contrário, o reconhecimento das limitações das ações educativas é que permitirá a adoção de parâmetros para a ação pautados por esses limites e possibilidades. A fim de contemplar esse ponto, passamos à análise de propostas acerca da organização escolar e curricular que assumem essa perspectiva.

Materialismo histórico-dialético: currículo e participação

Neste tópico, analisaremos duas propostas de organização curricular que assumem como referencial teórico o materialismo histórico-dialético. Nossa preocupação central é encontrar indicativos de como as questões de gestão – mais especificamente da participação dos diversos segmentos nas discussões pedagógicas – são tratadas nessas propostas. Primeiramente, consideraremos a proposta de Pistrak, de organização do currículo por *complexos temáticos* e as questões da *auto-organização dos alunos* no período pós-revolucionário soviético. Essa análise tem o intuito de perceber em que medida ocorre a incorporação dessa proposta na política curricular e de gestão implementada na proposta da Escola Cidadã, em Porto Alegre. Num segundo momento, analisaremos a assunção das bases epistemológicas do materialismo histórico-dialético e como essas se desdobram em princípios curriculares e organizacionais pelos defensores da pedagogia histórico-crítica.

Pistrak – Escola do trabalho

Em virtude das investigações por nós realizadas, podemos indicar que a proposta dos complexos temáticos, implementada pela Secretaria Municipal de Educação de Porto Alegre, foi desenvolvida sem que a devida ênfase tenha sido dada sobre as questões organizacionais apontadas por Pistrak (2000). Esse teórico já havia alertado para o risco de se implementarem as atividades de ensino por meio dos complexos temáticos, sem a assunção da proposta em sua totalidade, transformando-a em mera técnica didática, o que provocaria a sua descaracterização. Pudemos constatar, no estudo por nós realizado, que apresentamos no neste estudo, que a implementação dos complexos temáticos, por parte dos diretores e supervisores entrevistados nas escolas, foi assumida como forma de conhecimento da realidade imediata das crianças, por meio da *pesquisa socioantropológica*, sem que fosse possível relacionar esses elementos com os conteúdos a serem trabalhados em sala de aula. Diante dessas dificuldades, aconteceu que a pesquisa foi realizada uma única vez, e o complexo foi definido, porém não utilizado pelos professores na direção das atividades pedagógicas. Ou seja, tornou-se uma metodologia difícil de ser implementada, e, logo, abandonada. Paralelamente a essa dificuldade de organização curricular a partir dos elementos colhidos pela pesquisa inicial, outros problemas – como a participação da família e da comunidade na escola e dos alunos no Conselho Escolar – fizeram que esse fórum de discussão ficasse restrito sobretudo aos professores e pessoal técnico-administrativo.

A preocupação central do autor de *Fundamentos da escola do trabalho* era com a formação de sujeitos sociais capazes de manter e aprofundar o processo revolucionário na União Soviética pós-1917. A consolidação da revolução exigia da sociedade soviética um processo permanente de reconstrução das organizações sociais e do Estado, além de um confronto constante com as forças reacionárias internas. Dessa maneira, o desafio colocado para os educadores, entre eles Pistrak, era desenvolver um processo de mudanças na escola que concorresse para a formação de homens capazes de participação no processo de construção da nova sociedade.

O autor demarca sua teoria educacional como uma pedagogia marxista, caracterizando-a como "uma teoria de pedagogia social, ligada ao desenvolvimento dos fenômenos sociais atualmente dados e interpretados do ponto de vista marxista" (Pistrak, 2000, p.22). Propõe, portanto, uma prática pedagógica revolucionária, calcada em uma teoria pedagógica revolucionária, a partir da "revisão de valores sob a luz da pedagogia social", que só será efetiva "quando o professor assumir os valores de um militante social ativo" (ibidem, p.24-6).

Ele investe seus esforços na elaboração e implementação de mudanças, não apenas nos conteúdos escolares, mas também na estrutura de organização e funcionamento do ensino. Essa preocupação com os conteúdos de forma não descolada da estrutura da escola, para que possa atingir seus objetivos, é ressaltada por Caldart (2000, p.8, grifo nosso):

> Sua maior contribuição foi ter compreendido que transformar a escola, e para colocá-la a serviço da transformação social, *não basta* alterar os conteúdos nela ensinados. É preciso mudar o jeito da escola, suas práticas e sua estrutura de organização e funcionamento, tornando-a coerente com os novos objetivos de formação de cidadãos.

Assim, consideram-se como dois grandes fundamentos da proposta apresentada nessa obra de Pistrak a organização curricular pelos *complexos temáticos*, como forma de estabelecer as relações da escola com a realidade atual, e a *auto-organização* dos estudantes, como forma de desenvolvimento do espírito coletivo e da capacidade de direção em todos os sujeitos. O desafio assumido pela escola, na proposta de Pistrak, é o de educar "ao mesmo tempo com firmeza ideológica e política nos princípios e valores da revolução, e com muita autonomia e criatividade para ajudar a recriar as práticas e organizações sociais" (Caldart, 2000, p.10).

Fica explícita no pensamento de Pistrak a abordagem da organização curricular de forma imbricada com a questão organizacional, ou seja, com as possibilidades de participação dos alunos na gestão da escola, a ponto de a validade das ações na efetivação dos complexos temáticos estar subordinada às características da totalidade da proposta. Isto é, o autor expressa a preocupação de redução dos demais aspectos da *escola do trabalho* à organização dos complexos temáticos.

> é preciso compreender que o sistema do complexo não é apenas uma técnica pedagógica: trata-se do método fundamental para analisar a realidade atual do ponto de vista marxista. O sistema do complexo tem por objetivo treinar a criança na análise da realidade atual através do método dialético [...] E é por isso que damos importância tão grande *ao momento em que a criança toma consciência do tema do complexo e ao momento do término do seu trabalho*. E mais, consideramos que a participação imediata das crianças na elaboração dos planos (sobretudo na escola do 2º grau) é uma das condições essenciais ao êxito do trabalho [...] o sistema do complexo, enquanto técnica indispensável de conhecimento da realidade atual, deve, antes de tudo, ser compreensível e claro para a criança. (Pistrak, 2000, p.152)

Apresentamos esses pressupostos desenvolvidos por Pistrak para verificarmos, nos projetos educativos que analisamos em Porto Alegre, mais especificamente em relação aos complexos temáticos e à organização dos alunos, a coerência entre os pressupostos assumidos e as medidas implementadas.

Pedagogia histórico-crítica

Com relação aos princípios e métodos da pedagogia histórico-crítica, até que ponto esses podem contribuir para a análise dos dados da experiência implementada no município de Porto Alegre foi o questionamento que norteou a abordagem que realizamos dessa tendência educacional brasileira.

Alguns críticos da pedagogia histórico-crítica (Moreira, 1990; Silva, 2000) ressaltam que essa perspectiva parte de uma crítica à ênfase nos métodos de ensino e defendem como função básica da escola a transmissão de conhecimento. Os educadores identificados com essa pedagogia consideram, portanto, a existência de um conjunto de conhecimentos produzidos e sistematizados historicamente, logo, valorizados socialmente, essenciais na instrumentalização dos segmentos desprovidos dos meios de produção na sociedade, para que possam exercer seu papel na transformação social. Reconhecer que o conhecimento é produzido historicamente e, por conseguinte, no interior de relações sociais de classe não implica para essa corrente do pensamento pedagógico que esse conhecimento não possa ser universalmente válido. O conhecimento objetivo expressa as leis que regem os fenômenos naturais e sociais e que transcendem os interesses individuais, origem de classe e restrições históricas; em razão disso, o conhecimento escolar pressupõe a existência de um conhecimento objetivo e universal e não pode ser senão a organização seqüencial e gradativa desse conhecimento (Moreira, 1990, p.169-70).

Essa crítica à pedagogia histórico-crítica afirma ainda que, em decorrência da aceitação de um conhecimento objetivo universalmente válido, o saber escolar é concebido como o processo de transmissão desse conteúdo, por meio de uma organização curricular que tenha como base disciplinas clássicas. Essas críticas são extrapoladas para a percepção de que esses autores estariam privilegiando o saber dominante em detrimento da cultura popular, ignorando, dessa maneira, as relações de poder que envolvem o processo de seleção dos conteúdos escolares no interior da cultura.

> O conhecimento das crianças das camadas populares, assim, não parece ter, para os conteudistas, espaço no currículo. Seu saber é, portanto, ignorado e impedido de penetrar na sala de aula. Pouca preocupação parece haver, porém, com os aspectos simbólicos implícitos que tenham sido incorporados nesse conhecimento e que sejam característicos de uma vida cultural e intelectual específica. (Moreira, 1990, p.170)

Entendemos que essa questão não está posta dessa forma no pensamento dos autores que representam essa tendência pedagógica, sobretudo D. Saviani (1980, 1988, 2000), apesar de ele propor que a realidade concreta dos alunos, sua cultura, seja considerada como ponto de partida para a abordagem dos conteúdos escolares. Saviani (1980, p.10) explica que essa passagem *do senso comum à consciência filosófica* (subtítulo de seu livro) significa passar de uma concepção "fragmentária, desarticulada, implícita, degradada, mecânica, passiva e simplista a uma consciência unitária, coerente, articulada, explícita, original, intencional, ativa e cultivada".

O autor explicita que sua concepção de conhecimento deriva do método dialético de análise, elaborado por Marx[5] no trabalho intitulado "Método da economia Política". Ressalta a distinção apresentada entre o concreto, o abstrato e o empírico e define o concreto como o real pensado, cujo acesso não se dá sem a mediação do abstrato: "parte-se do empírico, passa-se pelo abstrato e chega-se ao concreto. A passagem do empírico ao concreto corresponde, em termos de concepção de mundo, à passagem do senso comum à consciência filosófica" (ibidem, p.13).

---

5   Apontamos nas elaborações da pedagogia histórico-crítica a perspectiva de que a educação, como elemento da superestrutura social, estabelece relações dialéticas com a infra-estrutura econômica. Portanto, mesmo estando condicionada pelos fatores econômicos, constitui-se também em fator de mudança, juntamente com outras instâncias da sociedade civil. Ao abordar as relações entre a estrutura econômica e a infra-estrutura, Manacorda (1991, p.97) recorre aos escritos de Marx no prefácio à crítica da economia política. Ali, Marx estabelece uma relação no mínimo tripla, entre: a) uma "base real", dada pelo conjunto das relações de produção, que, além disso, já pressupõem "um determinado grau de desenvolvimento das forças produtivas materiais" e constituem "a estrutura econômica da sociedade", b) uma "super-estrutura jurídica e política que se ergue sobre aquela base e sobre a qual correspondem", e c) "determinadas forças da consciência social". "Marx evita todo esquematismo ao delinear estes momentos e sua relação [...] apresenta-nos, sobretudo, uma contradição de fundo entre os dois primeiros termos, 'forças' e 'relações de produção', e a identificação destas últimas com sua 'forma jurídica', isto é, com as relações de propriedade e, em última instância, com todas as 'formas ideológicas' em que os homens concebem e combatem o conflito real". Apesar de apontar a existência dessas relações entre condições sociais e sistema de ensino, no pensamento de Marx sobressai o condicionamento do "modo de produção da vida material" sobre "o processo social, político e espiritual da vida", o que significa a exigência de se tomar o real como ponto de partida. Ou seja, não se pode ter uma expectativa muito grande do potencial revolucionário do sistema educativo ante a sociedade sem, no entanto, assumir a postura de esperar que as mudanças ocorram primeiro no âmbito econômico e social, para depois pensarmos na promoção de alterações no sistema educacional. Essa percepção imputa à perspectiva marxista um caráter imobilizador e promove um movimento de ênfases ao potencial emancipador da educação que acabam por promover a negação dos condicionamentos materiais.

Identificamos, portanto, nesses princípios da tendência pedagógica histórico-crítica, a assunção do método materialista no processo de conhecimento da realidade, que vai do abstrato ao concreto por meio da "dialética da totalidade concreta, na qual se reproduz idealmente a realidade *em todos os seus planos* e dimensões". Essa maneira de conhecer é o próprio processo do pensamento, que parte do abstrato ao concreto, que atinge o conceito – abstratas determinações conceituais, partindo da representação imediata do todo, que é caótica, e retornando a esse ponto de partida, para construção do conceito do todo articulado. "Para que possa conhecer e compreender este todo, possa torná-lo claro e explicá-lo, o homem tem que fazer o *detóur*: o concreto se torna compreensível através da mediação do abstrato, o todo através da mediação da parte" (Kosik, 1976, p.36-7).

Concluindo, Saviani (1980, p.14) concebe a educação como uma "atividade que supõe a heterogeneidade (diferença) no ponto de partida e a homogeneidade (igualdade) no ponto de chegada".

Interessa-nos a forma como Saviani define o senso comum e a consciência filosófica, para defender a necessidade de elevação do nível cultural das massas por meio da educação. Não entendemos que, por isso, esse pensamento desenvolva uma postura de secundarização da cultura popular. O que não significa, entretanto, uma valorização acrítica de determinados elementos do pensamento das classes populares. Pelo contrário, Saviani explicita que a mentalidade popular[6] caracteriza-se pelo nível do senso comum, enquanto a consciência filosófica representa a expressão de mundo hegemônica, que consegue, dado seu grau de articulação, obter o consenso entre os demais segmento sociais.

A consciência de classe na sociedade capitalista apresenta-se de forma contraditória, pois, ao mesmo tempo que assimila valores hegemônicos e que contraria seus interesses de classe, oferece resistências

---

6 Conforme Gramsci (apud Saviani, 1980, p.10), povo é entendido como "o conjunto das classes subalternas e instrumentais de toda forma de sociedade até agora existente". O pensamento hegemônico assume características de consciência filosófica – "aquela que, mercê de sua expressão universalizada e seu alto grau de elaboração, logrou obter o consenso das diferentes camadas que integram a sociedade".

a esse mesmo pensamento. Os mecanismos de oposição ao *status quo* devem ser buscados no senso comum da classe operária, que contém, mesmo que implicitamente, os elementos de contestação. A consciência de classe constitui-se portanto, em razão do partido revolucionário, em "tentar trazer para a luz e sistematizar a visão de mundo implícita em tais práticas de resistência" (Macnally, 1999, p.45).

Simultaneamente à indicação do caráter contraditório[7] do pensamento popular, Saviani indica elementos transformadores da prática do homem de massa. No pensamento do autor podemos também constatar que a educação apresenta-se imersa na luta hegemônica em prol da classe trabalhadora, quando desencadeia um movimento de mão dupla entre os conhecimentos científicos e os elementos da cultura popular. Ou seja, a educação adquire um caráter emancipatório, quando a seleção de seus conteúdos opera a crítica da cultura burguesa e consegue extrair dessa elementos articulados aos interesses objetivos da burguesia, mas não inerentes à sua ideologia (interesses particulares de classe social), para rearticulá-los aos interesses populares, mas também, e necessariamente, quando extrai da cultura popular o seu núcleo. Esse núcleo da cultura popular é chamado de "bom senso", e lhe confere um caráter elaborado, explícito. Ou seja, vislumbra a passagem do senso comum à consciência filosófica, mediante a utilização de elementos presentes na cultura hegemônica, presumivelmente aqueles conhecimentos considerados universalmente válidos, situados historicamente, porém destituídos de interesses de classe, para desencadearem um processo de explicitação do "núcleo da cultura popular" a partir da articulação e reelaboração dos elementos do senso comum aí presentes.

A forma de inserção da educação na luta hegemônica configura dois momentos simultâneos e organicamente articulados entre si: um momento negativo que consiste na crítica da concepção dominante (a ideologia

---

7 É inerente ao senso comum, portanto, um caráter contraditório, por constituir-se "num amálgama integrado por elementos implícitos na prática transformadora do homem de massa e por elementos superficialmente explícitos caracterizados por conceitos herdados da tradição ou veiculados pela concepção hegemônica e acolhidos sem crítica" (Gramsci apud Saviani, 1980, p.10).

burguesa); e um momento positivo que significa trabalhar o senso comum de modo a extrair o seu núcleo válido (o bom senso) e dar-lhe expressão elaborada com vistas à formulação de uma concepção de mundo adequada aos interesses pulares. (Saviani, 1980, p.11)

A partir da definição da escola como instituição encarregada da socialização do saber sistematizado, Dermeval Saviani (2000) explicita a natureza desse saber, em razão do qual será definido o currículo. O saber escolar não se refere a qualquer tipo de saber, "a escola diz respeito ao conhecimento elaborado e não ao conhecimento espontâneo; ao saber sistematizado e não ao saber fragmentado; à cultura erudita e não à cultura popular [...] a escola tem a ver com o problema da ciência [...] ciência é exatamente o saber metódico, sistematizado" (ibidem, p.19). O currículo escolar estrutura-se a partir do saber sistematizado, da cultura erudita, letrada, exigindo, para acessá-lo, competência para ler e escrever "a linguagem dos números, a linguagem da natureza e a linguagem da sociedade". Saviani defende, portanto, a diferenciação entre o curricular, definido como o conjunto de atividades nucleares desenvolvidas pela escola, e as atividades extracurriculares, desenvolvidas para o enriquecimento dos trabalhos curriculares. E define como concepção abrangente de currículo, a "organização do conjunto das atividades nucleares distribuídas no espaço e tempo escolares". Essa defesa, empreendida por Saviani, da natureza do saber escolar em relação ao saber erudito e popular, como já vimos nos parágrafos anteriores, não representa um menosprezo ou mesmo uma subordinação do saber popular, pelo fato de essa concepção de educação situar a relação entre cultura erudita e popular em um movimento dialético. Esse movimento entre diferentes formas de elaboração e expressão da cultura, desencadeado pelas atividades desenvolvidas na escola permite que "se acrescentem novas determinações que enriquecem as anteriores e estas, portanto, de forma alguma são excluídas". Assim, o acesso à cultura erudita representa a possibilidade de apropriação por parte do aluno, de novas formas de expressão dos conteúdos do saber popular (ibidem, p.19-27).

O respeito, a consideração ou ainda a indicação da imprescindibilidade do potencial transformador dos elementos presentes na cultura popular não podem desencadear a perda da especificidade do papel da educação escolar diante de outras formas de educação social, que, se não estão dissociadas da educação escolar, também não são imbricadas a ponto de configurarem uma unidade. Uma contribuição essencial para a pedagogia histórico-crítica, na defesa do papel da educação escolar como mediação social, está na chamada pedagogia histórico-cultural, sobretudo nas elaborações de Vygotski, nos princípios acerca dos processos de construção dos conceitos científicos na mente da criança nessa fase escolar.

Para Vygotski, a criança desenvolve mecanismos de aprendizagem desde o nascimento, nas suas interações e vivências no meio social; entretanto, o ingresso na escola proporciona um tipo de aprendizagem qualitativamente diferente da aprendizagem pré-escolar, por dois motivos: primeiro, porque essa aprendizagem tem por objetivo o acesso ao conhecimento científico e cultural produzido pela história social da humanidade e, segundo, por exigir o domínio de noções mais complexas. Desse modo, os estudos sobre o desenvolvimento de conceitos na infância, empreendidos por Vygotski, indicam a existência dos conceitos expontâneos ou cotidianos – apreendidos pela experiência, observação e interação da criança – e dos conceitos científicos – relacionados aos conhecimentos sistematizados que exigem o domínio de noções complexas, e que são formados pela mediação do ensino. Portanto, as atividades de ensino, dada a natureza sistemática dos conhecimentos, proporcionam o desenvolvimento mental por exigir "uma atividade reflexiva do pensamento".

Não existe, por conseguinte, incompatibilidade entre aprendizagem e desenvolvimento, uma vez que o conceito de *zona de desenvolvimento proximal*, como "funções psicológicas ainda não estabelecidas", permite "a identificação dos processos mentais em maturação", indicando que na perspectiva histórico-cultural a educação assume "o sentido de realçar e valorizar o papel da escola na formação biopsicossocial dos indivíduos como no sentido de orientar, acompanhar, direcionar e promover prospectivamente o desenvolvimento da criança" (Scalcon, 2002, p.117). Esse caráter prospectivo marca a busca de níveis crescentes de conhecimento e de capacidade de solução de problemas do desenvolvimento, gera a perspectiva da educação como processo de internalização dos conteúdos sócio-históricos. Isso porque "o desenvolvimento humano é concebido como o curso de apropriação pelo homem da experiência histórico-cultural processada no interior das interações biopsicossociais e porque a escola é vista como uma instância do social, cuja especificidade é a transmissão desse conteúdo" (ibidem, p.117).

Assim, a questão dos métodos de ensino-aprendizagem constitui-se em problema central para a pedagogia histórico-crítica, uma vez que as formas de viabilizar o domínio dos conteúdos não são consideradas em si mesmas, mas estão consoantes com o próprio significado social do sujeito e da educação. Com base no materialismo histórico-dialético, o esforço dessa tendência pedagógica dirige-se para a elaboração de uma pedagogia concreta, que trabalha com conteúdos concretos para e com indivíduos concretos.

A definição de conteúdo concreto busca a superação da identificação com o empírico, com o imediatamente dado pela experiência, tendo em vista que em sala de aula o professor não trabalha com o indivíduo empírico, mas com o indivíduo concreto, síntese de inúmeras relações sociais. As expectativas e necessidades expressas pelo sujeito, que são diretamente observáveis, correspondem à sua condição empírica imediata, o que não implica que traduzam necessariamente os interesses do indivíduo inserido em relações sociais que o situam como indivíduo concreto.

Os conteúdos escolares são, nessa perspectiva, o principal elemento para a construção dos conceitos, os quais, considerando as experiências sociais dos sujeitos, são confrontados com os elementos ideológicos e culturais presentes nos conhecimentos elaborados pelos alunos com base em sua experiência empírica. Esse confronto é que permite que tanto professores como alunos elaborem sínteses criadoras, num processo permanente de revisões e reelaborações, tanto das experiências vividas, dos elementos culturais específicos, como da dimensão ideológica do conhecimento científico e da cultura hegemônica. Portanto, a didática da pedagogia histórico-crítica, cujos princípios apresentaremos a seguir, coerentemente com essa postura de confronto entre diferentes elaborações, toma a prática social como ponto de partida, passando pela problematização dessa realidade vivida, sua compreensão a partir dos conhecimentos histórico-sociais, e volta à prática social para a construção de uma compreensão articulada dos elementos que a condicionam.

Uma crítica recorrente às pedagogias emancipatórias, especialmente à pedagogia histórico-crítica, é a ausência de propostas práticas que atendam às necessidades imediatas dos professores. Todavia, Saviani já havia definido os passos fundamentais da pedagogia histórico-crítica com base na concepção dialética da ciência desenvolvida por Marx. Esses passos foram trabalhados com maior detalhamento por Gasparin (2002), em um trabalho em que desenvolve a proposta da pedagogia histórico-crítica de uma organização escolar em que os professores constituam-se mediadores, ou seja, desenvolvam atividades que favoreçam o confronto entre os conhecimentos científicos, tradicionalmente escolares, e a prática inicial dos alunos. Para tanto, sugere uma atividade inicial de "mobilização dos alunos para a construção do conhecimento", em que esses buscam "o conhecimento da prática social imediata a respeito do conteúdo curricular proposto", momento esse seguido da problematização dos conteúdos. Posteriormente à problematização, os professores promoveriam uma série de atividades de "instrumentalização" e, por último, atividades de "catarse" (Gasparin, 2002, p.15).

O primeiro passo da didática da pedagogia histórico-crítica, chamado de "prática social inicial do conteúdo", prevê, como forma de desafio e mobilização do educando, a busca das relações entre o conteúdo proposto com a vida cotidiana dos alunos, sua prática social imediata, assim como a criação de situações em que os alunos manifestem suas percepções acerca da realidade social mediata (relações sociais). Essa atividade deve dar-se previamente ao desenvolvimento do tema proposto, pois, segundo Gasparin (2002, p.17),

> Os conteúdos não interessam, *a priori* e automaticamente, aos aprendentes. É necessário relacioná-los às opiniões trazidas pelos educandos. A contextualização dos saberes dos alunos implica que o professor, nas fases posteriores do método de trabalho, contextualize os conteúdos programáticos.

Esse primeiro olhar sobre a "realidade social inicial" engloba as vivências, necessidades e expectativas dos alunos, mas refere-se também às relações dessa realidade imediata com a prática social, as quais *não* são representadas da mesma forma por professor e aluno, pois esses possuem uma visão sincrética, percebida no senso comum e em certa medida naturalizada, enquanto aqueles possuem uma visão mais sintética, possibilitada pela relação prática-teoria-prática já estabelecida pelas experiências anteriores. É exatamente nesse momento do processo pedagógico que o professor reconhece o ponto de partida do trabalho pedagógico, que consiste no reconhecimento dos conceitos que os alunos adquiriram na experiência concreta, cujas características percebidas com maior facilidade são as visuais. Para que a criança descubra as propriedades essenciais dos conceitos, a partir da percepção da explicitação das contradições entre as concepções oriundas da vida cotidiana com os conhecimentos científicos, desenvolve-se a relação ensino-aprendizagem cujo início requer essa contextualização do conteúdo a ser trabalhado.

O segundo passo dessa metodologia será a *problematização*, momento em que se inicia o trabalho com o conteúdo, caracterizado por Gasparin (2002, p.35-6) como "processo de investigação para solucionar as "questões em estudo", mediante o levantamento de "situações-problema". Realiza-se um confronto entre a realidade e o conteúdo, quando "tanto o conteúdo quanto a prática social tomam novas feições". A finalidade desse momento consiste na seleção e discussão dos problemas levantados na fase anterior a respeito do conteúdo programático, esse também questionado no confronto com a prática social, realizada por meio de perguntas elaboradas pelo professor. Portanto, define-se que "nessa proposta teórico-metodológica, as grandes questões sociais precedem a seleção dos conteúdos" (ibidem, p.37). As necessidades sociais atuais, apresentadas na prática social, é que devem orientar a seleção de conteúdos feita pelo conjunto dos professores de determinada área do conhecimento.

Quem propõe os conteúdos, portanto, é a própria sociedade. Cabe aos professores, nesse caso, ler as necessidades sociais e, em função delas, selecionar os conhecimentos historicamente produzidos que mais adequadamente satisfaçam às exigências do grupo. (ibidem, p.39)

Nesse momento da explicitação da proposta, o autor destaca que a ciência é também produto do desenvolvimento histórico-social, condicionada por determinações tanto econômicas quanto ideológicas, técnicas, religiosas. Em vista disso, propõe que essas dimensões do conteúdo devem ser tratadas juntamente com a dimensão científica. Essa proposição nos remete a tópico anterior de nosso trabalho, em que explicitamos a autonomia relativa das ciência em relação aos condicionamentos de classe, além de defendermos a dimensão objetiva dos conhecimentos produzidos socialmente, discussão que entendemos contribuir para a compreensão da proposta ora explicitada.

O momento seguinte, definido como o da *instrumentalização*, é indicado como aquele da ação do educador, apresentando de forma sistemática o conteúdo, e dos educandos, desempenhando ações intencionais para apropriação do conhecimento. O confronto agora é entre o conhecimento que o aluno possui com o conteúdo científico para o desenvolvimento de aprendizagens significativas, entendidas como aquelas em que ocorre a apropriação do objeto do conhecimento "em suas múltiplas determinações e relações, recriando-o e tornando-o 'seu', realizando ao mesmo tempo a continuidade e a ruptura entre o conhecimento do cotidiano e o científico" (ibidem, p.52). O autor propõe que esse estudo do conteúdo esteja em função das questões postas pela prática social, para que os educandos, ao se apropriarem do conhecimento produzido e sistematizado socialmente, possam enfrentar as questões da prática social, o que envolve o conhecimento da estrutura social capitalista.

Como um último passo da didática da pedagogia histórico-crítica, Gasparin (2002, p.129) apresenta a *catarse*, momento em que o aluno apresenta oralmente ou por escrito a síntese que realizou do confronto empreendido nas fases anteriores. Demonstra a reelaboração dos conceitos espontâneos adquiridos na prática social a partir dos confrontos com o conhecimento sistematizado, ou seja, apresenta alterações na concepção do conteúdo e da prática social, permitida por uma "visão de totalidade integradora daquilo que antes aparecia como um conjunto de partes dispersas".

Precisa ficar evidente que, nessa abordagem, o reconhecimento dos elementos políticos e culturais da ação pedagógica não desencadeia uma relativização dos conteúdos, em razão da visão de seu caráter sócio-histórico e da existência da formação de conceitos no processo de produção do conhecimento. Não obstante a constatação da dimensão epistemológica dos conteúdos escolares, essa abordagem não adere às posturas de defesa de um tradicionalismo autoritário, em razão também da explicitação da dimensão ideológica do conhecimento humano pela lógica dialética.

Assim, não cabe o raciocínio de que a ênfase sobre o papel de transmissão dos conhecimentos sociais e históricos pela escola redunda em aceitação de metodologias transmissivas, que impediriam o desenvolvimento de potencialidade criativas e autônomas nos alunos. Pelo contrário, a pedagogia histórico-crítica tem avançado, e muito há que fazer nessa direção, na explicitação de uma didática que, tomando como parâmetro um currículo único para as escolas da rede pública, possibilite o confronto entre estes conhecimentos e os saberes populares na direção de revisões simultâneas. Entendemos que muito se pode avançar nessa direção e que a iniciativa de trabalho com os complexos temáticos, desenvolvida em Porto Alegre, no bojo do projeto Escola Cidadã, pode contribuir para que possamos aprofundar a perspectiva de trabalho com *conceitos* que, elaborados em razão da realidade concreta, sejam trabalhados pelas diversas áreas do conhecimento, num processo coletivo de apreensão e recriação do conhecimento.

Identificamos, portanto, na pedagogia histórico-crítica o reconhecimento da dimensão pedagógica da participação dos pais na escola, tendo em vista a aproximação necessária para um conhecimento mútuo, e da formação política que essa participação oferece. Mas percebemos que é ainda mais central para essa abordagem a dimensão política dessa participação numa perspectiva classista, em contraposição à visão da democracia como valor universal.

Conclusões

Diante do problema inicial do significado para a organização curricular da dimensão pedagógica da participação dos pais na escola, indicamos que a complexidade dessa questão nas discussões acerca dos aspectos pedagógicos da organização escolar não nos permite a sua simples defesa, nem sua negação. Teremos mais elementos para avançar na elaboração de indicativos para esse problema após empreendermos as discussões acerca da democracia e dos pressupostos sobre a gestão escolar nos próximos capítulos.

Entendemos, no entanto, que a evidência dos pressupostos filosóficos que estão na base das tendências abordadas neste capítulo permite-nos avançar na superação das posturas que, na tentativa de considerar os demais condicionamentos para além dos de classe social, assumem um otimismo exagerado quanto ao poder de transformação das estruturas sociais pela educação, negando ou ignorando a contribuição das elaborações calcadas no materialismo histórico-dialético, taxando-as de reducionismo economicista, e rejeitando-as por imprimir um caráter imobilizador à teoria pedagógica.

A assunção do grau de complexidade da sociedade moderna tem levado as teorias pedagógicas contemporâneas, em sua grande maioria, a apresentarem os elementos culturais como estruturantes do social e, portanto, passíveis de transformação pela ação pedagógica sobre os valores humanos. Em virtude da assunção desses pressupostos, assumem a postura de extrema relativização do conhecimento científico e, por conseguinte, dos conteúdos escolares, gerando, conseqüentemente, uma resistência à adoção de um currículo único – em lugar do que, defendem a flexibilização curricular e a elaboração de uma proposta pedagógica para cada escola com a participação dos pais com poder de decisão sobre a definição curricular.

Explicitamos que os pressupostos desenvolvidos tanto pela *nova sociologia da educação* quanto pela *pedagogia popular* de Paulo Freire são extremamente válidos, até mesmo por terem permitido o enfrentamento do caráter de classe da educação, provocando avanços no sentido da democratização do ensino. Alertamos, porém, que a adoção desses princípios, sem que sejam consideradas as elaborações acerca do conhecimento humano na perspectiva do materialismo histórico-dialético, favorece os riscos de diluição da especificidade da educação escolar e desencadeia posturas relativistas acerca do currículo escolar e do papel da escola na sociedade.

Essas teorias, apoiadas em pressupostos emancipatórios, apresentam princípios de "aparente fácil consenso", por pautarem-se pelo discurso do diálogo em detrimento do conflito; pela adoção da pedagogia ativa, calcada na experiência imediata dos sujeitos, em prejuízo dos procedimentos de transmissão passiva de conhecimentos preestabelecidos para os alunos; pela democratização com caráter de universalidade, em detrimento dos interesses e necessidades de classes sociais antagônicas. Esse discurso em prol do entendimento e das transformações gradativas rumo à justiça social tem grande poder de aceitação e difusão; no entanto, questionamos a sua efetiva pertinência em face da real existência das relações sociais.

Para tanto, no próximo capítulo apresentaremos a análise de diferentes concepções de democracia e teorias administrativas e de gestão escolar, em referências às contradições do sistema capitalista e das alterações sociometabólicas do capital.

2
DEMOCRACIA E GESTÃO:
DIFERENTES PERSPECTIVAS

> "A revolução não é a crítica, é a verdadeira força motriz da história, da religião, da filosofia e de qualquer outra teoria. Essa concepção mostra que o fim da história não se acaba resolvendo em 'consciência de si', como 'espírito do espírito', mas sim que a cada estágio são dados um resultado material, uma soma de forças produtivas, uma relação com a natureza e entre os indivíduos, criados historicamente e transmitidos a cada geração que a precede, uma massa de forças produtivas, de capitais e de circunstâncias, que, por um lado são bastante modificados pela nova geração, mas que por outro lado, ditam a ela suas próprias condições de existência e lhe imprimem um determinado desenvolvimento, um caráter específico; por conseguinte as circunstâncias fazem os homens tanto quanto os homens fazem as circunstâncias."
>
> (Marx & Engels)

A partir do problema da participação dos pais na gestão escolar e sua incidência sobre o currículo, apresentamos as contradições centrais do modo de produção capitalista, explicitadas por Marx, para compreensão das teorias políticas que promovem um embate em torno de diferentes formas e estratégias de alterações nesse modo de produção. De um lado, identificamos posturas que defendem a democracia como valor universal e vislumbram possibilidades de transformações graduais do sistema capitalista, consensuais entre os diferentes grupos sociais, e apresentam a educação como elemento central dessas transformações; de outro, detectamos tendências políticas que identificam um conteúdo de classe nos regimes democráticos e pregam a necessária superação da apropriação privada dos meios de produção, por essa constituir-se a contradição central do capitalismo, engendrando toda uma série de outros conflitos insuperáveis no âmbito das instituições da superestrutura, entre elas a educação.

Entendemos, como ficou explícito no primeiro capítulo, que as perspectivas chamadas "teorias das novas possibilidades", na linha da superação dos limites do marxismo estruturalista, realizam uma operação de substituição das relações de trabalho pelos elementos culturais e subjetivos, concebidos como decisivos para a constituição das relações econômicas e sociais. Portanto, entendem a educação como instituição social voltada para a produção de valores, em detrimento da socialização dos conhecimentos históricos, e concebem uma integração indiferenciada entre os sistemas formal e informal de ensino. Além disso, apresentamos como os princípios marxistas da teoria do conhecimento humano favorecem uma noção de educação que promova uma apropriação dinâmica do conhecimento social, considerando seus elementos científicos, objetivos e ideológicos. Concluímos que as concepções acerca da dinâmica societal do modo de produção capitalista engendram visões diferenciadas acerca do papel da educação na sociedade e das relações entre Estado e sociedade, as quais, por sua vez, permitem diferentes formas de se pensar a organização dos sistemas de ensino e das unidades escolares.

A abordagem das mudanças do capitalismo contemporâneo, do papel do Estado na regulação das políticas econômicas e sociais, e das alterações nas tendências administrativas são realizadas para que possamos perceber nos princípios da Reforma do Estado no Brasil, o emprego das modernas teorias gerenciais, o aspecto político presente sob uma argumentação de cunho técnico. Essas discussões de tipo estrutural são expressão de concepções divergentes em relação à dinâmica social, que buscamos relacionar às perspectivas teóricas acerca do currículo, desenvolvidas no primeiro capítulo, e às teorias acerca da gestão da educação.

Na tentativa de realização de uma análise das questões organizacionais e epistemológicas da educação, relacionadas com as questões estruturais, entendemos que as dinâmicas organizacionais devem ser concebidas como *mediações*, em seu duplo aspecto: como constitutivas de uma relação cotidiana – portadora de uma particularidade, portanto "fenomênicas" – e, simultaneamente, como elementos de determinações gerais, de uma totalidade portadora de uma "essência". A partir disso nos questionamos: quais as implicações da concepção dialética acerca do conhecimento humano para a compreensão da especificidade da atividade educativa e, portanto, para os princípios organizacionais da área? Pensamos que essa problemática é central para as reflexões em torno da participação dos pais na gestão escolar.

É nesse sentido, das formas organizacionais como *mediação*, que Mészáros (2002, p.629) afirma que "o que necessita ser radicalmente alterado é o modo pelo qual o 'microcosmo' reificado da jornada de trabalho singular é utilizado e reproduzido, apesar de suas contradições internas, através do 'macrocosmo' homogeneizado e equilibrado do sistema como um todo". Assim, vislumbramos que as tentativas de democratização das relações entre os diversos segmentos na organização dos sistemas de ensino e nas instituições escolares – desde que consideradas em suas relações intrínsecas com os aspectos ideológicos, políticos, culturais e científicos, mas também a partir de uma perspectiva epistemológica – são essenciais para a instauração das condições objetivas e subjetivas para a superação das contradições do modo de produção capitalista, que agora passamos a analisar.

A constituição do modo de produção capitalista consiste em concentrar esses meios de trabalho isolados, individuais, realizados nas oficinas, em meios de produção coletivos, na grande indústria. Desenvolve-se a produção social cuja organização favorece o aumento da produtividade, possibilitando a oferta de produtos a um preço menor. Os produtores isolados não conseguiam manter-se no mercado "e a produção social revolucionou todo o antigo modo de produção"; mas, como surgira uma nova forma de organização da produção com o único intuito de aumentar a produtividade das mercadorias, manteve-se "em pleno vigor as formas de apropriação da produção de mercadorias" (Engels, [198-?], p.322).[1]

Essa primeira contradição entre o caráter coletivo, social da produção capitalista e o caráter individual, privado da apropriação, relaciona-se à segunda, inerente a esse modo de produção: a anarquia social da produção capitalista. Ambas constituem-se no elemento central da necessária superação desse modo de produção, exatamente pela sua expansão e necessidade de reestruturação ante as crises estruturais.

Dado seu caráter imanente de necessidade permanente de expansão e aperfeiçoamento, a maquinaria impõe-se ao capitalismo, o que equivale a um movimento ininterrupto de rebaixamento dos salários e crescente dispensa de mão-de-obra,[2] provocando a emergência de um contingente maior ainda de miseráveis. O mercado consumidor, de produtor em constante expansão, sofre um processo contínuo de restrição. Quanto mais o capitalismo amplia sua produção, menor é o número de pessoas em condições de acesso às mercadorias.

---

1 Marx (1985), na seção IV de *O capital*, analisa o processo histórico de transformação da cooperação simples à manufatura e desta para a indústria moderna.

2 Mais-valia absoluta representa o mecanismo de extração do lucro que o capital opera sobre o trabalho ao remunerar o trabalhador com um valor menor ao incorporado à mercadoria pelo número de horas trabalhadas. A mais-valia relativa refere-se ao aumento da lucratividade do capital ao obter uma produtividade mais elevada por parte do trabalho, sem utilizar o mecanismo de ampliação das horas trabalhadas (mais-valia absoluta), mas sim através de processos de reorganização da produção. A mais-valia extraordinária refere-se ao aumento da lucratividade decorrente da incorporação de novas tecnologias à mercadoria.

O capitalismo é caracterizado (em seus elementos estruturais) como um sistema em que operam simultaneamente e em interdependência mútua, porém desvinculados, desconectados, dois elementos: "produção mercantil generalizada e produção para o lucro das empresas". Este último é alcançado mediante a obtenção crescente de mais-valia, cuja apropriação, no entanto, se materializa na venda da mercadoria, portadora de valor, no mercado. Na verdade, o que caracteriza as crises capitalistas é a impossibilidade de obtenção do lucro médio com a venda das mercadorias: "as crises capitalistas são crises de superprodução de valores de troca" (Mandel, 1990, p.209-10).

O socialismo emerge como uma possibilidade decorrente desse movimento contraditório de desenvolvimento do capitalismo, cujas crises, derivadas da conjugação dessas duas contradições, desencadeiam processos de reestruturação, os quais remetem à constituição do caráter social da produção cujos elementos possibilitam sua superação.

Deve-se entender que as condições materiais da transição, postas em curso pelos desdobramentos das contradições globais e das crises, "'anunciam', mas, vejam bem, apenas anunciam, sem que de modo algum *produzam automaticamente* a nova forma histórica" (Mészáros, 2002, p.519, grifo do autor).

Uma das possibilidades de superação das crises capitalistas de superprodução estaria na ampliação do consumo calcado no valor de uso das mercadorias; no entanto, são desencadeadas reestruturações da produção que apontam para a continuidade e o acirramento do consumo calcado no valor de troca, mediante mecanismos de redução do tempo de vida das mercadorias e na produção industrial militar para a manutenção dos níveis de expansão do sistema.

Dada a alta capacidade de alteração do metabolismo socioeconômico para sua preservação, o capital contemporâneo redireciona os processos de reestruturação para dois mecanismos: a taxa de utilização decrescente e a emergência do complexo militar-industrial. Essa forma de administração da crise global assenta em uma auto-reprodução destrutiva do capital, que significa uma alteração estrutural no modo de reprodução capitalista, realizada pelo "deslocamento radical da *produção genuinamente orientada para o consumo destrutivo"* (ibidem, p.678, grifo do autor).

Assim como ocorrem as reestruturações do funcionamento do sistema, num contexto de crise, também as empresas "modernizam" a organização do trabalho, tendo em vista a necessidade de manutenção dos níveis de produtividade e lucratividade. Essas alterações desencadeiam – assim como são influenciadas por – novos paradigmas administrativos. Temos a emergência do paradigma da empresa integrada e flexível,[3] em contraposição ao da empresa "taylorista-fordista",[4] no qual as questões organizacionais, no âmbito das empresas, assim como as características das atividades de trabalho, ganham notoriedade, constituindo-se em tópicos fundamentais para a abordagem das questões de qualificação e formação profissionais e para a instrumentalização do incremento do desempenho dos sistemas de produção (Salerno, 1994).

As crises de superprodução, entretanto, não são por esses meios superadas, mas sim administradas sob nova forma: não mais mediante reparos após "grandes tempestades a intervalos razoavelmente distantes", mas sim por meio de "doses diárias menores", que se transformam em normalidade do sistema. Essa nova forma de administração das crises – mediante a conjugação de esforços do Estado com os interesses dominantes – não significa a ausência de contradições e turbulências, mas sim uma nova forma de "representação de

---

3   O contexto de crises financeira, social e de mercado, apresenta para as empresas a necessidade de uma integração entre fluxos de materiais e informacionais, tendo em vista o acirramento da competitividade, que demanda um aumento da produtividade, assim como uma flexibilidade maior, que representa a capacidade de transitar entre diferentes estados sem deteriorar custos, qualidade e tempo, tendo em vista a instabilidade e a imprevisibilidade do mercado.

4   Fleury (1998) apresenta uma pesquisa desenvolvida no Brasil em vinte empresas paulistas e gaúchas, cujos dados demonstram o caráter limitado das mudanças na "cultura organizacional" dessas empresas, além da permanência de altas taxas de rotatividade aliadas a um baixo investimento em formação de mão-de-obra, com a manutenção dos níveis hierárquicos mais altos calcados em critérios de pertença à família. Ou seja, constata-se a emergência de um modelo taylorista-fordista híbrido e a não efetivação do chamado paradigma da empresa integrada e flexível em sua "acepção mais pura".

um *continuum* depressivo, que exibe as características de uma tensão cumulativa, endêmica, mais ou menos permanente e crônica, com a perspectiva última de uma crise estrutural cada vez mais profunda e acentuada" (Mészáros, 2002, p.697).

Essa diluição das erupções das situações graves, conjugada com a extrema capacidade de readequação da estrutura capitalista para sua auto-reprodução, pode, para algumas vertentes do pensamento filosófico, difundir uma aparência de normalidade e perenidade, levando ao abandono das metas de superação desse modo de produção e de articulação de uma alternativa socialista. Para outras tendências, ao contrário, coloca-se, nesse momento histórico, uma revisão de alguns pressupostos e estratégias, à luz da experiência das sociedades pós-capitalistas soviéticas, e um reexame dos contornos que as estruturas capitalistas contemporâneas assumem.

A democracia na concepção liberal e classista

> *"O Homem nasce livre, e por toda a parte geme agrilhardo [...]"*
> *(Rousseau)*

A questão democrática no conjunto do pensamento liberal sofre mutações de significados em determinados momentos históricos, dadas as correlações de forças presentes e a necessidade de manutenção da hegemonia das classes que detêm o domínio econômico. No pensamento dos primeiros filósofos liberais, época em que a burguesia mercantil representava as forças antagônicas ao sistema feudal, constituindo-se na classe social revolucionária até a Revolução Francesa, a questão democrática não foi abordada, por não ser posta historicamente. Até o século XIX, o liberalismo assume posições contrárias à democracia, tendo em vista as tendências socializantes do pensamento democrático em Rousseau, emergente no século XVIII. A partir do início do século XX, o pensamento liberal passa a defender princípios democráticos, alterando seus pressupostos básicos, tendo em vista respaldar teoricamente a manutenção do sistema capitalista (Coutinho, 2002).

Democracia: valor universal ou caráter de classe social?

> "A democracia política é o melhor invólucro político possível para o capitalismo, e por isso o capital, depois de ter apoderado [...] deste invólucro, que é o melhor, alicerça seu poder tão solidamente, tão seguramente, que nenhuma substituição, nem de pessoas, nem de instituições, nem de partidos na república democrática burguesa abala este poder [...] Somos pela república democrática como a melhor forma e Estado para o proletário sob o capitalismo, mas não temos o direito de esquecer que a escravatura assalariada é o destino do povo mesmo na república burguesa mais democrática."
>
> *(Lenin)*

O debate atual acerca da questão democrática gira em torno das necessidades e possibilidades de um regime democrático contribuir para o processo de transformação da sociedade capitalista. Identificamos três distintas posições: a defesa da democracia como valor universal, que supõe que a partir dos mecanismos atualmente desenvolvidos pela sociedade moderna de representação e participação, os quais devem ser mantidos, pode-se chegar a um nível superior de organização societal em que os interesses de todos os grupos sociais sejam respeitados e seus interesses preservados; uma outra posição, que nega a legitimidade da atual democracia burguesa, por considerá-la forma de representação dos interesses exclusivos das classes exploradoras; e ainda uma postura que, resgatando o caráter de classe da democracia burguesa, a considera um processo histórico resultante do confronto de interesses de classes antagônicas, portanto tendo como resultado uma forma contraditória de organização política que não atende exclusivamente a interesses de determinados grupos, e que, apesar da necessária revogação de vários de seus mecanismos atuais de funcionamento, essa forma de organização política sobre o modo de produção capitalista é o mais adequado para a ampliação da consciência de classe do proletariado moderno. Analisaremos mais detidamente a posição que defende o caráter universal da democracia e a que defende a democracia de classe, por essas serem as posições que embasam as "teorias das novas possibilidades", calcadas no consenso, e as "perspectivas marxistas" sobre a gestão escolar tratadas em tópicos deste capítulo.

Carlos Nelson Coutinho (1984) publica um artigo no qual defende a democracia como valor universal, que expressa, na verdade, as posições dos atuais governos socialistas europeus, chamados de eurocomunistas; no Brasil, essas posturas são encampadas pela conhecida "esquerda moderna", a qual, no governo do Partido dos Trabalhadores (PT), busca o incremento do chamado terceiro setor como novo modelo de organização societal. A expressão do terceiro setor na educação constitui hoje os projetos de "Cidades Educadoras", já analisados no primeiro capítulo deste trabalho. Portanto, entendemos como necessária a análise dos argumentos dessa posição e de seus interlocutores para aprofundarmos a compreensão dos pressupostos que embasam diferentes propostas educativas implementadas na atualidade. A proposta de "Cidades Educadoras", com Tarso Genro à frente do Ministério da Educação do governo Lula, ganhou projeção e apareceu como a tendência a nortear as ações dessa pasta no encaminhamento de proposta para a educação básica no país.

Dentre os argumentos utilizados para a defesa da democracia como valor historicamente universal, está o de que esse regime favorece o desenvolvimento de "uma original sociedade socialista" cuja expressão atual é o eurocomunismo. Nessa perspectiva, a presença de diferentes e até contraditórias concepções de democracia expressas por grupos representantes dos interesses populares é considerada normal e saudável, com a ressalva de que não se perca de vista o elo entre esses grupos, que é "a luta pela conquista e consolidação de um regime de liberdades político-formais que ponha definitivamente termo ao regime de exceção" (Coutinho, 1984, p.19). Ou seja, admite-se a pluralidade de concepções e propostas societárias, desde que tenham como princípio básico as liberdades formais no âmbito da política. Na tentativa de identificação entre essa pretensa universalidade da democracia com o materialismo histórico, Coutinho (1984, p.22) transfere o princípio da não-identidade mecânica entre *gênese e validade* nos valores historicamente desenvolvidos para o caso da democracia, concluindo que, mesmo com o desaparecimento da sociedade burguesa – gênese da democracia –, "muitas das objetivações ou formas de relacionamento social que compõem o arcabouço institucional da democracia política" não perdem seu *valor universal*.

O autor apóia-se ainda em Lukács e Heller para argumentar o caráter de valor em geral presente na democracia burguesa. No primeiro, busca o argumento de que o processo de socialização das forças produtivas, ao ampliar e tornar mais complexas as necessidades dos homens, desenvolve também as faculdades humanas para a satisfação destas. Na segunda, busca o entendimento de valores como tudo o que faz parte do ser genérico do homem e contribui para a explicitação desse ser. Dessa maneira, afirma que "as objetivações da democracia – resposta em determinado nível histórico-concreto da socialização do trabalho [...] – tornam-se *valor* na medida em que contribuíram, e continuam a contribuir, para explicitar as componentes essenciais contidas no ser genérico do homem social". Com base nessa apelação aos valores, o pensador afirma que, independentemente do momento histórico ou local geográfico, a democracia deve ser defendida como princípio básico de organização societal. Assim, empreende a crítica à concepção segundo a qual a velha máquina estatal deve ser destruída para a instalação da sociedade socialista, que para ele atualmente é substituída pela seguinte conotação concreta: "a de que a democracia socialista pressupõe, por um lado, a *criação* de novos institutos políticos que não existiam, ou existem apenas embrionariamente, na democracia liberal clássica; e, por outro, a *mudança de função* de alguns velhos institutos liberais" (ibidem, p.26). Esses argumentam reforçam a perspectiva de que as instituições liberais burguesas contêm embrionariamente os elementos da democracia socialista. Essa mesma noção de continuidade é apresentada em relação ao sistema socioeconômico, pois, para o autor, o capitalismo monopolista de Estado acentua o processo de socialização das forças produtivas e dos meios de produção, assim como a socialização da política impõe a socialização do poder.

A socialização do poder político, para Coutinho (1984), surge como o horizonte de luta para as forças populares, que exige, por sua vez, um processo demorado de criação dos *"pressupostos* políticos, econômicos e ideológicos que tornarão possível o estabelecimento e a consolidação do socialismo em nosso país"*. Esses fundamentos que viabilizarão a construção de uma organização societária socialista dependem, para seu desenvolvimento, de um processo de *renovação democrática* de todo o conjunto das relações, nos diversos âmbitos da vida nacional (ibidem, p.20). Esse processo de democratização viabiliza-se, nesse pensamento, pela articulação entre democracia representativa e democracia direta, que por sua vez "deve promover a síntese dos vários sujeitos políticos empenhados na transformação social, uma síntese que – respeitada a autonomia e o pluralismo dos movimentos de base – seja a portadora da hegemonia dos trabalhadores, cujo núcleo é a classe operária" (ibidem, p.32).

Dialogando com essas formulações, Saes (1998) identifica a separação operada por Coutinho entre *instituições democráticas* e *Estado burguês*, com as proposições defendidas na Segunda Internacional por Kautsky e Adler, como contrárias às teses de Lenin cuja elaboração relaciona a democracia com formas de organização dos diferentes tipos de Estado de classe, presentes na sociedade antiga como na medieval. No entanto, Saes aponta em Lenin o reconhecimento do caráter mais desenvolvido da democracia burguesa em relação às democracias pré-burguesas, por permitir, para além de que as classes exploradoras manifestem seus interesses, um mínimo de organização às classes exploradas.[5]

---

5 Nos Estados pré-burgueses não existem possibilidades de ascensão de membros das classes exploradas ao corpo de funcionários do Estado nem de organização partidária para a indicação de representantes para o órgão de Estado que reúne membros da coletividade, em razão de nessas estruturas sociais não ser reconhecida sua autonomia, uma vez em que prestam sobretrabalho sob coação. Já na democracia burguesa, independentemente da classe social, os indivíduos podem ingressar na burocracia estatal e ainda são considerados capazes de praticar ato de vontade (Saes, 1987).

Saes (1998) indica, nessa posição de negação do caráter burguês das democracias existentes em formações sociais capitalistas, o argumento de ordem histórica por meio do qual se defende o proletariado como agente de criação das instituições democráticas do século XIX, enxergando aí um embrião do Estado proletário dentro do Estado liberal, ou seja, a possibilidade da transição via eleitoral para o socialismo. Já entre trotskistas, o pressuposto básico para o questionamento das possibilidades presentes nas instituições democráticas burguesas para a ação operária decorre da percepção de que essas mesmas instituições foram desenvolvidas a partir dos interesses exclusivos das classes exploradoras. Saes (1998, p.153) argumenta que *ambas as teses partem de um mesmo problema teórico*, e defende a elaboração de uma problemática teórica distinta, que considera a "relação que burguesia e proletariado entretêm com a democracia burguesa", pois acredita que a forma objetiva de dominação política de classe não corresponde às necessidades e objetivos nem da classe explorada nem da classe exploradora. Essa conclusão Saes (1998) extrai de sua análise do processo histórico de constituição das instituições políticas do século XIX, no qual a luta das classes populares almejava a igualdade socioeconômica, enquanto a burguesia pretendia, para além da superação dos privilégios feudais, a instauração de uma nova desigualdade calcada no critério da propriedade. As instituições democráticas burguesas resultantes desse embate histórico permitem às classes populares a igualdade político-formal – o que não era intenção inicial da burguesia –, mas não a igualdade material. Para Saes (1998, p.161),

> A burguesia quer convencer as classes populares de que "o povo representado no Estado" é o meio adequado para a transformação de uma sociedade de classes, fundada na exploração do trabalho alheio, numa democracia sócio-econômica; e de que os direitos políticos constituem a condição de satisfação de suas aspirações igualitárias.

Por considerar nas análises de Lenin sobre a *dupla possibilidade* contida nessa democracia – de um lado, servem de instrumento de dominação ideológica burguesa sobre o proletariado; de outro, é possível que se constituam em fator de desenvolvimento da consciência revolucionária do proletariado, ao possibilitar a explicitação do caráter de classe deste Estado –, Saes entende que o novo problema que orienta as análises sobre democracia e socialismo deve considerar as possibilidades de sistematização e ampliação da consciência de classe social na vigência do Estado burguês.

As análises teóricas sobre o Estado burguês que se limitam às democracias modernas não levam em consideração a existência da continuidade entre as diversas manifestações históricas da *democracia de classe exploradora*. Ao elegerem a democracia burguesa como o "modelo universal de democracia", realizam uma operação teórica que limita as possibilidades da democracia moderna à "realização histórica final e definitiva do ideal de democracia e como o horizonte político para o qual deverão tender todas as coletividades humanas" (Saes, 1987, p.49). Nessas construções teóricas não são consideradas as necessidades de reprodução capitalistas, as quais dependem, para o desenvolvimento do mercado de trabalho, da existência de condições de liberdade para a venda da força de trabalho, que converta os não-proprietários em trabalhadores assalariados e em *personalidade individual*, destacando-os subjetivamente de seu grupo social e identificando-os ao Estado-nação como coletividade existente, em razão de interesses comuns. Saes busca em Polantzas a identificação de um duplo efeito da democracia burguesa: de isolamento da classe explorada e de representação de uma outra unidade fora da classe social.

Questionamo-nos se não existe um excessivo otimismo nesse pensamento da "esquerda moderna"[6] cujo raciocínio toma como pressuposto básico o valor universal da democracia, portanto sem caráter de classe. Pois, segundo esses autores, em plena vigência do capitalismo, existe a possibilidade de criação da hegemonia popular.

---

6 Cf. Toledo (1994, p.28), até meados dos anos 1960, no Brasil, os intelectuais e partidos de esquerda marxistas defendiam que sem a realização da democracia social e econômica, a democracia política não abandonaria o caráter meramente formal, portanto, não possuiria valor em si mesma. Após os anos 1970, setores da esquerda dita "moderna" passam a defender que a democracia possui um *valor estratégico*, logo, um *valor em si mesmo*.

Seria realmente possível às classes não possuidoras dos meios de produção assumirem o comando político e o direcionamento ideológico cultural sobre o conjunto da sociedade? Essa questão coloca-se em face da consideração não só da existência, mas da utilização dos aparelhos repressivos e ideológicos colocados em prática para manter a "dominação burguesa no capitalismo contemporâneo [...] por meios repressivos e coercitivos" (Toledo, 1994, p.31).

Por conseguinte, a consideração tanto dos limites quanto das possibilidades da democracia política para a construção do socialismo faz-se necessária. É nesse sentido que, para Saes, não é indiferente ao proletariado se, sob o modo de produção capitalista, desenvolve-se a ditadura ou a democracia. Isso por duas razões: a revolução proletária e o longo processo de construção do socialismo. Apesar de a democracia burguesa oferecer somente um mínimo de liberdade política para o proletariado, essa forma de governo permite a construção e o fortalecimento de sua organização de classe, um "maior desenvolvimento da democracia interna no partido proletário" e ainda um relacionamento mais estreito "entre o partido proletário e as massas" (Saes, 1998, p.167).

Nessa perspectiva da democracia classista, conclui-se que a democracia burguesa não é a democracia do proletariado. Para essa classe social coloca-se a incumbência de defender a preservação das instituições democráticas burguesas, quando ameaçadas pelas ditaduras burguesas, ao mesmo tempo que explicitar e criticar caráter classista e formal. Quando a expressão democracia é incorporada ao programa político socialista, seu significado deixa de ser o de um regime político implementado em uma coletividade composta por classes sociais antagônicas, e passa a significar a essência de um Estado que promove a própria desestatização das atividades administrativas e militares.

> A organização estatal socialista-proletária e o regime político socialista-proletário são *invariantes*, isto é, são democrático-proletários ou não são socialista-proletários. Assim, *democracia* serve, aqui, para designar a própria essência do Estado e do regime político socialista-proletários. (ibidem, p.31)

A essência da democracia proletária é o alargamento da esfera não-estatal mediante o incremento da gestão de massa, portanto a extinção do aparelho burocrático estatal que caracteriza a democracia burguesa e sua substituição por um corpo de funcionários estatais sem privilégios e não separado das massas trabalhadoras.

É este, portanto, o elemento novo a ser agregado às formulações marxistas clássicas sobre a democracia socialista e proletária; a participação ativa das massas trabalhadoras, não apenas na escolha da burocracia estatal e no exercício de um rigoroso controle sobre ela, mas também na desestatização crescente da formação social onde se constrói o socialismo. (ibidem, p.187)

Desse modo, a organização desse Estado socialista tem como horizonte a atuação dos produtores diretos na gestão das unidades de produção e da economia nacional.

É interessante observarmos uma aparente confluência de perspectivas entre o que propõem os ideólogos e implementadores de uma dissidência da esquerda européia, chamada de Terceira Via, e as perspectivas para a organização do Estado socialista. Ao admitirem que a crise do Estado requer reformas institucionais, os governos Tony Blair, da Inglaterra, e Schroeder, da Alemanha, inicialmente lançam na Europa uma suposta alternativa ao Estado de Bem-estar Social e ao socialismo burocrático de Estado. Tomando como ponto de partida críticas à tentativa de redução do Estado ao mínimo, esses governos propõem a implementação de reformas do Estado cujo objetivo central expresso é manter um Estado forte, em esferas consideradas estratégicas, com políticas sociais voltadas não apenas a reduzir as atribuições da esfera estatal, mas também transferir para a sociedade civil níveis destas políticas considerados não-exclusivos do Estado, a título de uma maior eficiência e consolidação da governabilidade. Se a constituição do Estado proletário ocorre pelo alargamento da esfera não estatal, somos levados a concluir que as proposições da Terceira Via convergem com as diretrizes socialistas!? Todavia, como vimos no item anterior, a extinção do Estado na perspectiva marxista é proposta como *parte* do processo de extinção das classes sociais. A tentativa de redução do Estado na esfera social, ainda sob o modo de produção capitalista, consiste na verdade em parte do resultado da disputa pelos fundos públicos num momento de crise, em que esses acabam por ser canalizados exclusivamente para o capital em detrimento do financiamento das necessidades do trabalho, como veremos nos tópicos seguintes.

Terceira Via: a democracia das reformas liberalizantes

A concepção da democracia como valor universal constitui um dos elementos centrais para a defesa da Terceira Via. Para Bresser-Pereira (1999), essa constitui-se na opção entre a perspectiva da "esquerda burocrática", que investe o Estado como executor das políticas públicas, e da "direita neoconservadora neoliberal", que acredita que por meio do mercado o sistema socioeconômico desenvolve mecanismos de auto-regulamentação mais dinâmicos.

A afirmação de que durante o século XX a democracia se torna o regime sociopolítico dominante, por revelar maior potencial para a manutenção da ordem social e para a promoção do desenvolvimento econômico nas economias capitalistas, sustenta em Bresser-Pereira (1999) a hipótese de que, se durante os regimes pré-capitalistas – nos quais a extração da mais-valia dava-se por mecanismos de coesão – o Estado – por ser apropriado privadamente pelas classes – impunha sua vontade sobre a sociedade, a partir do momento em que a democracia se constitui concretamente essa relação se inverte-se. A sociedade civil, instância situada entre Estado e mercado, é que passa a empreender reformas tanto numa instituição quanto noutra: no Estado, instituição política criada para regular e coordenar a vida social; e no mercado, instituição econômica criada para coordenar a produção de bens e serviços.

> A democracia pode ser ainda incompleta. Oligarquias de vários tipos ainda existem. Mas agora é a sociedade civil, independente do Estado, que determina ou busca determinar a organização do Estado e do mercado, e não o contrário. Uma sociedade civil que, além de autônoma em relação ao Estado, não mais se confunde com o mercado. (Bresser-Pereira, 1999, p.7)

Essa ampliação da capacidade regulatória da sociedade civil explica, em Bresser-Pereira (1999), o fortalecimento das entidades públicas não-estatais do terceiro setor, identificado como um setor "entre o Estado e o setor privado (não entre o Estado e o mercado) [...] que não se confunde com a sociedade civil, mas é parte essencial dela". Nesse raciocínio, o desenvolvimento da Terceira Via – instância existente entre as instituições estatais e o mercado, identificada como a sociedade civil – desencadeia e gera a necessidade de fortalecimento do terceiro setor. A crença no poder regulatório da sociedade civil justifica-se pela aposta de que o conhecimento e a capacidade de organização das entidades públicas não-estatais pode sobrepor-se aos interesses do capital e dos segmentos detentores do poder de coerção social, como bem demonstra esta citação:

> A sociedade civil é um campo de lutas onde a vitória não é necessariamente dos mais poderosos militarmente ou dos mais ricos, dos detentores do capital: pode também ser do conhecimento e da capacidade de organização social. É verdade que existem correlações entre essas variáveis, mas foi-se o tempo em que o poder das armas era decisivo; e o poder do capital, embora ainda central, é cada vez menor em relação ao poder derivado ou do conhecimento ou da organização. (Bresser-Pereira, 1999, p.40)

Nesse aspecto, identificamos uma aproximação ou mesmo uma identificação dos pressupostos de desenvolvimento do terceiro setor no autor brasileiro, com alguns dos argumentos de sustentação do desenvolvimento de uma esfera pública não-estatal como encaminhamento para o processo de democratização da sociedade, desenvolvida na proposta do orçamento participativo em Porto Alegre, apresentados por Genro (2000). Para Genro (2000, p.15), constitui desafio para as democracias modernas o desenvolvimento de "novas formas institucionais capazes de promoverem um 'novo contrato social' da modernidade, para forjar não só um novo tipo de Estado, mas também uma nova reflexão sobre um novo tipo de socialidade". Portanto, o autor defende a "reinvenção do Estado de Direito Democrático", um Estado subordinado à sociedade civil, que "só pode ser realizada por outras instituições", que combinem as formas de representação política atuais com a "exacerbação da *consulta*, do *referendo*, do *plebiscito*, e outras formas de *participação direta* [...]" (ibidem, p.20-3, grifo do autor). Nessa mesma coletânea onde se encontra o texto do autor gaúcho, há um outro trabalho, de Fedozzi (2000), que se utiliza da teoria da ação comunicativa em Habermas para apresentar as possibilidades de transformações societárias, a partir da emergência e ampliação dos espaços públicos, independentes das condições socioeconômicas. Essas possibilidades surgem com a emergência de uma esfera pública, resultante da separação entre os espaços da vida privada e os espaços da produção na constituição da modernidade. Ancorando-se em Habermas, Fedozzi argumenta que a constituição da subjetividade do indivíduo burguês se dá em espaços em que a crítica cultural é possível e permite a emergência de uma "racionalidade argumentativa baseada numa comunicação discursiva entre iguais" (Fedozzi, 2000, p.42). Para esse autor, que aqui cita Avritzer, "a discussão entre indivíduos privados e a autoridade estatal realizados em uma 'esfera que não é privada – já que os interesses individuais estão suspensos – e nem é estatal no sentido em que o prestígio derivado da posição administrativo-estatal também está suspenso – é capaz de transformar as determinações da esfera pública em determinações reais'" (ibidem, p.44). A universalização da política torna-se possível pela constituição dessa "esfera pública" independentemente da "estratificações sociais existentes na esfera material" (ibidem, p.44). São as distinções entre diferentes esferas do mundo social em Habermas que permite essa atribuição de potencialidades à esfera pública. A distinção apontada é entre uma estrutura sistêmica – da ação instrumental que abarca o subsistema econômico e o subsistema administrativo – e o campo da interação social, "organizado em torno da idéia de um consenso normativo gerado a partir das estruturas da ação comunicativa" (ibidem, p.45). Nesse campo da interação social, a linguagem desempenha o papel que o dinheiro assume no campo econômico e que o poder detêm na esfera política.

Encontramos em Montaño (2002) uma crítica aos pressupostos encontrados em Habermas, exatamente pela substituição operada no pensamento desse autor, do *trabalho* pela *linguagem*, como categoria constitutiva da humanidade. Diferentemente de Marx e Lukács, a criação do ser social não ocorreria pelo trabalho, na criação de *valores de uso*, mas pela *linguagem* na produção de *consensos* pelo agir comunicativo. Segundo Montaño, essa concepção subjetivista só é possível pela dicotomização entre o mundo da vida e o sistema (econômico e político) e a não-aceitação do princípio da totalidade dialética entre estrutura e superestrutura. Essa segmentação da realidade social operada por Habermas permite o raciocínio de que "o *agir comunicativo*, e não a *luta de classes*, é que opera como motor no processo de mudança social. O consenso e não a contradição e confronto de interesses, seria o caminho sugerido por nosso autor" (Montaño, 2002, p.94).

Com base nessa aposta – de que a organização sócio-econômica possa ser alterada em função do embate entre diferentes interesses no âmbito da esfera pública não estatal –, as políticas implementadas por governos de cunho popular, como é o caso do PT, dão prioridade para a ampliação dos espaços de execução dessas políticas para organizações não-governamentais. Portanto, defendem e encaminham uma reforma do Estado que, sob o argumento de transferência de responsabilidades para a promoção do fortalecimento da sociedade civil, acaba por promover um processo de desobrigação do Estado para com o financiamento das políticas públicas, reforma essa idêntica às defendidas e encaminhadas por governos que investiram na criação de mecanismos de mercado para a regulação das políticas públicas.

Acerca das reformas do Estado, Bresser-Pereira (1999, p.20) argumenta que, embora os grupos neoconservadores tenham como horizonte a redução do papel do Estado a agente de defesa da propriedade privada, e a delegação ao mercado da auto-regulação das relações nos diversos campos sociais, o que seria catastrófico: "embora possam ter também uma inspiração na nova direita, as reformas que vêm sendo de fato implementadas não têm, na maioria dos casos, esse sentido: contam com o apoio da sociedade e, embora abrindo espaço para o mercado, não são dominantemente neoliberais". Afirma que as reformas implementadas no Brasil têm como objetivo acabar com a excessiva estatização e tornar o Estado eficiente. Bresser-Pereira assume o caráter liberal das medidas, como:

a privatização, o ajuste fiscal, a abertura comercial, a redefinição dos contratos de trabalho, a reforma dos sistemas de previdência e de assistência social, a desregulamentação, a implantação de uma administração pública gerencial, a ampliação da transparência nas ações do setor público e do privado e o aumento do papel dos mecanismos de controle social. (ibidem, p.20)

Argumenta, no entanto, que essas medidas são orientadas para o mercado por aumentarem a competitividade e as possibilidades de governabilidade, ao permitirem maior capacidade de ação por parte do Estado.

Para que possamos perceber os impactos das reformas em curso, mencionadas por Bresser-Pereira, sobre os sistemas de ensino, identificamos nos próximos tópicos os princípios administrativos elaborados nesse processo, e, conseqüentemente, seus efeitos sobre os postulados e práticas da gestão escolar.

A reforma do Estado no Brasil

O Brasil enquadra-se no conjunto de outros Estados Nacionais que empreenderam reformas na administração pública com base nos princípios da racionalidade técnica capitalista. Concebe-se a existência de uma crise financeira do Estado e, portanto, os vetores que direcionarão as medidas implementadas buscam nos critérios gerenciais de reorganização argumentos aparentemente técnicos, mas que cunham um sentido político de favorecimento de grupos minoritários, elitizados. Milton Santos (2000, p.36) argumenta que esse processo representa um "acúmulo de normatizações particularistas, conduzidas por atores privados que ignoram o interesse social ou que o tratam de modo residual". As medidas empreendidas restringem as ações ao aspecto financeiro da crise, em razão de essa se constituir na única preocupação. A lógica que embasa as medidas de reestruturação desse modelo é apresentada como única possibilidade, lançando mão de receitas a serem adotadas por todos.

O mesmo sistema ideológico que justifica o processo de globalização, ajudando a considerá-lo único caminho histórico, acaba, também, por impor uma certa visão de crise e a aceitação de remédios sugeridos. Em virtude disso, todos os países, lugares e pessoas passam a se comportar, isto é, a organizar sua ação, como se tal "crise" fosse a mesma para todos e como se a receita para afastá-la devesse ser geralmente a mesma. Na verdade, porém, a única crise que os responsáveis desejam afastar é a crise financeira e não qualquer outra. Aí está, na verdade, uma causa para mais aprofundamento da crise real – econômica, social, política, moral – que caracteriza nosso tempo. (ibidem, p.36)

Desencadeia-se, assim, a propalada Reforma do Aparelho do Estado Brasileiro, na qual podemos explicitar os pontos de convergência entre as diretrizes do Banco Mundial e as medidas implementadas nos sistemas públicos de ensino. Esses pontos de convergência indicam que os atuais governos acatam, implementam e dão forma aos parâmetros internacionais para a reforma do Estado e a conseqüente gestão do sistema de ensino, sem que se discutam e se negociem propostas autônomas. Partindo de uma inusitada crise do Estado nos anos 1980, causada por um suposto agigantamento de suas ações, propõe-se a redução de setores públicos considerados essenciais; a competitividade como estratégia para a "publicização" das áreas sociais como saúde, educação e pesquisa científica; e a privatização das atividades lucrativas.

A reforma do Estado que vem sendo encaminhada pelo governo brasileiro desde a década de 1990 segue as diretrizes dos organismos internacionais de financiamento que direcionam o papel a ser exercido pelo Estado Nacional quanto à elaboração, execução e avaliação das políticas públicas, entre elas as educacionais. A crise atual pela qual passam as economias capitalistas é considerada um problema das instituições do Estado; nesse sentido, são empreendidas reformas nos aparelhos estatais, visando instituir princípios gerenciais na administração pública, para que essa atinja níveis satisfatórios de eficácia. O aspecto técnico e racional suplanta o político e as *relações de produção* não são colocadas em discussão.

Apresentamos neste tópico a análise do documento do Banco Mundial (1997) sobre o Estado e os elementos da reforma do Estado no Brasil, documentados no *Plano Diretor da Reforma do Aparelho do Estado* (Brasil, 1995), com as justificativas e medidas que orientam essas reformas.[7] A explicitação desses pontos de convergência entre as diretrizes do Banco Mundial, os princípios da Reforma do Aparelho do Estado no Brasil e as medidas implementadas no sistema público de ensino indica que sua implementação ocorre à revelia da consideração de propostas autônomas, não obstante a existência de teóricos em âmbito nacional que têm desenvolvido um referencial alternativo ao que vem sendo implementado.

Tanto o documento do Banco Mundial quanto o Plano Diretor afirmam a centralidade do Estado na promoção do desenvolvimento econômico e social, assim como definem o papel do Estado como complementar è economia de mercado.

O documento do Banco Mundial (1997) justifica essa centralidade ao atribuir à capacidade do Estado mudanças, tais como a desintegração das economias planificadas, a crise fiscal do Estado previdenciário e o milagre econômico asiático. Ou seja, o sucesso ou fracasso nos rumos do desenvolvimento das nações é resultado do bom ou mau desempenho dos Estados, ardil que inventa a justificativa para a reforma, baseada no raciocínio de que a adoção de políticas adequadas depende da qualidade das instituições dos países, que são determinantes da capacidade de acúmulo de capital físico e humano.

No *Plano Diretor da Reforma do Aparelho do Estado* (Brasil, 1995), aparece a expectativa do país de estabelecer um novo modelo de desenvolvimento que tem na reformulação do Estado seu elemento central, qual seja, um papel regulamentador eficiente numa economia de mercado. O referido documento avalia que o Estado brasileiro

---

7   A análise aqui apresentada é fruto em parte dos estudos e debates realizados com o grupo de pesquisa interinstitucional composto de pesquisadores da Universidade do Oeste do Paraná (Unioeste – *campus* de Cascavel) e da Universidade Estadual de Londrina (UEL) no desenvolvimento da pesquisa: "Políticas e programas nas áreas de saúde e educação no estado do Paraná: sua relação com as orientações do BIRD e BID e sua contribuição na difusão das propostas liberalizantes em nível nacional", coordenada pela Prof. Dra. Francys Mary Guimarães Nogueira, com apoio financeiro do CNPq, da qual participamos como colaboradores.

adotou uma intervenção acentuada na esfera produtiva que provocou, além da deterioração de seus serviços, uma crise fiscal e o aumento nos índices de inflação.[8]

Defendem, portanto, a centralidade das instituições na discussão sobre os condicionamentos do desenvolvimento econômico e social dos países e direcionam para uma definição do papel do Estado como agente e artífice do contexto institucional, em que os mercados funcionam como estratégia de superação da crise, atribuída ao Estado.

Já no estudo de Fiori (1988), a crise atual também é entendida como do Estado, sem, contudo, a dimensão inusitada das análises anteriores, pois indica elementos históricos da constituição do Estado no Brasil que possuem um caráter de permanência, indicando, dessa maneira, na atual crise, elementos de outras conjunturas.

Crise do Estado: condicionantes econômicos e políticos

Primeiramente, apresentaremos as premissas de Fiori (1988) sobre a questão da metodologia na análise dos condicionamentos do desenvolvimento dos países de industrialização periférica e tardia da América Latina, para, posteriormente, considerarmos elementos da análise do autor sobre a constituição do Estado brasileiro.

Fiori faz uma revisão das teorias sobre o desenvolvimento do capitalismo nos países da América latina, como forma de indicar limites nos métodos de análise e apontar a necessidade de articulação dos estudos dos mecanismos econômicos e políticos no exame das transformações dos países de industrialização tardia. Ele indica as elaborações da Comissão Econômica para a América Latina e Caribe (Cepal), que associa a razão do atraso latino-americano ao posicionamento econômico do continente no contexto da economia mundial, e consagra uma estraté-

---

8 Observa-se uma atuação voltada para o setor produtivo, simultaneamente a uma sobrecarga no setor social: "tendo em vista o peso da presença do Estado na economia nacional: tornou-se inadiável equacionar a questão da reforma ou da reconstrução do Estado, que já não consegue atender com eficiência a sobrecarga de demandas a ele dirigidas, sobretudo na área social" (Brasil, 1995, p.14).

gia de industrialização induzida e acelerada como único caminho para sair do atraso. Para Fiori (1988, p.50-1), esses teóricos desenvolvem uma interpretação que privilegia os fatores externos como explicadores, concebendo as questões políticas e o Estado como meros instrumentos dos condicionamentos estruturais. A partir daí, critica as diversas teorias que se basearam na periodização cepalina, por incorrerem ora no economicismo ora no politicismo para explicarem as transformações estatais das décadas de 1920 e 1930, e 1960 e 70:

> as interpretações cepalinas e dependentistas, responsáveis por um fecundo trabalho de pesquisa, tiveram como conseqüência nefasta a submissão da análise do Estado a uma camisa-de-força que, ora recorria ao "mecanicismo", ora ao "autonomismo". Passando-se com relativa facilidade, nos vários argumentos, de uma posição onde o Estado respondia funcionalmente aos requerimentos da industrialização, para outra onde o Estado, intervindo pelo alto, produzia, voluntária e autonomamente, as próprias condições da acumulação industrial. (ibidem, p.77)

O autor utiliza-se dessa discussão para apontar a necessidade teórico-metodológica de análises que considerem os elementos da política e da economia como parte de um mesmo "complexo movimento de acumulação e dominação, ou de dominação como motor da acumulação" (ibidem).

Ele apresenta como especificidade do desenvolvimento industrial latino-americano e brasileiro o fato de esses constituírem-se em economias de evolução industrial tardia e internacionalizada, em que o Estado assumiu funções tão diversificadas que lhe conferem um estatuto original:

> ele não apenas organizou e defendeu economias nacionais que se oligopolizaram, como assumiu o próprio comando do processo de desenvolvimento, o que passou pela indução necessária de uma industrialização necessária [...] coube-lhe também a função de gerir e regular o próprio processo de internacionalização, articulando os interesses internos e externos às suas fronteiras geográficas. (ibidem, p.133-4)

Para o autor, o Estado ocupou uma posição decisiva no desenvolvimento econômico, social e político destes países, pois, além da promoção do crescimento, coube-lhe a tarefa de intervir na distribuição social da riqueza e comandar a inserção nacional dos interesses multinacionais. Por conseguinte, para uma análise desses Estados, propõe "o deslocamento do eixo da análise da conjuntura para o movimento estrutural, e da discussão do Regime para o do Estado, visto como um pacto ou compromisso e como uma organização institucional-empresarial em expansão" (ibidem, p.135).

Ele define a crise atual como uma crise do Estado, não totalmente imprevisível e com traços de outras conjunturas. Avalia que o Estado brasileiro, a partir dos anos 1920 e 1930, ocupa posição central no comando da industrialização e na gestão da reprodução social das relações de produção e dominação. Nesse processo de constituição do Estado no Brasil, foram definidas estruturas e instituições, as quais, a despeito de sua aparência anárquica, possuem uma racionalidade que consagra correlações de força e decisões cuja reprodução vem apresentando, ao longo das décadas, formas extremamente regulares que implementam tendências de longo prazo (ibidem, p.27).

Lança, assim, a hipótese de que a atual crise do Estado possui um perfil e um percurso histórico que apresenta focos permanentes de instabilidade na articulação entre política (poder público) e economia (acumulação capitalista), sob um padrão e uma dinâmica que injetam no sistema político ambigüidades e desequilíbrios. Aponta como raízes históricas da atual crise o processo de estruturação do Estado Desenvolvimentista nos anos 1920, o qual vem assumindo um papel decisivo nos processos de industrialização e modernização da sociedade brasileira. A base de sustentação do Estado se deu por uma aliança heterogênea constituída por interesses de capitais e blocos de poder regionais, incapazes de definir a hierarquização política da heterogeneidade sócio-econômica (ibidem, p.27). Essa base de apoio foi formada a partir do que o autor chama de "pacto horizontal" entre forças e capitais heterogêneos, cujo padrão de desenvolvimento permite a sobrevivência de frações financeiras e mercantis especulativas, assim como de facções industriais e agrárias de baixa produtividade. Além do mais, gerou um comportamento reativo-especulativo dos agentes econômicos, inibindo os investimentos de médios e longos prazos, transferidos para o Estado. O autor observa que esse pacto horizontal não logra estabilidade micro e macroeconômicas, tampouco regras contratuais e normas políticas – daí o recurso constante à centralização autoritária.

Fiori analisa, então, o histórico da consolidação do estatismo e autoritarismo brasileiro como cristalização de um processo de "acumulação politizada" cujas lutas sociais e políticas repõem este Estado autoritário no desenvolvimento industrial.

Ressalta que não é específico da América Latina ou Brasil um papel preponderante do Estado no processo de industrialização, pois é característica do desenvolvimento capitalista uma presença do Estado no desenvolvimento econômico e social, não sendo, portanto, fator explicativo da crise e instabilidade do nosso desenvolvimento.

A especificidade do caso brasileiro parece-nos estar no controle e direção do processo de financiamento da acumulação que o Estado foi capaz de estruturar, a partir dos compromissos que constrangeriam e limitariam os parâmetros e os espaços de liberdade de sua ação (ibidem, p.141).

Fora os países que participaram da Primeira Revolução Industrial, todos os demais (Alemanha, Japão, Rússia) "implantaram sua indústria pesada apoiados no Estado e afiançados por projetos de nação-potência, ou em aliança com o grande capital financeiro internacional" (ibidem, p.145).

O autor explica que em dois momentos da história brasileira estivemos talvez próximos da possibilidade de implementação de um projeto de desenvolvimento autônomo.

> Em 1938 e 1952, com Vargas, e em 1974, com Geisel. Em 38, Getúlio tentou, sem êxito, implementar a indústria pesada com recursos nacionais. Em 52, tentou financiamento dos bancos públicos internacionais e não o obteve. Em 1974, Geisel propôs uma estratégia de país-potência, mas a substituição das importações foi feita com poupança compulsória e créditos externos, enquanto nossos bancos [...] especulavam em cima da inflação e do endividamento. (ibidem, p.147)

Embora o papel do Estado tenha sido decisivo no processo de industrialização no Brasil, os limites dessa atuação podem, portanto, ser encontrados em seu núcleo político, pela existência de um equilíbrio instável de suas forças de sustentação, mas que encontram sua expressão no problema do financiamento e no manejo do dinheiro e do crédito.

Já nos documentos do Banco Mundial (1997) e do Brasil (1995), a crise do Estado se deve à assunção das diversas atribuições que levam a um gigantismo e imobilismo, portanto sugerem medidas de caráter técnico que buscam uma redução da atuação do Estado na execução das políticas.

O documento do Banco Mundial (1997) afirma a importância do Estado no desenvolvimento econômico e social não como promotor direto, mas como parceiro, catalisador e facilitador. Desenvolve, assim, o conceito de Estado efetivo em contraposição ao de Estado mínimo, como essencial ao desenvolvimento econômico e social, como parceiro e facilitador, complementando mas não substituindo os mercados. Como indicações de medidas para que os países consigam um crescimento sustentável e redução da pobreza, aparecem: boas políticas econômicas, com ênfase na estabilidade macroeconômica, capital humano desenvolvido e abertura à economia mundial. Para aumento da efetividade do Estado são apresentadas duas estratégias: ajustar o seu papel à sua capacidade, para, posteriormente, aumentá-la mediante o fortalecimento das instituições públicas.

O *Plano Diretor da Reforma do Aparelho do Estado* (Brasil, 1995) apresenta o pressuposto de que, no sistema capitalista, Estado e mercado são os elementos centrais na coordenação dos sistemas nacionais. Se a crise dos anos 1920 e 1930 foi de mercado, nos anos 1980 é a crise do Estado que ameaça o modelo vigente. No documento argumenta-se que, após várias tentativas de explicação, tornou-se claro, afinal, que a causa da desaceleração econômica nos países desenvolvidos e dos graves desequilíbrios na América Latina e no Leste Europeu foi a crise do Estado, que não soube processar de forma adequada a sobrecarga de demandas a ele dirigidas. O *Plano Diretor* indica que, nos anos 1980, a reação do país foi de ignorar a crise; uma segunda atitude foi a resposta neoliberal, caracterizada pela ideologia do Estado mínimo, considerada inadequada. Em meados dos anos 1990, articula-se uma reação condizente, que é a reforma do Estado, para que esse possa resgatar sua autonomia financeira e sua capacidade de implementação das políticas públicas.

No documento do Banco Mundial (1997), a primeira estratégia para a melhoria e efetividade do Estado refere-se a um processo de redefinição de suas responsabilidades. O documento apresenta dois mecanismos básicos para essa redefinição de responsabilidades: uma seletividade das ações a serem desempenhadas pelo próprio Estado e a criação de parcerias com o corpo cívico e a empresa privada. Esse ajuste do papel à sua atual capacidade opera-se por meio do estabelecimento de regras e normas institucionais que o habilitem a fornecer bens e serviços de forma eficiente. Divide as funções do Estado em mínimas, intermediárias e ativistas, para o equacionamento das falhas do mercado e aumento da eqüidade. Recomenda aos países de pequena capacidade que o Estado concentre-se nas funções básicas. Além do que fazer, recomenda como fazê-lo: papel normativo, ajustado à capacidade de fiscalização, à sofisticação dos mercados, com ênfase à responsabilidade pessoal. Orienta ainda que no papel de provedor de bens básicos "não é óbvio que [o Estado] deva ser o único provedor, ou mesmo que deve ser provedor". E aconselha que o Estado busque "as vantagens relativas dos mercados, da sociedade civil e dos órgãos do governo" (Banco Mundial, 1997, p.28).

No *Plano Diretor da Reforma do Aparelho do Estado* (Brasil, 1995), articula-se a reforma do Estado para a redefinição do seu papel, deixando, assim, de ser o responsável pela produção de bens e serviços, para assumir a função de promotor e regulador do desenvolvimento econômico e social. Para tanto, o documento orienta que as atividades passíveis de controle pelo mercado sejam privatizadas; já com relação aos serviços de saúde, educação, cultura e pesquisa científica, que sejam descentralizadas para o setor público não-estatal, processo denominado de publicização. Esses serviços são caracterizados de competitivos ou não exclusivos do Estado, sintetizando, portanto, a sugestão de parcerias entre Estado e sociedade civil para seu financiamento e controle.

Voltando ao documento do Banco Mundial (1997), a segunda estratégia estabelece que o revigoramento da capacidade do Estado consiste na determinação de regras e normas que criem incentivos para que as instituições governamentais atuem no interesse coletivo e que coíbam as ações arbitrárias, da seguinte forma: regras e restrições – judiciário independente, separação entre poderes e órgãos fiscalizadores; pressão competitiva –, seleção com base no mérito, terceirização de serviços e concorrência entre fornecedores privados e públicos e mercado internacional; voz e parceria – conselhos empresariais, organização de consumidores, colaboração com grupos comunitários e parcerias entre níveis do governo e organismos internacionais.

O *Plano Diretor da Reforma do Aparelho do Estado* (Brasil, 1995) explicita os princípios do paradigma administrativo que visa implementar por meio da chamada "administração pública gerencial". Contrapõe alguns dos elementos da "administração pública burocrática" – tais como: "a profissionalização, e idéia de carreira, a hierarquia funcional, a impessoalidade, o formalismo, em síntese, o poder racional legal", assim como os controles rígidos dos processos – aos princípios da administração pública gerencial – tais como: a forma de controle se efetiva por meio dos resultados e não dos processos; postula ainda a definição precisa de objetivos, a garantia de autonomia do administrador na gestão de recursos e, ainda, o estabelecimento da concorrência entre as unidades internas, praticando a competição administrada no interior do próprio Estado. Concluindo: a reforma do aparelho do Estado no Brasil significa, fundamentalmente, a introdução na administração pública das técnicas e da cultura gerenciais modernas.

Evidenciamos, portanto, que, por orientação do Banco Mundial, o Estado brasileiro classifica os serviços de saúde e educação como serviços competitivos não exclusivos do Estado. Conseqüentemente, as medidas para melhoria dos níveis de qualidade desses serviços concentram-se: primeiro, na centralização no âmbito do Estado da responsabilidade pela elaboração das normas, definição de padrões e avaliação; segundo, na criação de mecanismos competitivos que forcem as instituições dos respectivos setores a tornarem-se mais eficientes; e, por último, no estabelecimento de parcerias com a sociedade civil para que essa assuma o papel de provedor desses bens e serviços.

Não obstante os interesses de classe que abrigam as medidas desencadeadas pela Reforma do Estado no Brasil, essas se apresentam com uma roupagem e discurso técnico cujas dimensões políticas residem no fato de estarem colaborando com o desenvolvimento da sociedade civil, esfera pública não-estatal, a qual, por meio da obtenção de consensos, ficaria encarregada de desencadear transformações na organização societária rumo à justiça social, sem alterações na infra-estrutura do modo de produção capitalista.

No contexto atual, a disputa pelos fundos públicos é conseqüência da intensificação da concorrência intercapitalista, a partir sobretudo da década de 1970, e da ampliação do processo de globalização econômica. Esse alcance mundial do capitalismo que, segundo Ianni, se esboça desde seus primórdios, se desenvolve de maneira particularmente aberta no século XX, e após a Segunda Guerra Mundial assume características novas, especialmente em relação ao papel dos estados nacionais. Robert Cox (apud Ianni, 1993, p.24) afirma que

> O papel dos Estados era concebido como o de um aparato protetor das economias nacionais [...] de modo a garantir adequados níveis de emprego e bem-estar nacionais. A prioridade do Estado era o bem-estar. Nas últimas décadas, a prioridade modificou-se, no sentido de adaptar as economias nacionais às exigências da economia mundial. O Estado está se tornando uma correia de transmissão da economia mundial à economia nacional.

O fenômeno da globalização e a conseqüente necessidade de inserção do país no mercado mundial são acompanhados de um processo de descentralização das políticas públicas, por meio do qual se tenta delegar para o Estado o papel de *coordenador* (cf. Mello, 1996, p.79) dessas políticas, enquanto a comunidade local assume sua execução. O fundo público nesse momento do desenvolvimento das forças produtivas capitalistas constitui-se em vital ao financiamento exclusivo da produção, e não mais na reprodução simultânea da força de trabalho – via salário indireto – e do capital, como ocorria na social-democracia.⁹ Como conseqüência desse processo, intensifica-se uma disputa política entre capital e trabalho por esses fundos – na atualidade, com a hegemonia do capital.¹⁰

A chamada esquerda moderna no Brasil, conforme demonstramos nos tópicos anteriores, ao aderir a uma concepção universal de democracia e ao creditar à linguagem o processo de constituição da humanização, assume o terceiro setor como o campo de lutas entre diferentes grupos sociais, no qual a organização tem maior potencial de intervenção do que o poder econômico e o poder político. Nesse momento adotam o mesmo projeto e implementam os mesmos mecanismos de esvaziamento do papel do Estado na articulação da sociedade, na elaboração das políticas públicas coletivamente construídas a partir de princípios universais e no seu financiamento.

O mais grave desse processo de implementação de princípios competitivos para a gestão das políticas sociais são os impactos sobre as formas de organização dos sistemas de ensino e das escolas, na medida em que, seguindo a lógica empresarial moderna, provocam a ampliação dos níveis de desigualdade entre as unidades escolares – que passam a ser geridas conforme os recursos da comunidade –, intensificando a histórica dualidade do sistema de ensino no Brasil.

---

9   Para Oliveira (1988, p.16), o fundo público tornou-se "estrutural e insubstituível" para o modo de produção capitalista no momento em que "tendo desatado o capital de suas determinações autovalorizáveis, detonou um agigantamento das forças produtivas de tal forma que o lucro capitalista é absolutamente insuficiente para dar forma, concretizar as novas possibilidades de progresso técnico abertas".

10 Podemos tentar compreender essa hegemonia do capital na disputa pelos fundos públicos neste momento, em razão da redução do poder de barganha por parte da classe trabalhadora provocada pelo desemprego estrutural e pela flexibilização dos regimes e contratos de trabalho. A análise de Hobsbawm (1995, p.44) sustenta que o problema do desemprego estrutural surge como principal conseqüência da transformação do sistema de produção da "Era de Ouro" pela revolução tecnológica. Explica que as altas tecnologias tornaram o componente humano de produção mais caro que o componente mecânico. Por menor que seja o custo de reprodução do trabalho humano, mesmo reduzido ao mínimo necessário para manutenção dos seres humanos vivos, seu desempenho e produtividade não podem ser elevados interminavelmente como o da maquinaria. "Os seres humanos não foram eficientemente projetados para um sistema capitalista de produção".

Torna-se necessário neste trabalho, portanto, analisar os princípios administrativos atualmente hegemônicos e as principais teorias acerca da gestão escolar. Assim, analisamos nos tópicos seguintes de que maneira se desenvolvem, como fatores relacionados à globalização econômica, âmbitos supranacionais de decisões das políticas macroeconômicas, que corroboram para o enfraquecimento dos Estados Nacionais, em seu papel de definição das políticas públicas, e para a organização dos grandes oligopólios econômicos em rede que congregam pequenas unidades descentralizadas. Com esse processo, emergem as teorias sistêmicas da administração empresarial e as teorias da gestão escolar também passam por profundas reformulações.

Capitalismo contemporâneo e teorias administrativas

As propostas de reformulação dos sistemas de ensino, apresentadas pelas políticas educacionais atuais, são engendradas no bojo do processo de reestruturação produtiva, postas a partir da transnacionalização das estruturas de poder desencadeadas pela globalização (Bruno, 1997).

Com a intensificação do processo de internacionalização do capital, a partir do final da Segunda Guerra Mundial, desenvolve-se um tipo de regulação macroeconômica de políticas nacionais ou plurinacionais que, já no final da década de 1970, assume novas características. O processo de internacionalização da economia já não se efetiva por intermédio das nações, mas sim pelas ações entre os grandes oligopólios e no interior deles. Como "O processo decisório decorre diretamente dos centros de poder do Estado Amplo, o Estado Nacional só é acionado a posteriori para operacionalizar e para implementar estas decisões [...]" (ibidem, p.24). Desenvolve-se uma estrutura política mundial, composta por pólos múltiplos de poder e Estados Nacionais esvaziados da capacidade de controle sobre os movimentos do capital.

Essa análise de Bruno é válida como compreensão de um movimento de pressão do capital sobre o aparato estatal. A estrutura e o poder do Estado Nacional, dado seu papel na regulação da economia nacional, são essenciais aos objetivos do capital transnacional. Esse aparente imobilismo estatal em nível macro contrasta com um papel dinâmico internamente. O Estado é essencial para a implementação da política neoliberal.

Há uma relação dialética entre o papel do Estado na "economia nacional" e no processo de "globalização". Ao perseguir políticas de diminuição de salários, implementando cortes no orçamento, transferindo aposentadorias para o capital privado, os *Estados do Terceiro Mundo reconcentram renda para a expansão ultramarina ("globalização ou realocação de capital")*. Esse processo é mais claramente evidente na atual fase "neoliberal" do capitalismo com as chamadas "políticas de ajuste estrutural". (Petras, 1999, p.34, grifo do autor)

É necessário também deixar evidente que esse processo é desencadeado a partir de opções políticas dos próprios Estados Nacionais em assumir a subserviência, como representantes de segmentos que se beneficiam desse processo. No entanto, devemos indicar que não é um movimento inexorável, e sim apenas uma possibilidade de atuação e intervenção subordinada do Estado, ante a correlação de forças de classe dentro do Estado. No momento presente, com o declínio dos sindicatos e partidos de esquerda, resultantes de repressão e ou cooptação, da guinada para a direita dos partidos social-democratas e comunistas, os Estados elaboram políticas públicas que favorecem os interesses das corporações e das classes altas (Petras, 1999).

Enfocando a análise no âmbito do interior das organizações, temos que o processo de reestruturação das grandes empresas, com mecanismos de criação e incorporação de pequenas e médias unidades, favorece a constituição de redes, nas quais se articulam essas pequenas unidades descentralizadas, com autonomia local, mas conectadas ao núcleo central. Desenvolvem-se, portanto, novas formas de organização do poder, nas quais a hierarquia perde a forma piramidal e novas formas de gestão apresentam-se ilusoriamente como sistemas de democracia participativa.

Os mecanismos de controle do trabalhador não apenas no interior das empresas, como também fora delas, alteram-se: desde as Teorias da

Abordagem Clássica, que privilegiam os aspectos formais da racionalização com a divisão dos processos de trabalho; passando pela Teoria das Relações Humanas, cuja ênfase recai sobre os grupos informais e os elementos humanos, tendo em vista obter a cooperação dos trabalhadores aos objetivos empresariais; até a Teoria Sistêmica, que considera a organização como resultado da coordenação e integração de diferentes subsistemas, em constantes mudanças, requerendo a diversificação dos mecanismos de controle, por meio da elaboração e instituição de políticas de prevenção de conflitos e construção de consensos.

Essas recentes teorias, que datam da década de 1960, desenvolveram, nos Estados Unidos, dois conceitos: o de *cultura* e o de *clima* organizacional. O primeiro representa

> o conjunto de pressupostos básicos (*basic assumptions*) que um grupo inventou, descobriu ou desenvolveu ao aprender como lidar com os problemas de adaptação externa e integração interna e que funcionaram bem o suficiente para serem considerados válidos e ensinados a novos membros como a forma correta de perceber, pensar e sentir, em relação a esses problemas. (Schein apud Fleury & Fischer, 1996)

Já o segundo constitui o ambiente psicológico de uma dada organização, as metas formais, os regulamentos internos e formas de comportamento social que são encorajados no interior das organizações (Bruno, 1997).

A partir desses conceitos, desenvolvem-se novos métodos que visam à integração dos trabalhadores aos objetivos e interesses das organizações, compreendendo desde formas de organização mais participativas no processo de trabalho até atividades de cunho simbólico (sessões de ginástica, festas, esportes). Alteram-se as estruturas de poder no interior das organizações, em que os comportamentos não são mais controlados por uma figura específica, mas desenvolve-se um sistema impessoal de regras que desempenha o papel de coesão do grupo. Para Bruno (1997), essas formas de organização do trabalho, chamadas sistêmicas, cumprem o objetivo de disciplinar a estrutura psíquica dos trabalhadores para que assimilem a "cultura organizacional" da empresa.

No âmbito da educação, verifica-se que, pelas atuais políticas educacionais, efetiva-se uma adequação do sistema público de ensino às tendências gerais do capitalismo contemporâneo, dando-se ênfase à reorganização da estrutura administrativa e à gestão da escola. Félix (1989) indica que os pressupostos teóricos da Administração Escolar no Brasil, atualizados com as contribuições da Teoria Sistêmica, realizam uma análise do sistema educacional reduzida às questões internas da sua própria estrutura. Promove-se, portanto, uma compreensão da educação restrita aos aspectos técnicos, em que são omitidos seus condicionamentos sociais, econômicos e políticos. Esse conteúdo, assumido pela Administração Escolar, ao desprezar seu caráter de atividade humana específica, permite que o Estado exerça um controle efetivo sobre a Educação, adequando-a aos objetivos exclusivos do projeto econômico.

Não obstante a presença dessas teorias no campo da gestão escolar, diferentes perspectivas de análise são elaboradas, em razão da ancoragem em concepções sociológicas e filosóficas distintas.

Gestão escolar: diferentes perspectivas

> *"educação e democratização da sociedade, são entidades reais e processos concretos interdependentes – um não se transforma nem pode transformar-se sem o outro; ambos se determinam reciprocamente e qualquer política educacional "democrática" teria de levar em conta essa totalidade histórica dinâmica e criadora."*
>
> *(Florestan Fernandes)*

Seguindo o critério de agrupamento de distintas teorias pedagógicas, com a assunção dos princípios da universalidade e do consenso, e de novas possibilidades, apresentadas no primeiro capítulo, novamente reunimos as teorias acerca da gestão escolar, em razão da sua adesão aos mesmos pressupostos: entre teorias que, ao assumirem a democracia como valor universal, vislumbram as possibilidades de transformações no sistema socioeconômico, a partir de consensos obtidos pelos diversos grupos sociais, e entre teorias que, ao referendarem os princípios marxistas de análise histórica da organização social pela estruturação do modo de produção – portanto, da composição das classes sociais em função das relações de trabalho –, operam também os mesmos critérios sócio-históricos para a análise da organização política e das possibilidades de transformações sociais.

Num primeiro momento, apresentaremos, dentre as teorias que chamamos de "novas possibilidades ancoradas na universalidade e no consenso", as elaborações de autores que buscam definir critérios exclusivamente científicos, ou calcados em postulados administrativos para a definição de níveis de participação nas escolas; posteriormente, agruparemos, nos chamados enfoques multidimensionais, o esforço voltado para considerar, na maior amplitude possível, os princípios existentes no campo das teorias sobre gestão, buscando ampliar as perspectivas de análise, no que consideramos ser uma tentativa de não-adesão a análises concebidas como parciais acerca da realidade; por último, apresentaremos a perspectiva marxista na área da gestão escolar, na tentativa de discutir princípios para a participação dos pais na escola.

Teorias das novas possibilidades ancoradas no consenso

O paradigma da liderança contingencial

Analisamos uma proposta de definição de níveis de participação nas instituições escolares, designada como "Escola participativa, o trabalho do gestor escolar" (Lück et al., 2000).[11] Nessa obra,

---

11 A análise dessa proposta é essencial para nosso trabalho, uma vez que uma das autoras desse trabalho, a professora Heloísa Lück, é assessora da Secretaria Estadual de Educação, presidente da Rede Nacional de Gestão Escolar (Renageste).

assume-se a adoção de elementos teóricos da psicologia nos modelos da *teoria administrativa ou modelo cognitivo* (que advoga o aumento da produtividade a partir da disposição, no processo de tomada de decisões, de estratégias e informações provenientes dos diversos níveis organizacionais) e no modelo da *teoria das relações humanas ou modelo afetivo* (que relaciona o aumento da produtividade à elevação da satisfação e motivação pessoais, apresentando o clima participativo como estratégia de redução das resistências às mudanças). As autoras advogam diferentes tipos de liderança em razão das características dos subordinados, propondo, para cada uma das situações, diferentes graus de participação. Apresentam a *abordagem da contingência para a liderança,* na qual identificam quatro estilos de comportamento de líderes: *liderança diretiva,* considerada como uma forma autocrática de tomada de decisões, respaldadas no argumento de que pessoas com pouca capacitação e experiência necessitam do máximo de direcionamento, propondo, pois, que não haja nenhuma participação; *liderança de instrução,* que combina direcionamento com elogios e motivação aos liderados (o chefe toma as decisões considerando os interesses dos grupos) – esse tipo de liderança é recomendado para as instituições em que os subordinados são mais experientes e o grau de participação é considerado limitado; *liderança de auxílio,* na qual os subordinados podem influenciar na decisão do líder, que os consulta – é aconselhado para grupos em que os subordinados são competentes, mas não completamente comprometidos, e o grau de participação é também limitado; e, por último, o estilo de *liderança delegada,* no qual o líder aceita mudar a decisão de acordo com o grupo – é sugerido para grupos em que os funcionários e professores são extremamente capacitados, experientes e comprometidos com os objetivos da organização, e o nível de participação é considerado total.

Indicamos no modelo apresentado a inexistência de preocupação com os objetivos da instituição escolar na formação para a atuação política. O único propósito explicitado refere-se à produtividade das instituições, as quais, no intuito de sua preservação, admitem-se e legitimam-se um tipo autocrático de liderança em que os níveis de participação são nulos.

Essa *abordagem da contingência para a liderança* relaciona-se com determinada concepção de sociedade e de Estado, que concebe o sistema de ensino como coadjuvante das transformações econômicas, no papel de complemento auxiliar ao ajuste sociocultural às demandas postas pela reestruturação capitalista.

Essa perspectiva busca a construção de uma análise técnica, desprovida de aspectos políticos, portanto sem discutir os fins e objetivos da educação, restringindo as preocupações às formas de se obter maior eficiência. Esses autores, imbuídos dos princípios do modelo sistêmico de gestão, buscam a definição de critérios administrativos para que a organização escolar atinja ótimos níveis de desempenho, sem que sejam consideradas as dimensões socioeconômicas, políticas e culturais do contexto atual. Quando assim o fazem, na verdade assumem uma postura política de aceitação e até mesmo de identificação de princípios válidos para organizações de distintas naturezas, generalizáveis para a gestão escolar. Desse modo, contribuem para que ocorra uma adequação do sistema de ensino à dinâmica colocada em curso pelo sistema socioeconômico, cujas contradições analisamos nos primeiros tópicos deste capítulo, as quais não apenas não são ignoradas, como também são enfatizadas, haja vista a negação do papel do sistema de ensino nos processos de democratização social. Analisaremos agora, com maior rigor e detalhe, as elaborações de Sander (1995), por constituírem um esforço de elaboração de uma teoria para a gestão escolar que considere as especificidades tanto dos países latino-americanos, em particular, quanto da educação, como ciência, em geral.

Enfoque multidimensional

Neste tópico, apresentaremos a elaboração teórica de Benno Sander (1995), em sua obra *Gestão da educação na América Latina*: construção e reconstrução do conhecimento, com o propósito de demonstrar como a adoção do que o autor chama de *enfoque multidimensional* – em sintonia, na verdade, com uma abordagem culturalista da gestão educacional – tem acomodação em posições políticas desprovidas de uma perspectiva de classe social, as quais, justamente por isso, vislumbram a possibilidade de resolução dos conflitos e limites do desenvolvimento dos países e das relações internacionais a partir de um consenso integrador capaz de promover o bem-estar da humanidade. A análise de Sander trata as vertentes positivistas e críticas como excludentes, utilizando o argumento da necessidade de negação total dos princípios positivistas – confundindo-os com os critérios de cientificidade para condenar também (junto com o positivismo) o marxismo estruturalista, por concepções conservadoras – e desprezando as elaborações do marxismo histórico.

Apesar de nossas ressalvas às opções teóricas assumidas e às sínteses realizadas pelo autor ao longo do trabalho mencionado, destacamos a importância de sua hipótese de que as reflexões realizadas pelas "grandes tradições filosóficas da humanidade podem propiciar novos esforços para construir e reconstruir perspectivas conceituais e analíticas no estudo da administração da educação como processo mediador" (Sander, 1995, p.XIII). A avaliação das bases epistemológicas assumidas historicamente pelas teorias organizacionais e administrativas na educação possibilita a elaboração de um referencial teórico-metodológico que aponte o caráter mediador da atividade administrativa na organização e gestão dos sistemas educacionais (Paro, 2000; Sander, 1995).

Gostaríamos de frisar que o conjunto do nosso trabalho foi estruturado com o objetivo de demonstrar os limites dessa perspectiva culturalista, já anteriormente apresentada e objeto de análise neste tópico, e ainda argumentar que os princípios básicos da análise marxiana sobre o sistema capitalista e seus desdobramentos no materialismo histórico-dialético, apresentados no primeiro capítulo deste trabalho, fornecem os elementos necessários para a elaboração de uma perspectiva de análise que tome como ponto de partida os condicionamentos estruturais, e permitem, portanto, a consideração dos elementos sociopolíticos e culturais em uma perspectiva que incorpore tanto a devida dimensão das influências desses elementos como os condicionantes da dinâmica de transformação do real, em sua dialética como os propiciadores da infra-estrutura produtiva.

Apresentaremos, portanto, neste tópico, a defesa da especificidade da administração da gestão educacional por parte de Sander (1995), mostrando os argumentos utilizados por ele na busca de legitimar sua tese de que a dimensão cultural da realidade suplanta as dimensões técnicas, pedagógicas e políticas. Sistematizamos também as teorias pedagógicas e organizacionais, apresentadas pelo autor como aquelas historicamente adotadas no campo da gestão educacional. Essas elaborações são agrupadas em dois campos da tradição filosófica e sociológica contrárias: "a tradição funcionalista do consenso" e a "tradição interacionista do conflito", com suas respectivas vertentes no pensamento administrativo da educação.

Para Sander, há um campo teórico próprio da área da administração educacional, tendo em vista a natureza dessa atividade que, segundo ele, se volta para a promoção de *valores* necessários à formação de um "cidadão", capaz de exercer a democracia na sociedade contemporânea.

> A gestão da educação tem seu próprio corpo de conhecimentos e práticas sociais, construídas historicamente em função da missão específica das instituições de ensino na sociedade. A especificidade da administração da educação como campo teórico e praxiológico se definiu em função da natureza peculiar da educação como prática política e cultural comprometida com a promoção dos valores éticos que orientam o exercício pleno da cidadania na sociedade democrática. (Sander, 1995, p.XI-XII)

Simultaneamente à afirmação da existência da especificidade da administração educacional, aponta a necessidade de construção dessa pelo redirecionamento dos critérios centrais da administração, a partir, novamente, de *valores éticos* que orientam os objetivos do campo em seus aspectos político e cultural.

Com relação ao aspecto cultural, a história do pensamento administrativo na educação latino-americana, desde o século XVI até o início do terceiro milênio, é apresentada pelo autor para sustentar a tese de que os países da América Latina têm adotado historicamente modelos de administração educacional criados e desenvolvidos em outros países, logo, em contextos sócio-político-culturais diversos. Ressalta, porém, que, no final do século XX, realiza-se um esforço por parte dos pensadores da área da administração educacional na região de elaborações teóricas e práticas que têm como ponto de partida a realidade de seus países.

Essa afirmativa, da existência da especificidade da educação, demonstra que Sander entende equacionar esse problema quando aponta o seu "paradigma multidimensional da administração da Educação", que enfatiza a primazia dos elementos culturais como critério para a organização escolar e dos sistemas de ensino. Nesse paradigma multidimensional, as práticas participativas de gestão ganham relevância: "No paradigma multidimensional de administração da educação a eficiência é subsumida pela eficácia; a eficácia e a eficiência são subsumidas pela efetividade; e a efetividade, a eficácia e a eficiência são subsumidas pela relevância" (Sander, 1995, p.67).

O autor identifica na historiografia da administração da educação latino-americana quatro perspectivas teórico-práticas diferentes: *administração eficiente, administração eficaz, administração efetiva e administração relevante*. Cada uma delas corresponde a um respectivo critério para avaliar o desempenho administrativo, assim definidos: a *eficiência*, como critério econômico, referente à capacidade de produção dos melhores resultados possíveis com o mínimo de recursos e tempo, associada aos conceitos de racionalidade econômica e produtividade; a *eficácia*, relacionada ao desempenho pedagógico das instituições de ensino e dos sistemas educacionais (concebidos como sistema orgânico e natural), relaciona-se à consecução dos objetivos intrinsecamente educacionais; a *efetividade* (a partir das contribuições da ecologia administrativa e da teoria da contingência), associada ao critério político, por enfocar a capacidade da instituição em satisfazer as demandas da comunidade externa, para além de critérios técnicos – os objetivos enfatizados são aqueles relacionados à eqüidade e ao desenvolvimento econômico e social; e, por fim, o critério da *relevância*, que representa a preocupação com as "características culturais e os valores éticos definidores do desenvolvimento sustentável e da qualidade de vida na educação e na sociedade" – refere-se ao *"critério cultural* que mede o desempenho administrativo", pois a instituição deve tomá-la como "marco organizacional para a participação cidadã [...] em termos de importância, significação, pertinência e valor" (ibidem, p.80).

A partir da definição das quatro construções teórico-práticas da administração educacional, Sander oferece como proposta para obtenção da especificidade na área do ensino a assunção de um paradigma global, resultante da confluência dialética, em que cada uma destas elaborações é redimensionada. Desenvolve, portanto, o paradigma multidimensional, que toma como ponto de partida "uma definição compreensiva e totalizadora da gestão em Educação, segundo a qual as dimensões extrínsecas são subsumidas pelas respectivas dimensões intrínsecas; e as dimensões instrumentais pelas dimensões substantivas" (ibidem, p.80-1). O âmbito intrínseco constitui-se de um caráter antropológico e pedagógico, e o extrínseco, um plano mais amplo e social; por sua vez, as dimensões substantivas são consideradas sinônimas da ideológica, constituída por uma natureza política e cultural; as dimensões instrumentais são de natureza técnica, de caráter pedagógico e econômico.

Em outras palavras, o autor apresenta uma ascendência dos aspectos antropológicos e pedagógicos sobre os econômicos e sociais. Considera essa hierarquia, quando relaciona as questões ideológicas às políticoculturais, ou seja, reconhece como elemento central da análise organizacional o aspecto subjetivo do ser humano, visto a partir de sua inserção no meio cultural. Essa ascendência dos elementos culturais se dá aliás sobre os aspectos ideológicos e políticos, quando tratados no conjunto da sociedade, que o autor denomina de critérios de *efetividade*, os quais representam, essencialmente, os objetivos políticos da sociedade, como deixa explícito ao estabelecer relações entre os planos apresentados: a dimensão substantiva relaciona-se, no nível intrínseco, "com os valores e aspirações fundamentais do ser humano historicamente engajado em seu meio cultural e no nível extrínseco, com a consecução dos fins e objetivos políticos da sociedade" (ibidem, p.56).

Perguntamos se – ao apresentar uma hierarquia envolvendo determinadas relações entre distintos âmbitos da realidade na definição dos elementos que conferem especificidade à administração educacional – o paradigma multidimensional não apenas menciona as diversas dimensões, sem considerá-las dialeticamente na síntese teórica que efetiva? – uma vez que, como já apresentamos anteriormente, afirma a subsunção dos critérios da eficiência, eficácia, e efetividade pelo critério da relevância, o que significa nada mais, nada menos que a subsunção dos aspectos técnico-racionais, pedagógicos e políticos pelo aspecto cultural.

A procura da especificidade da administração da educação, pelo recorte da intitulada "perspectiva multicultural", é inserida em um contexto internacional de busca de "um mundo livre e eqüitativo na economia e na cultura, tanto os países do Norte e do Sul como do Leste e Oeste". Esse empenho pela harmonia geral entre as nações, mediante ações de cooperação, prevê, entre outras medidas, a necessidade de criação e desenvolvimento de "instâncias de educação e de administração a partir de suas próprias tradições culturais e aspirações políticas". Essa dinâmica internacional, harmônica e consensual é considerada a possibilidade de efetivação da democracia para a promoção do "desenvolvimento humano sustentável" e da "qualidade de vida, tanto na educação como na sociedade" (ibidem, p.5).

O autor parte da premissa de que o sistema capitalista pode humanizar-se pela boa vontade humanitária dos diversos países, dispostos a respeitar as diversidades culturais e interesses políticos de todas as regiões do planeta. Cada uma das nações estaria "livre" para elaborar políticas, programas e, por conseguinte, para constituir modelos de administração pública e gestão da educação a partir da sua realidade sócio-histórica.

Sander apresenta as diversas influências teóricas que incidiram sobre as concepções e práticas administrativas na América Latina, desenvolvendo um raciocínio que leva a acreditar numa superação permanente de um enfoque sobre os demais (apesar de em determinada altura do trabalho apresentar exemplo de superposição de abordagens distintas sobre a realidade) (ibidem, p.82-112). Esse processo de superações contínuas de perspectivas culmina na atualidade com a emergência da "administração dialógica", vertente da *tradição interacionista*, que é composta pelas teorias críticas e libertárias do conflito no conjunto das ciências sociais.

A administração dialógica compõe um quadro mais amplo de uma corrente filosófica do pensamento moderno, chamado de "tradição *interacionista* da administração da Educação", formada por três vertentes:

a administração estruturalista, a interpretativa e a dialógica. A corrente do pensamento filosófico contrária à interacionista é a tradição funcionalista, constituída de três correntes: a administração burocrática, a idiossincrática e a integradora. Essas linhas do pensamento filosófico, com suas respectivas tendências, são analisadas por Sander (1995, p.82) com o objetivo de contribuir para a elaboração de uma abordagem da *gestão da educação como processo mediador*.

A *tradição funcionalista*, no quadro teórico montado por ele, expressa-se como a perspectiva tradicional da administração da educação, e é constituída por conceitos positivistas e evolucionistas e pela utilização de métodos de análise hipotético-dedutivos, pelo comportamento funcional e pela pesquisa empírica. "Estas teorias de administração objetivam alcançar a ordem e o progresso social, a integração e a coesão social, a satisfação das necessidades sociais e a reprodução estrutural e cultural da sociedade [...] enfatizam a ordem e o equilíbrio, o realismo e a racionalidade" (ibidem, p.83).

Uma das versões da tradição funcionalista na área da gestão, a administração burocrática, corresponde às teorias clássicas e científicas da administração geral. Essa tendência, que enfatiza a *dimensão institucional* do sistema de ensino, regido primordialmente por normas e regulamentos bem definidos, é concebida como um *sistema fechado*, em que não se vislumbram aspectos do ambiente externo à organização. A mediação efetivada pela administração burocrática é de caráter normativo, entre o institucional e o individual, por intermédio de regulações e de uma ordem rigidamente hierárquica, tendo em vista atingir um progresso racional na obtenção da *eficácia* do sistema, que se constitui o critério dominante do desempenho da organização. Portanto, por esse enfoque, são os critérios estritamente pedagógicos que são observados para avaliação do desempenho das instituições de ensino. Na avaliação de Sander, essa abordagem da administração educacional favorece a implementação da democracia em seu aspecto formal; todavia, dado seu caráter normativo e regulador, inibe a participação cidadã.

Ainda como expressão da tradição funcionalista no campo da gestão, a administração idiossincrática implica a aplicação dos princípios e métodos da psicologia da administração, correspondentes à teoria das relações humanas da administração geral. A ênfase dessa abordagem recai sobre a dimensão individual, voltando as atenções para a satisfação pessoal dos integrantes do sistema de ensino; como resultado principal da aplicação dos princípios básicos dessa abordagem tem-se o crescimento subjetivo e intersubjetivo e, portanto, o estabelecimento de um clima organizacional favorável ao desempenho individual. A organização educacional é encarada como um sistema parcialmente aberto, sujeito às interferências das características de personalidade dos componentes, considerados em suas características peculiares. A administração escolar desempenha um tipo de mediação personalista, voltada para a auto-realização pessoal dos participantes do sistema. O critério de desempenho transfere-se para a eficiência pessoal, prevalecendo, aliás, sobre a eficácia institucional, elevando, assim, a produtividade humana a "valor supremo" da organização educativa. Sander (1995, p.87) avalia essa abordagem como produtora de aspectos negativos com relação à possibilidade de construção de um projeto coletivo de educação e sociedade que tenha como horizonte o bem comum.

Como última expressão da tradição funcionalista, a administração integradora busca a elaboração de um referencial teórico e de práticas de intervenção que considerem tanto os planos institucionais como os individuais da dinâmica organizacional. Realiza, assim, uma mediação ambivalente entre as mencionadas dimensões, considerando o aspecto grupal do sistema e suas unidades de ensino. Caracteriza-se como expressão das contribuições da psicossociologia, com preocupação voltada tanto para os aspectos sociológicos quanto para os psicológicos do sistema organizacional. Consideram, dessa maneira, a instituição como um sistema aberto, elegendo como critério dominante de desempenho da administração a efetividade pragmática – "grau de congruência entre as expectativas institucionais e as necessidades e suposições individuais num determinado conjunto de situações" . De acordo com Sander (1995, p.89-90), essa perspectiva "favorece a participação dos grupos organizados nas decisões que afetam a vida e os níveis de liberdade e eqüidade na sociedade e na educação [...] a construção integradora se identifica com o liberalismo social, adotado hoje pelas forças liberais abertas à problemática social".

Num balanço da *tradição funcionalista*, Sander indica sua influência sobre as organizações latino-americanas e aponta para uma revisão de alguns de seus pressupostos racionalistas e objetivistas, por não serem capazes de avaliar o peso da intencionalidade humana na determinação das características organizacionais, e também pelo fato de as relações de poder e conflito não receberem dessa abordagem uma perspectiva histórica e uma análise política. Portanto, a chamada corrente *neofuncionalista* emerge na tentativa de superar a ausência de crítica ao sistema social, realizando, desse modo, uma incorporação seletiva das contribuições das teorias do conflito, mantendo, entretanto, intacta sua perspectiva filosófica e o compromisso político com os princípios básicos do liberalismo. Outro desafio para essas abordagens decorre dos embates teórico-práticos com perspectivas alternativas, apresentadas por Sander como tradição interacionista do campo administrativo educacional.

Na abordagem dessa vertente do pensamento administrativo, o autor apresenta a contribuição do marxismo em sua versão estruturalista, indicando seus limites, que, segundo ele, são superados pelo enfoque dialógico, o qual, em sua consideração, inclui contribuições diversas como as de Paulo Freire e Dermeval Saviani. Sander ainda restringe a contribuição das teorias do conflito ao questionamento permanente das estruturas dominadoras e dos avanços humanitários provocados pelas críticas elaboradas por essa vertente do pensamento sociológico e educacional. Não considera, portanto, as contribuições do marxismo histórico, em sua construção teórica de crítica ao caráter ideológico do positivismo, sem negar os avanços para a elaboração dos princípios científicos para a obtenção da objetividade do conhecimento humano por parte dessa vertente do pensamento ocidental.

A *tradição interacionista*, conforme Sander, representa um conjunto de elaborações teóricas no campo da organização educacional, configurando uma antítese aos princípios da administração funcionalista do consenso. Os teóricos dessa tradição adotam como fundamentos iniciais as contribuições da economia política de Marx, do existencialismo, da fenomenologia e do anarquismo. A preocupação maior dos teóricos agrupados por Sander (1995, p.94) nessa tradição interacionista é com a "conscientização e interpretação crítica da realidade, o alcance da emancipação humana e a transformação estrutural e cultural da escola e da sociedade".

Para o autor, em sua vertente *estruturalista*, a tradição interacionista representa uma "derivação conceitual da epistemologia materialista do marxismo e de outras interpretações deterministas". No campo educacional, significa uma interpretação reprodutivista dos sistemas de ensino e da sociedade, realizada nas décadas de 1960 e 1970. Nessas análises, enfatiza-se o poder das determinações econômicas e das estruturas de poder sobre as dimensões cultural e educacional do sistema educativo e das relações e capacidades humanas de intervenção. A administração é apresentada como *mediação determinista*, pois, condicionada pela infra-estrutura econômica, a ênfase recai sobre a objetividade, assumindo uma visão de ação e interações humanas como elementos passivos. Para Sander (1995, p.95), essa perspectiva, por vislumbrar uma mediação determinista para a administração, concebe as estruturas organizacionais como auto-reguladoras, não concedendo espaço para o exercício da participação e, assim, da democracia.

A segunda vertente da tradição interacionista do pensamento administrativo em educação, a *administração interpretativa*, é apresentada em total contraposição à administração estruturalista. Destarte, Sander ressalta a ênfase que é dada à subjetividade na ação humana, "a intencionalidade e a liberdade na educação e na sociedade em oposição ao determinismo econômico" (ibidem, p.98). São consideradas como parte dessa tradição do pensamento filosófico as vertentes antropológicas do marxismo e as tendências humanistas do existencialismo, da fenomenologia e do anarquismo. O autor evidencia, como característica marcante dessa corrente no pensamento administrativo da educação, a defesa da capacidade e possibilidade humana na determinação de sua vida social. Como derivação desse princípio fundamental, o sistema educativo é concebido como "criação intencional do ser humano", e sua gestão como "*mediação reflexiva* entre a intenção e ação, entre a teoria e a experiência, entre a educação e a sociedade e, finalmente, entre o indivíduo e seu meio social". Logo, a ênfase recai sobre a subjetividade como critério para a elaboração dos princípios organizacionais em educação (ibidem, p.99). Em sua avaliação sobre a administração interpretativa, o estudioso considera elemento de positividade a preocupação com a autonomia dos sujeitos que constroem uma visão libertária da Educação, favorecendo a ação individual – todavia, um dos seus limites consiste em dificultar a perspectiva da participação como ação coletiva.

A última das vertentes da tradição interacionista apresentadas por Sander é a *administração dialógica*, que consegue, a partir da assunção dos princípios da totalidade, contradição, práxis e transformação superar tanto o determinismo economicista da administração funcionalista quanto o determinismo antropológico da administração interpretativa. No quadro teórico elaborado por Sander, ele agrega, nessa vertente *dialógica da administração*, "contribuições conceituais e analíticas tomadas de várias fontes, que vão do marxismo ao funcionalismo, passando pela teoria crítica, pelo existencialismo e pela fenomenologia". Menciona Habermas e Gramsci na Europa, e Saviani e Freire na América Latina, como autores que, com contribuições diferenciadas, "servem de fonte para essa perspectiva intelectual". A administração da educação assume-se como *mediação dialética*, por desempenhar "uma mediação concreta e substantiva entre o sistema educacional e a sociedade". Ao conceber a realidade como um processo de sínteses permanentes entre os elementos objetivos e subjetivos, o critério para o estabelecimento de princípios e métodos administrativos passa a ser a *totalidade*, que opera uma síntese entre as condições objetivas institucionais e os elementos subjetivos das individualidades (ibidem, p.100). No balanço das contribuições dessa vertente da administração interacionista, o autor avalia que a preocupação com a emancipação do homem, presente na administração dialógica, está colada a um compromisso com a efetivação de uma determinada "qualidade de vida e de Educação" que tem como horizonte a perspectiva coletiva do bem comum.

Para Sander, a construção dialógica se identifica com o socialismo democrático adotado hoje pelas forças comprometidas com a reconstrução da perspectiva socialista e da natureza da civilização humana que implica na era pós-moderna (ibidem, p.102-3). Identifica, portanto, a administração dialógica a uma vertente do pensamento socialista, chamada "democrática", a qual tem como compromisso uma nova leitura do socialismo que aponta para a era pós-moderna. Sander não desenvolve, na obra em análise, quais seriam os princípios básicos dessa "reconstrução da perspectiva socialista", muito menos o que entende por "era pós-moderna". No entanto, essas referências deixam clara a relevância dessa discussão sociopolítica sobre os princípios defendidos e os mecanismos a serem adotados por diferentes perspectivas teóricas, para a constituição de uma sociedade justa e democrática. Assim como também fica evidente a necessidade do aprofundamento da análise das teorias elaboradas pelos autores que Sander apresenta como vertente *dialógica* do pensamento administrativo, que realizamos neste trabalho.

Apesar da ressalva de que os dois agrupamentos teóricos apresentados – tradições funcionalista e interacionista – possuem visões de homem e sociedade contrárias, Sander permite-se, ainda, uma última comparação entre as diferentes vertentes dessas duas tradições filosóficas, em suas manifestações no campo da administração. Compara a administração burocrática, por sua preocupação normativa (funcionalista), à administração estruturalista (interacionista), em razão da visão determinista, pelo fato de ambas enfatizarem a eficácia, a partir dos critérios da objetividade; também apresenta a administração integradora (funcionalista), por seu caráter ambivalente, e a administração dialógica (interacionista), que assume o método dialético de análise, como semelhantes, pelo fato de enfatizarem a objetividade, em razão da utilização do critério da totalidade. Ou seja, pelo fato de não considerar as conseqüências filosóficas dos fundamentos marxistas, presentes em alguns dos autores, que ele agrupa na chamada *administração dialógica*, Sander iguala, num mesmo patamar de contribuições teóricas, diretrizes do campo liberal que incorporaram proposições sociais, aos teóricos denominados socialistas democráticos, os quais entendemos referirem-se aos que aderem à Terceira Via, conforme analisamos adiante. Vejamos nesta citação:

> Os protagonistas de ambas construções superadoras se identificam com as forças políticas progressistas na educação e na sociedade: de um lado, os adeptos do liberalismo social, abertos à problemática social e pre-

ocupados com o papel da eqüidade; e de outro, os adeptos do socialismo democrático, comprometidos com a redefinição do papel da liberdade e da participação cidadã na reconstrução da perspectiva socialista e da natureza da civilização humana que a sustenta. (Sander, 1995, p.109)

A lógica subjacente a essa conciliação é o abandono da perspectiva de contestação ao capitalismo como modo de produção e da possibilidade de construção histórica de um modelo sociopolítico e cultural antagônico. Vislumbra-se a possibilidade de avanços no interior do sistema capitalista a partir da participação e do exercício da cidadania, com a obtenção de níveis crescentes de eqüidade, sem que se altere a propriedade dos meios de produção e que se vislumbre um único modelo para todos os países do planeta.

O estabelecimento de uma agenda internacional compartilhada requer um relacionamento participativo, horizontal e democrático entre as diferentes nações do mundo, particularmente entre os países ricos e os países pobres. Como todos os países do mundo são profundamente interdependentes, já não existe espaço para confrontações infrutíferas. (ibidem, p.165)

Concepção de Estado e de classe social como "confrontações infrutíferas"?! Em que mundo estamos vivendo? Todos os países, ricos e pobres estabelecendo relações democráticas, horizontais, já que a interdependência é um dado?! E a destruição no Iraque, o massacre dos palestinos, a fome na África, as imposições dos Estados Unidos e da Europa na Organização Mundial do Comércio (OMC) etc.?

Primazia do aspecto político

Educação pública popular

Como já desenvolvemos antes, o pensamento de Paulo Freire acerca da democracia foi elaborado contando com uma contribuição significativa das concepções de Mannheim sobre as possibilidades da constituição de espaços cotidianos participacionistas que contribuam para a superação das relações estruturais de dominação. Para Mannheim, concepção também presente em Freire, uma das formas de superação da massificação popular pelas relações de individualismo e competitividade está na ampliação da conscientização desses segmentos por meio da educação, como bem demonstra esta citação:

> Enquanto nossa sociedade industrial chega à etapa mais elevada do individualismo e destrói os laços do costume e da tradição, devido a um excesso de competição, urbanização e outros processos, deixa o indivíduo sem proteção. Se nessa etapa não se leva a cabo uma *reintegração*, sob a forma de uma reorganização econômica e uma educação social, *se desenvolve a mentalidade de massas, sem raízes em nenhum grupo primário, sem sentimento de que a pessoa forma parte de algum todo* ... Assim, pois, *só uma educação consciente das necessidades de uma sociedade de massas, que enfrente conscientemente os problemas de segurança do ego e o enraizamento das pessoas poderá criar personalidades capazes de deter o crescimento da mentalidade de massas. O método consiste em descobrir os efeitos educativos dos grupos primários, em criar esses grupos ali onde não existam (centros comunitários, centros de saúde comunitários) e em sublinhar sua continuidade e utilidade.* (Mannheim apud Beisegel, 1992, p.80, grifo do autor)

As relações entre educação e democracia, nesse pensamento, são intrínsecas, na medida em que o maior papel da educação na sociedade consiste na formação de personalidades democráticas mediante a participação do sujeito em pequenos grupos. Defende, pois, a constituição de uma "escola pública popular", concebida como "arena para a constituição de uma cultura popular no país" (Torres et al., 2002, p.110).

A formação de personalidades democráticas se dá não apenas pela participação nos processos de tomada de decisões, mas também nas formas como o conhecimento é apropriado e elaborado pelos sujeitos. Portanto, a questão metodológica para Freire (2001, p.113-15) é central na relação ensino-aprendizagem:

> o processo de conhecer nem é neutro nem é indiferente [...] Se ensinar e aprender, fazem parte do mesmo processo de conhecer, no momento em que você ensina Sociologia você deve testemunhar aos seus estudantes como você estuda, como você se aproxima do objeto do seu conhecimento [...]

Daí que, para os defensores da educação pública popular, o método de ensino e a organização dos sistemas de ensino e das unidades escolares possuem um caráter político de formação de indivíduos críticos e autônomos ou de desenvolvimento da passividade e subserviência. Quanto aos métodos, o ponto de partida da relação ensino-aprendizagem consiste na problematização das relações imediatas, na qual se elabore um tema gerador que será trabalhado de forma interdisciplinar – portanto, o esforço consiste em "encontrar um método de desenvolver um currículo que, de uma forma sistemática, tornasse a realidade e a cultura do aluno a base a partir da qual evoluíssem as experiências educativas criadas no contexto da sala de aula" (ibidem, p.114). Com relação à organização do sistema de ensino, Gadotti & Torres (2001, p.16), no prefácio ao livro *Educação na cidade*, de Paulo Freire, explicitam que a "marca que queremos imprimir coletivamente às escolas privilegiará a *associação da educação formal com a educação não formal*" (grifo nosso). Essa integração sistemática e intencional entre diferentes espaços educativos tem, segundo Torres, como uma de suas motivações, a democratização dos procedimentos e das relações de poder autoritários historicamente desenvolvidos nos sistemas de ensino formal, como demonstra essa análise da política implementada no Estado de São Paulo, quando Paulo Freire era secretário municipal de Educação:

> Graças aos esforços do PT, surgiu, então, uma aliança ousada entre os pressupostos teóricos críticos de uma tradição educativa popular, historicamente levada a cabo em cenários não formais, e a imensa estrutura e cenários burocráticos do sistema escolar municipal de São Paulo. Esta aliança partiu do desejo de alterar radicalmente a natureza da burocracia democratizando os próprios procedimentos e processos donde lhe advinham autoridade e alento. (Torres et al., 2002, p.109)

Ainda sobre as medidas desencadeadas durante a gestão de Freire na Secretaria Municipal de Educação de São Paulo, são destacadas a reestruturação administrativa da Secretaria e o esforço para a consolidação e funcionamento dos Conselhos Escolares como órgãos máximos de deliberação na escola. Dentre as alterações administrativas são ressaltadas, além do enxugamento da burocracia, a seleção do pessoal administrativo entre professores da ativa; a criação dos Núcleos de Ação Educativa (NAE); e a substituição das Delegacias Regionais de Educação Municipal. O recrutamento de professores que atuavam nas escolas e que mantiveram uma carga horária de intervenção nesses espaços concomitantemente ao trabalho administrativo na secretaria é considerado uma das formas de se conseguir que a sala de aula seja a referência das medidas tomadas e, ainda, de se obter o necessário retorno imediato dos impactos nas escolas. Os NAE "permitem uma estrutura mais democrática na orientação e supervisão das escolas municipais e um sistema mais descentralizado de apoio e ajuda técnica" cuja característica principal é a mudança de um papel de vigilância na estrutura anterior "para outro em que atuam como facilitadores e recurso para as escolas envolvidas na reforma". Outro papel assumido pelos NAE foi a realização de pesquisas em torno de temas relacionados à psicologia infantil e comportamento organizacional (Torres et al., 2002, p.106). Promovem, portanto, uma mudança significativa no papel dos níveis intermediários da estrutura administrativa: de burocrático e autoritário para pedagógico e democrático.

A forma de superação da relação hierárquica tradicional foi buscada por meio da consolidação dos Conselhos Escolares, como forma de incremento da participação dos pais na escola e da autonomia das unidades escolares. A participação nos Conselhos foi também concebida pela administração municipal como forma de contribuição para a democratização de "outros espaços da vida municipal", como meio para a criação de uma cidadania crítica e ainda como forma de "galvanizar o apoio popular para as suas políticas educativas", como tática de "constituir um movimento social à volta da reforma educativa [...]" (Torres et al., 2002, p.109-11).

As medidas em torno da relação entre Estado e sociedade na elaboração e implementação da política educativa no município apresentam ambigüidades, dentre as quais destacaremos duas: a autonomia pedagógica das escolas e o seu financiamento. Com relação à autonomia pedagógica, ao mesmo tempo que no pensamento de Freire a democracia na escola só se consubstancia com o desenvolvimento da autonomia escolar, "através do processo de democratização do governo das escolas, em direção ao seu autogoverno [...]" (Lima, 2000, p.75), a implementação da política educativa na gestão de Freire foi permeada por uma concepção de "Estado activista", que assume o papel de "liderança de uma democracia popular, representada pelo governo municipal do PT" (Torres et al., 2002, p.109). Podemos concluir que a autonomia escolar, concretizada pelo funcionamento do Conselho Escolar, não significa que cada escola possa assumir um projeto político-pedagógico totalmente dissonante da política pedagógica implementada na rede municipal? Apesar de elaborada e discutida uma proposta pedagógica para a rede municipal e sua implementação nas escolas ter sido voluntária, conforme o art.41 do Regimento Comum das Escolas Municipais de São Paulo (apud Torres, 2002, p.110), os Conselhos Escolares são "encarregados de discutir, definir e elaborar um Plano de Escola que traduza para cada escola as linhas de orientação das políticas educativas do município". Isso nos permite concluir que a Secretaria Municipal de Educação de São Paulo não se furta ao papel de elaborar diretrizes político-educativas para a rede municipal?

Com respeito ao financiamento da política educativa, indicamos no pensamento de Freire uma crítica às ações paternalistas e assistencialistas como forma de desenvolvimento de posturas acríticas e imobilistas do sujeito frente à coletividade. Para Freire (1959), cabe à educação democrática, como um trabalho "do homem com o homem e nunca verticalmente do homem sobre o homem", promover a consciência crítica, por meio, até mesmo, da assunção de responsabilidades para com o coletivo. Para Freire, um histórico assistencialismo no país comprometera o processo de democratização de nossa sociedade. Menciona então sua experiência ante o Serviço Social da Indústria (Sesi), quando foram realizadas tentativas de superação do que ele chama de "papainoelismo" pela implementação da cobrança de taxas, que, segundo ele, provocou reações contrárias dos servidores, quando, na realidade, tal medida visava a uma integração maior do operário à instituição e o exercício do autogoverno (Freire, 1959, p.17). Se é certa a crítica de Freire ao assistencialismo, não é certa sua postura de conivência com uma progressiva desobrigação do Estado para com o financiamento das políticas educacionais, como bem identificam em seu pensamento Lima (2000) e Torres et al. (2002), para quem as medidas de democratização da administração, descentralização das decisões, autonomia da escola, estabelecimento de parcerias com movimentos sociais e organizações não-governamentais, são implementadas sem diluição das responsabilidades políticas da Administração e com a disponibilização dos recursos públicos necessários à sua concretização. No entanto, no pensamento de Gadotti (1994), um dos principais continuadores da educação popular no Brasil, pudemos identificar a defesa de princípios que muito se aproximam de mecanismos de desobrigação do Estado para com o financiamento da política educativa.

Autonomia escolar

Foram dois os conceitos amplamente debatidos por representantes da tendência pedagógica da educação popular e veiculados pela Secretaria Municipal de Educação de Porto Alegre, por meio de seus cadernos pedagógicos – a *participação*, como *garantia de direitos*, e a defesa da *autonomia*, como *diferença* –, que nos levaram ao questionamento da existência de uma aproximação com os princípios do terceiro setor e das políticas liberais de reformulação do Estado, calcadas em princípios gerenciais modernos repassados para a reestruturação dos sistemas de ensino e das unidades escolares.

No caderno *Paixão de Aprender* número 7, de meados de 1994, esses dois conceitos são explicitados. A participação é encarada como processo de conquista de direitos no bojo da estruturação de uma sociedade democrática, cujo caráter de práxis política objetiva "mudar o caráter, vertical e autoritário, próprio das relações de poder e dominação, por relações horizontais, bidirecionais, dialógicas". O processo participativo, no âmbito da educação formal e pública, visa, portanto, "a construção da democracia, a partir da reconquista dos direitos cidadãos [...]". Entendemos que Pinto (1994) identifica, coerentemente, a defesa de direitos com a ampliação dos espaços de luta para a classe popular, na construção da democracia, via processos participativos. Ao fazê-lo, esclarece que não muda o caráter de classe do Estado, alterando-se a prática de repressiva para consensual (ibidem, p.6).

Já no texto sobre autonomia, de autoria de Gadotti (1994, p.22), entendemos que se desenvolve uma concepção identificada com a autogestão, que desconsidera o caráter mediador da educação e elabora o raciocínio de que "a autogestão pedagógica sempre foi considerada como alavanca da autogestão social".

Gadotti defende uma organização do sistema de ensino autogerido que rompa com os antagonismos entre capital e trabalho, como propulsão da autogestão social. Para se ter uma idéia do conjunto desse pensamento, nesse texto valorizam-se experiências de autogestão como a das Escolas Cooperativas de Maringá (Estado do Paraná), de 1989 a 1992, cujo caráter privatista já foi devidamente explicitado por Dias (1995). Também no combate às concepções centralizadoras de Educação, Gadotti (1994) menciona várias experiências internacionais de organização do sistema de ensino, calcadas no princípio da autonomia das escolas. Entre elas, cita:

> A reforma inglesa de 1988 reduz praticamente o papel do Estado a duas funções básicas: repassar diretamente para as escolas os recursos públicos para a educação e avaliar a eficiência da escola. Para as escolas estatais se transformarem em escolas públicas autônomas precisam do aval dos pais e dos professores por decisão da maioria tomada em assembléia geral. Elas se tornam completamente autônomas e independentes, como uma escola privada com seu orçamento próprio, negociando anualmente com o governo central. (ibidem, p.24)

Estudos sobre gestão dos sistemas de ensino na década de 1990 têm apontado o desenvolvimento de um mercado educacional, bem ao gosto dos preceitos neoliberais, como resultado de medidas de descentralização e de desenvolvimento da autonomia das escolas, financiados por agências internacionais como o Bird e o BID, com o intuito de reduzir os gastos do Estado com as políticas educacionais e liberar os fundos públicos para o financiamento do capital, seja ele produtivo ou financeiro. As escolas dotadas de autonomia financeira, ao receberem do governo central recursos suficientes apenas para despesas mínimas, desenvolvem mecanismos de captação de recursos junto à comunidade na qual está inserida. Como resultado desses processos, já evidenciamos o desenvolvimento de disparidades de condições de funcionamento entre as escolas, conforme o poder aquisitivo das famílias dos alunos. Portanto, acentua-se a histórica dualidade do sistema educacional brasileiro: boas escolas para famílias com alto poder aquisitivo e escolas mal equipadas e com profissionais despreparados para os alunos dos grupos economicamente desfavorecidos (Hidalgo, 1998; Silva, I., 1998; Czernisz, 1999). Quando Gadotti (1994, p.24) apresenta também o caso da lei de autonomia em Trento, não nos parece considerar essas conseqüências já analisadas no Brasil.

Na Itália, em 1990, uma lei da Província Autônoma de Trento estabeleceu a "autonomia organizativa" das escolas trentinas. Essa lei estabeleceu a possibilidade de criação de escolas públicas com personalidade jurídica própria. Auxiliada por uma instituição financeira a escola submete anualmente um balanço financeiro à Junta Provincial para avaliar a sua produtividade. O modelo trentino experimenta a passagem de uma escola estatal para uma escola pública-privada-social.

Esse caso apresentado por Gadotti como exemplo de implementação da autonomia das escolas, sem nenhum viés crítico, reforça nossa hipótese de utilização dos pressupostos da educação popular que engendram uma aproximação com postulados do terceiro setor, de desmonte do Estado de Bem-Estar Social, conforme vimos em Montaño (2002).

Em nome do desenvolvimento da autonomia – como elemento intrínseco "à idéia de democracia e cidadania", pois "cidadão é aquele que participa do governo e só participa do governo (participar da tomada de decisões) quem tiver poder e tiver liberdade e autonomia para exercê-lo" (Gadotti, 1994, p.23) –, argumenta-se a favor da privatização da educação pública.

O argumento politicamente emancipador que indica as possibilidades de desenvolvimento da cidadania em razão do exercício da autonomia individual é transformado quando transposto para a organização dos sistemas de ensino, como munição para a desobrigação do Estado para com o financiamento das atividades educativas (cf. Gonçalves, 1994).

Educação permanente e cidades educadoras

Como parte dos referenciais do projeto Cidades Educadoras, rede mundial com sede em Barcelona, está presente uma crítica à intervenção do Estado na elaboração e implementação das políticas públicas como um desenvolvimento homogeneizador que não se compatibiliza com os recentes processos de heterogeneização das sociedades contemporâneas. Argumenta-se que a extensão das políticas compensatórias e a extensão da igualdade dos direitos da cidadania que possuíam um caráter positivo surgem agora como "fenômenos conflitivos" portadores de xenofobia e racismo, em razão da ampliação da pluralidade cultural das sociedades ante a intensificação dos fluxos migratórios decorrentes do acirramento da polarização socioeconômica entre os países do Norte e do Sul (Gómez-Granell & Vila, 2003).

Em substituição à intervenção dita homogeneizadora e, por conseguinte, portadora de potencialidades conflitivas, os ideólogos do projeto Cidade Educadora lançam mão do conceito de *educação permanente* para defenderem a ampliação das instituições e segmentos sociais igualmente responsáveis pela definição dos propósitos educativos, como a gestão de recursos para a efetivação das políticas nessa área.

Para a equipe encarregada do projeto em Barcelona, o principal significado da mudança consiste em que o

> reconhecimento de que a educação vai para além da escola implica um projeto global para o conjunto da cidade que ultrapassa o âmbito de decisões da administração e busca articular e dar coerência ao conjunto das atividades educativas, tanto as que são competência das administrações como as que não são de uma maneira direta. Assim pois, tem uma dimensão ampla que implica a cidade em conjunto, a configura como um âmbito de decisão concertada tanto no *relativo aos objetivos como a gestão dos recursos existentes, e a planificação dos investimentos, a definição das prioridades* e constitui uma referência para o conjunto dos agentes sociais. (Gómez-Granell et al., [2000?], p.23, grifo do autor)

Se o conceito de *educação permanente* implica o reconhecimento de sua extensão para diversos espaços sociais e sua duração ao longo da vida, essa educação ultrapassa os domínios da escola e envolve a cidade em seu conjunto. Coloca-se, então, a necessidade de a administração pública envolver os diversos segmentos – associações cívicas e profissionais, organizações não-governamentais, movimentos sociais, entidades e outros agrupamentos, assim como as diversas redes educativas da administração nas decisões, o que "supõe transferência não apenas de responsabilidades educativas, mas também da possibilidade de encontrar soluções, gerenciá-las, avaliá-las e modificá-las em função da capacidade de resolver problemas" (ibidem, p.23).

Esses pressupostos da educação permanente – o envolvimento dos diversos segmentos sociais na gestão dos sistemas de ensino e, mais especificamente, o envolvimento dos pais na gestão da escola – colocanos a questão da relação entre os profissionais da educação, como especialistas portadores de um determinado saber que pode e deve influenciar nas decisões tomadas e os interesses, necessidades e valores dos pais e de representantes de outros segmentos. Para situarmos o debate em torno dessas questões, apresentamos no próximo tópico as discussões em torno do profissionalismo docente e da participação dos pais na escola.

Participação dos pais na escola e profissionalismo docente

Apresentaremos aqui duas posições distintas em relação ao papel dos pais na escola. Primeiramente, uma elaboração que defende que essa participação não redunda em questionamento do saber dos profissionais, mas também que o reconhecimento desse saber não implica a negação do papel dos pais como responsáveis também pela educação escolar. Posteriormente, uma outra posição já mais radical, no sentido do questionamento de que o reconhecimento de diferenças em termos de saberes desencadeia diferenças de poderes e adquire um caráter não democrático. Por último, explicitamos os argumentos acerca da proletarização e da profissionalização dos trabalhadores em educação, para que possamos nos situar nesse debate e elaborarmos um posicionamento que considere tanto suas conseqüências político-ideológicas quanto as técnico-científicas.

O reconhecimento de que a partir da década de 1990 ocorreram mudanças na educação, no que diz respeito a novas formas de gestão participativas, leva à indicação da necessidade de alterações nas relações entre os setores responsáveis pelo ensino. Um dos segmentos que ganham maior notabilidade em suas possibilidades e necessidades de intervenção nas escolas é o dos pais.

Agora muitos pais são conscientes de que há uma parte importante na educação de seus filhos que é de sua única competência, e outra em que é preciso coordenar os esforços e as táticas com o outro agente educativo: a escola. Ou seja, temos adquirido consciência de que todos somos responsáveis pela educação *e* em conseqüência *todos podemos opinar acerca da educação*. (Checa et al., [1991?], p.14, grifo do autor)

Então o questionamento acerca da competência para a tomada de decisões aparece da seguinte forma: "Se pensarmos que a educação é um assunto de todos [...] A quem compete então, a capacidade última de tomar decisões"? As indagações elaboradas por Checa et al. ([1991?], p.14) levam a formulações no sentido da distinção de diferentes âmbitos na educação e o reconhecimento de determinada autoridade em cada um destes níveis, a qual se baseia no critério do conhecimento. "Tal autoridade o seria com *fundamento* e somente em um âmbito concreto (âmbito científico, âmbito psicopedagógico, âmbito administrativo...) e lhe reconheceríamos autoridade porque estaríamos convencidos de ser *a pessoa que mais sabe neste terreno*" (ibidem, p.15, grifo do autor). Com relação aos pais, esses autores pensam que o fato de eles aceitarem as diretrizes marcadas por um especialista não os impede de conhecer e indagar o significado das tarefas, sugerir e propor capacitação, "denunciar a autoridade que careça de fundamento válido e buscar os meios convenientes para substituí-la". Fica a posição de que a importância atribuída ao pessoal especializado não pode prescindir da participação dos pais em todo o processo educativo, sobretudo "no relativo a valores, ideologias, atitudes, crenças e opiniões" (ibidem, p.16).

Os autores indicam ainda o espaço do Conselho Escolar como o mecanismo institucional por meio do qual os pais podem opinar, solicitar, propor, acompanhar e avaliar as atividades educativas, compartilhando portanto de decisões, mas também de responsabilidades e com possibilidades de envolvimento pessoal em tarefas.

Questionamos quais poderiam ser as implicações do ponto de vista das relações entre Estado e sociedade se, dentre as possibilidades de intervenção dos pais, é reconhecida sua atuação direta como *executores* de atividades nas escolas?

A segunda perspectiva que apresentamos situa-se no quadro de concepções das questões educacionais que, ao enfatizar as relações de poder como calcadas em diferenças culturais, passam a desconsiderar a dimensão epistemológica do conhecimento humano e sua importância na preservação da especificidade da educação formal diante de outras formas de aprendizagem social e, conseqüentemente, questionam também a especificidade da atuação dos professores como profissionais da educação e, portanto, como portadores de um conhecimento não apenas válido, mas também imprescindível para a superação das relações de desigualdade social.

A lógica de pensar a dinâmica da realidade a partir da centralidade da cultura, como elemento estruturante das relações sociais, quando utilizada na discussão das questões pedagógicas, desencadeia o questionamento das relações de poder nas escolas – que, no caso dos professores, recai sobre as atribuições que esses possuem sobre os aspectos curriculares, sua capacidade ou possibilidade de exercer domínio sobre o processo de seleção de conteúdos, metodologias e avaliação –, como forma de manutenção de relações desiguais ante os pais dos alunos e, portanto, como mecanismo de reprodução de uma sociedade não democrática.

Apresentaremos neste tópico os argumentos de Pedro Silva (2003), que nos leva a considerar os impasses na discussão acerca do profissionalismo docente, para esboçarmos nossa posição de que as relações de poder entre os profissionais da escola e as famílias dos alunos estão calcadas sobre questões não apenas técnicas, ideológicas e culturais, mas também científicas. As deliberações no campo da educação formal dizem respeito a ações sobre os processos de elaboração e reelaboração do conhecimento humano, cujos princípios devem ser considerados – portanto, o *corpus de conhecimento* desses profissionais deve orientar as decisões.

O máximo que essa formulação teórica realiza é a efetivação de uma crítica ao modelo neoliberal de regulação do sistema de ensino, por adotar os mesmos princípios e mecanismos do funcionamento do mercado, propondo em seu lugar um sistema de ensino diversificado a partir de critérios culturais. Silva (2003) defende o papel dos pais não somente como consumidores, mas como *consumidores cidadãos*, pelo fato de terem consideradas não apenas suas necessidades individuais, mas também suas necessidades coletivas. Prega, portanto, um sistema de ensino plural, na medida da diversidade social e cultural que considere as diferenças das famílias dos alunos numa espécie de síntese entre a cidadania e o consumo. Isto é, um conceito mais alargado de consumo que inclui a dimensão coletiva. Essa idéia de consumidor cidadão considera a atuação individual desse, e, além disso,

> inclui as actividades colectivas dos cidadãos, desde o serem membros de um órgão de escola ou de Associação de Pais até exercerem o seu direito de voto numas eleições de âmbito nacional ou autárquico. A actividade de cariz implícita ou explicitamente política está, assim incluída neste conceito, o que, só por si, constitui uma diferença qualitativa em relação ao conteúdo "tradicional" do conceito de consumidor. (Silva, 2003, p.53)

Ou seja, o fato de os pais participarem em órgãos colegiados com poder de decisão sobre as escolas supre o caráter político ausente no conceito de consumidor. Portanto, o leque de escolas diversificadas à disposição dos consumidores deve ser mantido, desde que essa diversificação se paute pelo critério cultural e que as escolas tenham os pais exercendo o "papel de parceiros, o de alguém com quem se partilha responsabilidades e que pode ser entendido como mais um recurso da escola" (Cullingford apud Silva, 2003, p.46). Dessa forma, emerge a figura dos pais *consumidores cidadãos* que, acima de tudo, são *educadores* por exercerem essa função nos outros espaços educativos que não o da escola. Para que a instituição escolar cumpra sua função social, defende-se a busca de uma articulação entre esses dois tipos de educação, compartilhada por seus agentes, professores e pais.

O ponto de partida dessas teorias consiste em explicitar, nas origens do incremento das relações escola-família, o incentivo estatal desses processos participativos como uma resposta à crise de legitimação social sem implicar alterações nas estruturas de poder vigentes. Essa forma de implementação da participação dos pais na escola, chamada de "parentocracia educacional", constitui parte dos processos de reestruturação do Estado em busca de apoio público para as reformas implementadas e ampliação do poder de definição do Estado e não dos pais sobre o currículo escolar, como bem demonstra a citação a seguir:

> emergência da parentocracia educacional, onde a educação de uma criança está crescentemente dependente da riqueza e desejos dos pais, mais do que da capacidade e esforços dos alunos [...] O traço definidor da parentocracia educacional não é o montante de educação recebida, mas a base social sobre a qual a seleção educacional está organizada [...] [as ideologias da parentocracia] não apenas reforçarão mas aumentarão as desigualdades educacionais [...] não emergiu como resultado de um movimento de raiz popular a pedir uma reforma radical da educação entre a maioria dos pais, nem implica em aumento de "poder dos pais" sobre o currículo escolar. Pelo contrário, tem sido o Estado e não os pais que tem aumentado seu controle sobre o que é ensinado nas escolas. (Brown apud Silva, 2003, p.35)

Essa concepção dita crítica, que tenta superar os efeitos negativos do mercado educacional mediante a adoção de critérios culturais e participacionistas, desencadeia um processo de questionamento do poder e capacidade dos professores, como portadores de conhecimentos válidos para a sociedade, no âmbito da escola, que mais serve para a diluição do papel dessa, na qualidade de agência social encarregada da garantia da apropriação do conhecimento humano historicamente desenvolvido, trazendo como conseqüência para as atuais gerações o reforço das estruturas de desigualdades e injustiças.

No aspecto organizacional, essas teorias, assim como questionam o saber escolar em relação à cultura dos alunos, diluem as diferenças de intervenção entre pais e professores nas escolas. Argumenta-se que o fato de os professores possuírem maior poder na definição do currículo escolar resulta numa relação de poder desigual.

Como na análise de Silva (2003) não se considerou o aspecto epistemológico, o questionamento das relações de poder desenvolvidas historicamente na escola desencadeia a postura de negação do caráter profissional da figura do professor na interação com os pais que se caracterizam como leigos. O caráter assimétrico dessa relação é criticado.

As escolas tendem a entender a sua interacção com as famílias como uma relação entre profissionais – os docentes – e leigos – os pais (Lightfoot, 1978; Vident, 1996; Henry, 1996) – o que só por si, apontaria para uma relação estruturalmente assimétrica, independentemente de outras fontes de simetria. (ibidem, p.66)

Questiona-se, portanto, "se o domínio do pedagógico pertence ou não exclusivamente ao profissional da educação escolar", haja vista a argumentação de que a questão da "delimitação de fronteiras – entre pais e professores – não é, pois, uma questão técnica ou que se esgote nas competências profissionais" (ibidem, p.122). Essa se constitui em uma questão mais ampla, que envolve a concepção de sociedade e da democracia. Dessa maneira, essa perspectiva que vimos apresentando prega a necessidade de mudanças da escola em sua especificidade organizativa, o que implica alterações nas relações de poder, "ao nível da relação pedagógica, com as famílias, entre colegas, com o saber, entre órgãos, etc, ou seja, trata-se de 'pensar' e 'fazer' uma outra escola" (ibidem, p.119).

Temos, pois, a seguinte questão: são os professores, como categoria profissional, portadores de um conjunto de saberes e de um saber-fazer, submetidos a um conjunto de normas e valores próprios dessa atividade, e ancoram-se em uma ideologia da legitimação do saber social e de uma apropriação privada do conhecimento humano – que, no caso do magistério, desencadeiam posturas corporativistas na defesa de privilégios sócio-econômicos e, portanto, fechadas à participação comunitária? Ou são os professores trabalhadores assalariados, proletarizados no nível econômico, portanto passíveis de um crescente grau de identificação com as condições empregatícias dos trabalhadores fabris e, logo, com sua luta pela superação do capitalismo?

A *proletarização* docente e o *profissionalismo* constituem-se duas vertentes do pensamento educacional consideradas contraditórias por aplicarem o mesmo processo de análise à atividade docente: a transposição do raciocínio de que os mesmos efeitos das relações capitalistas sobre os operários ocorrem com os docentes – no caso da vertente que defende a proletarização –, concomitante à defesa de um *corpus* de um conhecimento próprio de determinada área, ignorando o desenvolvimento de mecanismos e consolidação de castas profissionais alheias às questões sociais – no caso do profissionalismo.

Com o desenvolvimento e consolidação do capitalismo, no século XVIII, o *profissionalismo*, juntamente com o liberalismo, passa a fornecer os critérios de formação da aristocracia social, agora baseados na educação e no mérito, em detrimento da linhagem familiar. A educação é dirigida para a definição do acesso às profissões, a ponto de, no século XIX, as profissões liberais tornarem-se "o modelo por excelência das profissões". Com o desenvolvimento do capitalismo monopolista no século XX e a criação de grandes organizações burocráticas, o modelo anterior de "profissões liberais" é substituído por profissionais de áreas emergentes – economistas, engenheiros e arquitetos – atuando em grandes organizações. O novo modelo das "profissões burocráticas" produz alterações de poder no interior das profissões e as análises sobre a docência serão produzidas a partir de um referencial estrutural funcionalista, que objetiva "isolar as características distintivas de uma profissão face a outros tipos de ocupação", a ponto de a maior parte das discussões sobre o trabalho docente partirem do pressuposto de que os professores são *profissionais* ou *semiprofissionais*. Já trabalhos críticos são desenvolvidos na perspectiva de examinar essas análises, porque "elas contribuem para reforçar uma visão estática e positiva do profissionalismo que encobre suas contradições e ambivalências internas" (Costa, 1996, p.86-7).

Por um lado, os autores que defendem a tese da ocorrência da proletarização docente argumentam que o profissionalismo se constitui em estratégia incompatível com os ideais de democracia, igualdade e respeito à diversidade cultural, por consistir em evidência de elitismo de corporações, em defesa dos privilégios que manteriam os professores afastados das lutas dos trabalhadores de outros campos de atuação, por exercerem uma atividade intelectual mais valorizada socialmente. Essa posição define o profissionalismo como uma forma de *acomodação* e de *dessensibilização ideológica* dos docentes, os quais, ao aderirem aos princípios da racionalização como um discurso legitimador, estariam colaborando com a redução de sua autonomia como reação à proletarização (ibidem, p.117). Dentre os riscos da profissionalização docente destaca-se o isolamento em relação às minorias marginalizadas, pelo fato de esse procedimento expressar processos de "exclusão, hierarquia, autoprotecionismo, excessiva especialização, auto-engrandecimento, autoritarismo e mistificação". Diante dessas críticas, é elaborada a tese de um profissionalismo especial para os professores a "ser animado por uma perspectiva social que inclua os interesses dos professores, que abarque objetivos de igualdade, respeite os direitos dos pais e da comunidade, e desencadeie a tolerância à diversidade e a responsabilidade para com os clientes" (ibidem, p.124).

Por outro lado, temos a defesa de que um saber experto das categorias profissionais existe como garantia da autoridade pública nas sociedades democráticas e que entre esses princípios de qualificação, no caso da docência, estão "a *não repressão* e a *não discriminação* como argumentos que circunscrevem os direitos do Estado e dos pais em relação à determinação da educação das crianças". Para os professores, como profissionais que agem reflexivamente e ancorados em conhecimentos técnicos, submetidos aos princípios apresentados, o risco maior ao qual estão submetidos não é o abuso de poder, mas os prejuízos decorrentes de sua pouca autoridade e baixo *status social*. Para os defensores do profissionalismo, o problema reside nas "várias influências que a burocracia tem exercido sobre a organização e gestão das escolas". Desse ponto de vista, os professores não deixam de desenvolver um trabalho engajado socialmente porque se profissionalizaram, mas por causa das "políticas públicas de gestão e administração da educação que estandardizam, burocratizam e centralizam as decisões nas escolas" (ibidem, p.131).

Seguindo a perspectiva da necessidade de análise da situação dos profissionais da educação no âmbito desses sistemas, Silva Jr. (1995) aponta no sistema estadual de ensino de São Paulo que os professores, dadas as descontinuidades de tempo e de local de serviço, não dispõem de condições de trabalho, hoje já asseguradas ao trabalhador assalariado. Silva Jr. caracteriza as relações de trabalho docente como pré-modernas e pré-capitalistas e, dado o contexto atual de flexibilização das relações de trabalho pelas políticas neoliberais implementadas, aponta a possibilidade de essa situação cristalizar-se. Não seria ignorar as condições históricas atuais a postura de defesa da proletarização docente em razão dos riscos de formação de uma casta burocrática e elitista, decorrentes da profissionalização no contexto histórico atual? Ou a tese da proletarização docente relaciona-se com os pressupostos que chamamos de "perspectivas das novas possibilidades ancoradas no consenso"?

Se discutirmos essa questão do profissionalismo docente à luz do debate em torno da epistemologia no conjunto das tendências pedagógicas, e considerarmos sobretudo as contribuições do materialismo histórico-dialético acerca do caráter sócio-histórico do conhecimento humano, adotamos a posição de defesa do profissionalismo docente. No entanto, para que essa postura não corra o risco de defender os corporativismos e a autoridade calcada na posição hierárquica do sujeito, como forma de dissimulação de mecanismos de dominação desenvolvidos nas organizações capitalistas, é necessário que apresentemos a crítica marxista ao "discurso competente", tal como empreendida por Chauí (2000).

Teorias marxistas na administração da educação[12]

> *"Educar, ensinar, é colocar alguém em presença de certos elementos da cultura a fim de que ele deles se nutra, que ele os incorpore à sua substância, que ele construa sua identidade intelectual e*

---

12 A recuperação das tradições do pensamento marxista é apresentada como decorrência da percepção de que o mundo é uma construção histórica, resultado da ação do homem, percepção esta considerada como o grande legado do século XX. Esta afirmativa do marxismo, como pertinente para dar conta dos desafios postos pelas problemáticas atuais, pauta-se em sua perspectiva de análise que se utiliza da categoria de totalidade como instrumento de raciocínio que possibilita o confronto "com o detalhe da vida histórica e social sem perdermo-nos no contingente ou na fragmentação [...] trata-se de reviver a idéia de historicidade concreta associada à articulação do heterogêneo" (Zemelman, 2001, p.9).

> *pessoal em função deles [...] não se poderia justificar a Educação, fundamentar o currículo, a partir unicamente do conceito sociológico ou etnológico de cultura, já que esse conceito não pode fornecer critério de escolha, ele não permite preferir, discriminar, enquanto que toda educação e todo ensino repousam precisamente sobre um princípio de preferência e de discriminação."*
>
> *(Forquin)*

O marxismo traz como contribuição original a sua concepção de totalidade histórica, ou seja, "a capacidade da teoria de reproduzir na abstração do pensamento o conjunto completo e sempre em alteração de determinações que produzem a vida social" (Lukács apud Boron, 2001, p.96). Sua originalidade está na tentativa de construção de uma teoria do social, cujo caráter integrado resulta na concepção de política como conjunto dialético de fatores: de natureza política, de caráter econômico, social, ideológico e cultural. A compreensão da dinâmica social só é possível a partir do "reconhecimento dos fundamentos econômicos e sociais sobre os quais repousa, e das formas pelas quais os conflitos e alianças geradas no terreno da política remetem a discursos simbólicos, ideologias e produtos culturais que lhes outorgam sentido e fazem sua comunicação com a sociedade" (Boron, 2001, p.97).

Nenhuma das dimensões da realidade social pode ser considerada como marginal ou independentemente da totalidade da qual são constituídas. Economia, política e cultura não existem em separado. Construiremos uma enganosa abstração da "sociedade" se não considerarmos

> o fundamento social e os elementos simbólicos que fazem com que os homens e mulheres tomem consciência de suas condições de existência [...] a "cultura" – a ideologia, o discurso, a linguagem, as tradições e mentalidades, os valores e o "senso comum" – só podem ser decifrados em sua articulação com a sociedade, a economia e a política, sob pena de caírem [...] nos extravios de um neo-idealismo. (ibidem, p.94)

A racionalidade da ideologia capitalista impressa à ciência

A concepção materialista explicita o caráter contraditório da realidade, seu movimento e a historicidade da sociedade humana. Sob o modo capitalista de produção, o embate entre as classes sociais para a manutenção ou transformação das estruturas para o atendimento de seus interesses desenvolve imagens do real que justificam e reforçam, ou, de outro modo, buscam o desvelamento e a transformação das estruturas de dominação. As noções de racionalidade científica, de universalidade do saber são analisadas neste momento do trabalho, do ponto de vista de como as classes dominantes articulam seu discurso em torno desses mesmos conceitos, disseminando seus interesses. Evidenciamos também a necessária discussão das possibilidades de elaboração de um contradiscurso crítico em favor das classes trabalhadoras.

O discurso dominante apresenta-se como "competente", consistindo como aquele que é instituído: "não é qualquer um que pode dizer a qualquer outro qualquer coisa em qualquer lugar e em qualquer circunstância" (Chauí, 2000, p.7). A crítica a esse discurso dominante corre o risco de confundir o discurso competente como elitista, em oposição ao discurso democrático como de massa.

Considera-se aqui que o discurso competente pode e deve ser científico e democrático, desde que assuma a racionalidade da práxis social em detrimento da racionalidade da homogeneidade e da harmonia do social. Também o discurso de massa é considerado não-democrático por consistir-se de um todo amorfo e passível de manipulação. No âmbito da teoria do conhecimento, o discurso de massa prega a concepção de conhecimento científico como um conhecimento imediato, passível de desvelamento a partir dos fatos restritos ao cotidiano, desconsiderando o esforço metodológico necessário para, a partir do fenômeno, se chegar à essência da coisa.

O discurso competente se realiza no interior do fenômeno histórico da burocratização da sociedade, que tem por base a idéia de organização, "entendida como existência em si e para si de uma racionalidade imanente ao social e que se manifesta sempre da mesma maneira sob formas variadas" (ibidem, p.8). Esse discurso da organização serve, sob o modo de produção capitalista, de ocultação da presença total do Estado na sociedade civil.

Com o fenômeno da burocratização calcado na idéia de organização, a ideologia deixa de ser legitimada do alto para fundar-se na racionalidade científica. Duas são as modalidades do discurso competente. A primeira realiza-se por meio da racionalidade dos *meios* de ação, que dispensa e justifica a ausência de qualquer questão acerca da racionalidade dos *fins* da ação; do fato de os postos hierárquicos determinarem o grau de poder e as competências de quem os ocupa, e não o contrário; do processo de identificação dos membros da organização com o cargo que assumem, numa lógica pela qual as pessoas passam a agir segundo as expectativas derivadas do posto hierárquico, tornando-se a própria dominação impessoal, uma vez que se confunde com a estrutura organizacional. A segunda modalidade do discurso competente se perfaz pela transformação sofrida pela ideologia burguesa com o processo de burocratização. A idéia da organização difunde a crença na existência de uma estrutura que funciona calcada numa racionalidade própria, independentemente da ação humana. O discurso competente, entendido como próprio do conhecimento legítimo, surge como a elaboração do especialista, localizado num ponto privilegiado da estrutura hierárquica, detentor do saber – a ele conferido pela posição que ocupa na organização – e do poder de emanar ordens aos demais níveis. Esse saber e seu discurso, calcados na presumível eficácia dos meios em detrimento dos fins, cumprem, portanto, o papel de dissimuladores da dominação, dado o caráter de cientificidade que assumem. A outra face do discurso da competência, concebida como discurso do conhecimento, é a aceitação da "incompetência dos homens enquanto *sujeitos* sociais e políticos" (ibidem, p.9-11), mediante a transferência para a esfera individual e privada da competência ou incompetência institucionalizada pela via da organização.

Reconhecendo o papel da ideologia na criação de um imaginário legitimador das relações concretas, o discurso crítico não deve se propor a acirrar as contradições do discurso que expressam a dicotomia entre ideologia e ciência, ancorando-se na idéia da objetividade.

Um dos mecanismos de reforço da ideologia está no caráter imediato da experiência da vida social e política (conceito de fenômeno em Kosik, 1976), dificultando o seu desvelamento como fator de concretização dos aspectos sociais e políticos. Porém, outro procedimento de fortalecimento da ideologia, menos explícito e tão ou mais importante quanto o primeiro, reside na construção da imagem da sociedade como um todo homogêneo e harmônico, satisfazendo os desejos de identidade e superação do medo que temos de desagregação social. Essa imagem é construída a partir da assunção da racionalidade capitalista como lógica de organização empresarial, estendida a todos os âmbitos do social, subordinando todas as outras lógicas à econômica.

> tanto a experiência quanto a ideologia encontram apoio para esta representação da identidade e da ordem no próprio mundo da produção econômica, na medida em que o movimento do capital surge como uma lógica imanente, independentemente dos homens e garantindo racionalidade e identidade como imanentes à própria realidade [...] quando vemos essa racionalidade econômica manifestar-se no planejamento e na burocracia empresarial e estatal, a racionalidade aparece como racional, idêntica e identificável, previsível e controlável, de tal modo que a lógica econômica comanda a lógica social, política, psicológica. (Chauí, 2000, p.28)

Essa operação ideológica processa um duplo ocultamento, o da divisão social e o do exercício do poder de uma classe sobre outra, criando a imagem do Estado como o legítimo representante de toda a sociedade. O discurso ideológico, portanto, apresenta a racionalidade como imanente à realidade, consistindo o conhecimento na descoberta dessa natural racionalidade real. Ou seja, a racionalidade ideológica opera uma naturalização da racionalidade capitalista economicista como saber científico e objetivo por excelência. Logo, a racionalidade imprime um caráter supostamente estável à realidade – a partir da homogeneidade operada pelo Estado – e justifica as segmentações sociais como divisões de poder, calcadas nas posições ocupadas por cada um na hierarquia organizacional.

Evidentemente, não é ideológica a admissão da racionalidade do real, mas sim aquilo que nossa ciência entende por racionalidade. Esta é posta como sinônimo de não-contradição, pois o contraditório é suposto como sinônimo do irracional. Através dessa identificação entre racional e não-contraditório, a ciência está, como a ideologia, afirmando a não-história. (ibidem, p.32-3)

Deve ficar claro que a crítica empreendida aqui se refere não à racionalidade em si, mas à racionalidade ideológica que se expressa por meio do discurso competente e que encontra fonte de legitimação na ciência contemporânea, vista do prisma do estruturalismo e do funcionalismo.

Essas concepções de ciência amparam-se na noção de objetividade, que supõe a possibilidade de apreensão cognitiva do objeto por meio do entendimento considerado como esgotável teoricamente. Ignoram-se a contradição interna do objeto e as possibilidades que possui de transformação permanente, ou seja, nega-se o caráter dialético do objeto, supostamente um ente morto, estático, o que revela uma operação de dominação do sujeito do conhecimento sobre o real.

Uma vez instituída a objetividade como conjunto de leis universais e aplicáveis a qualquer objeto, a realidade passa a ser considerada como um todo orgânico, constituído de unidades (divisões calcadas nas instituições sociais, sem vínculo com as classes sociais) inter-relacionadas em funcionamento harmônico, cujas crises são consideradas acidentais. A noção de crise é aceita como forma de transposição de uma "ordem ideal a uma desordem real" (Chauí, 2000, p.37). A contradição torna-se sinônimo de perigo de transformações, motivo pelo qual, diante da iminência de uma revolução, oferece-se a tranqüilidade da manutenção da ordem por alguns poderosos representantes do Estado.

Contrastando com a concepção dialética – para a qual o real é um todo que, estruturado, se desenvolve e se cria –, as perspectivas estruturalista e funcionalista concebem esse todo como um modelo sistêmico e articula o discurso da crise como disfunção de uma das partes com as outras e com o todo. No século XX, empiristas e existencialistas defendem a perspectiva da transformação do mundo em um caos, em que a ordem é introduzida pelo "sujeito transcendental ou pela perspectiva subjetivista" (Kosik, 1976, p.51).

A crítica à racionalidade capitalista, nessas abordagens subjetivistas, redunda em negação da própria racionalidade e, portanto, no questionamento de qualquer autoridade nas relações entre pais e professores. Do nosso ponto de vista, esses desdobramentos negam o próprio papel do sistema de ensino público na sociedade contemporânea, o que acaba por corroborar para o processo de aprofundamento das desigualdades e das dificuldades de instrumentalização das classes trabalhadoras para a superação das contradições do modo de produção capitalista.

Busca da especificidade – contradição com o sistema

> *"A administração escolar está, assim, organicamente ligada à totalidade social, onde ela se realiza e exerce sua ação e onde, ao mesmo tempo, encontra as fontes de seus condicionantes. Para um tratamento objetivo da atividade administrativa escolar é preciso, portanto, que a análise dos elementos mais especificamente relacionados à administração e à escola seja feita em íntima relação com o exame da maneira como está a sociedade e das forças econômicas, políticas e sociais aí presentes."*
>
> *(Paro)*

Vítor Paro (2000, p.19) afirma que a administração, quando considerada independente de suas determinações históricas, pode ser entendida como a "utilização racional de recursos para a realização de fins determinados".[13] Portanto, a atividade administrativa, compreendida em seus elementos mais simples e abstratos, constitui-se em um campo do conhecimento humano que comporta princípios válidos para toda forma de organização social. Alertamos: considera os *princípios administrativos* e não os da administração capitalista, já uma forma histórico-social específica de atividade organizacional, como sociedade

Considera-se a atuação administrativa livre dos condicionamentos históricos para preservação de sua pertinência à atividade humana, o que consiste na "racionalização dos recursos", referindo-se à sua adequação aos objetivos estabelecidos e à sua utilização de forma econômica. Ou seja, são os objetivos que norteiam as ações que nos indicam a natureza e quantidade de recursos a serem utilizados.

Objetivando a preservação do caráter progressista da atividade administrativa, Paro (2000) opera a indicação da existência histórica e da pertinência dessa dimensão da organização humana, assim como a explicitação de seu caráter sócio-histórico. Em cada momento do desenvolvimento das forças produtivas, as teorias e práticas da administração assumem características distintas e, como elemento da superestrutura, possuem um caráter contraditório que tanto pode convergir com a ordem estabelecida como se constituir elemento de contribuição à transformação das estruturas socioeconômicas.

A elevação da atividade administrativa à qualidade de "práxis revolucionária" estabelece a necessidade do reconhecimento das condições concretas em que essa se efetiva. Essa perspectiva marxista assumida por Paro leva-o a considerar os elementos do modo de produção vigente, os quais determinam, em *última instância,* os princípios e métodos administrativos. Assim, realiza uma análise de

---

13   O autor identifica a atividade administrativa como própria do trabalho humano. Argumenta que foi agindo administrativamente que o homem superou seu estado de necessidade natural, produzindo sua existência material, portanto produzindo-se a si próprio como realidade diferenciada da natureza (Paro, 2000).

duas áreas da atividade administrativa[14] – a racionalização do trabalho e a coordenação do esforço humano coletivo –, as quais, sob o modo de produção capitalista, adquirem características peculiares em razão das relações de dominação inerentes a este sistema. A "racionalização do trabalho" diz respeito à divisão pormenorizada das atividades; já a "coordenação do esforço humano coletivo" relaciona-se às questões da gerência ou do controle do trabalho pelo capital.

O necessário nível crescente de produtividade para extração da *mais-valia relativa* no sistema capitalista tem como estratégia a *divisão pormenorizada do trabalho*. Cada trabalhador, encarregado de uma pequena parcela do processo total da produção, é expropriado de suas potencialidades, o que demonstra o caráter particularista da administração capitalista, calcada em uma racionalidade limitada aos interesses da classe detentora dos meios de produção. Essa racionalidade, chamada funcionalista, presta-se à consecução dos objetivos de maior produtividade e lucratividade, porém "mostra-se insuficiente quando se trata de atender às necessidades humanas em sua globalidade" – logo, constitui-se em uma irracionalidade que aponta para a necessidade de se "pensar a racionalidade das ações humanas num sentido mais amplo" que coloque "como questão fundamental a busca de objetivos que atendam aos interesses de toda a sociedade e não de grupos privilegiados dentro dela". Isso exige a superação da sociedade de classes, e, conseqüentemente, o "exercício coletivo do

---

14   Paro (2000) agrupa os recursos em dois grupos: de um lado, os "recursos materiais e conceptuais", referentes às relações do homem com a natureza, que ele chama de processo de racionalização; de outro lado, o grupo que se refere à "coordenação do esforço humano coletivo", relacionado às relações dos homens entre si, que ele denomina de processo de coordenação. Difere da abordagem que separa recursos naturais e humanos, por entender os recursos conceptuais como próprios do homem e o esforço humano também como recursos do homem. Portanto, Paro não admite a concepção do próprio homem como recurso ou meio, mas considera este como fim. Alerta para o fato de que entender o homem como recurso traz como implicação a assunção da relação de dominação entre os seres humanos, com a conseqüente perda do caráter humano socialmente construído. O homem, para se constituir como tal, deve ser o sujeito das suas relações. Admite, desse modo, a separação entre recursos naturais e recursos do homem.

poder por todo o corpo social", constituindo-se uma racionalidade social (Paro, 2000, p.57-8).

A *coordenação do esforço humano* no modo de produção capitalista visa à extração do aproveitamento máximo da força de trabalho empregada, para o que se utiliza da gerência, forma de controle do trabalho, para neutralização das resistências e desinteresses do trabalhador. Esse controle capitalista sobre o trabalho a ser explorado constitui-se na separação entre concepção e execução: os níveis hierárquicos superiores são responsáveis pelas funções de planejamento e controle, enquanto os níveis inferiores ficam encarregados da execução de um trabalho que lhes é estranho.

Esse esquema organizativo se estende para outros tipos de instituições da sociedade. A administração capitalista consubstancia-se, assim, em mediação entre o capital e o processo de produção da mais-valia.

> a administração, então, que, como utilização dos recursos disponíveis ao homem, possui potencialidades infinitas de promoção do bem-estar e felicidade desse homem, apresenta-se, numa sociedade dividida em classes antagônicas, em que os meios administrativos se colocam nas mãos da classe que detém o poder econômico e político, como impedimento e negação dessa promoção humana, colocando-se contraditoriamente a promover o inverso, ou seja, o desconforto e a infelicidade da grande maioria da população. (Paro, 2000, p.72)

As críticas empreendidas por Paro às formas assumidas pelos campos da atividade administrativa sob o modo de produção capitalista, longe de negarem sua importância para a realização dos esforços humanos na construção de uma sociedade que atenda às necessidades de seus membros, buscam identificar as "qualidades técnicas que, embora estejam hoje sendo utilizadas em favor dos interesses de classe dominante, podem, nas mãos da classe trabalhadora, articular-se com os interesse dessa classe" (ibidem, p.78). Diante disso, o avanço científico e tecnológico deve ser colocado a serviço de todos os segmentos sociais, exigindo a transformação das relações que se dão na base produtiva da organização societária.

A crítica à administração escolar capitalista traz a necessidade de elaboração teórica da sociedade que se deseja e a explicitação do papel da administração escolar que se apresente como coadjuvante dessa transformação histórica. A realização plena da humanidade, constituída historicamente, exige a superação das relações de dominação características das relações entre classes sociais distintas. Portanto, requer a superação da existência das classes sociais no capitalismo: as classes proprietárias e não-proprietárias dos meios de produção. Ou seja, o fim das classes sociais pressupõe a eliminação da propriedade privada dos meios de produção. Na transição entre os modelos societários – do capitalismo para o socialismo –, Paro indica o proletariado como o coadjuvante principal e o papel dos intelectuais orgânicos de Gramsci, no desempenho do papel de difusão da necessária hegemonia da classe trabalhadora. "A classe operária, entretanto, cujo interesse fundamental é precisamente a eliminação de toda exploração, só pode fazê-lo na medida em que *realmente* expresse o interesse comum de toda a sociedade", isto é, quando a classe proletária constituir-se a classe hegemônica da sociedade, aquela que consegue, através do consenso, imprimir sua "marca" na organização societária: a marca da cooperação, da solidariedade e das decisões e ações coletivas. É nesse sentido que essa "revolução" não pode ser vislumbrada do prisma imediatista, reduzida às ações de tomada do poder estatal. Vislumbra-se "o assalto ao Estado apenas para quando já se tiver conseguido a concordância e a colaboração dos vários setores da sociedade civil" (ibidem, p.95-6).

Para explicitar as condições para que a classe proletária possa comandar um processo revolucionário, de transformações estruturais, Paro busca em Gramsci o papel dos intelectuais e dos processos educativos no desenvolvimento da sua consciência política, imprescindível para que os integrantes da classe operária "se percebam ao mesmo tempo como sujeitos da história e como membros do único grupo social com condições de assumir a direção de um movimento radical de transformação social". A educação escolar assume nessa perspectiva o papel de instituição encarregada da apropriação do saber para as classes subalternas, indispensável para a elaboração de uma visão de mundo revolucionária (ibidem, p.99).[15]

Destarte, a explicitação da especificidade da atividade educativa torna-se crucial para a potencialização da dimensão revolucionária da gestão escolar, como parte do processo educativo emancipador. Entretanto, o simples reconhecimento desse caráter específico não nos garante essa potencialização almejada. Essa preocupação com as especificidades pode não explorar os aspectos centrais da atividade administrativa, enfocando apenas questões periféricas ou, ainda, serem levantadas com o objetivo de garantir uma aplicação dos mesmos princípios e técnicas da administração empresarial para a gestão das instituições educativas. Sob um discurso técnico de busca da eficiência, aplicam-se os princípios da administração empresarial: a *gerência e a divisão pormenorizada do trabalho*, que possuem o caráter político da expropriação do trabalho pelo capital, enquanto os elementos técnicos da administração capitalista voltados para a racionalização do trabalho não são aplicados na estrutura organizativa das escolas. O fator que mais explicita o caráter conservador da administração escolar calcada na dimensão política da administração capitalista é a gerência como controle do trabalho alheio, cuja expressão mais nítida é o papel que o diretor escolar assume de gerente do Estado. Apesar da onipresença da lógica do modo capitalista de produção, as conquistas teóricas da administração capitalista poderiam fornecer uma consistente contribuição ao incremento da produtividade da escola, desde que se procedesse à efetiva racionalização das atividades e à sistematização dos procedimentos, no sentido de um ensino de melhor qualidade.

---

15 "O fato, porém, de pertencer à sociedade civil, não significa que a educação esteja livre da interferência do Estado [...] a escola aparece como uma das instituições que o Estado (em sentido amplo) procura manter sob sua tutela, com vistas a garantir a hegemonia da classe que ele representa [...] esse acesso do Estado à escola não a torna um aparato de coerção, não obstante a presença, aí, de elementos coercitivos – que se revelem na própria prerrogativa do Estado em estabelecer normas para o ensino: determinando a composição de currículos e programas, a organização administrativa da escola e do ensino em geral etc." (Paro, 2000, p.112).

A aplicação da administração capitalista na escola constituir-se-ia, portanto, numa maneira de se introduzirem, aí, também esses benefícios técnicos, os quais concorreriam para a consecução dos objetivos educacionais de distribuição do saber historicamente acumulado. (Paro, 2000, p.129)

A garantia do papel da escola como agência socializadora do conhecimento humano é que deve pautar a utilização dos princípios e técnicas organizacionais numa perspectiva emancipadora, em que a apropriação do conhecimento atrela-se ao desenvolvimento de uma consciência crítica no educando, a qual "deve levar em conta, preliminarmente, a própria valorização dos conhecimentos objetivos que se fazem presentes mesmo no currículo da escola capitalista", pois pode propiciar ao educando o reconhecimento das múltiplas determinações do real, possibilitando que se vislumbrem formas de "abordá-lo e modificá-lo em benefício do próprio homem" (ibidem, p.119).

Podemos então perceber que, para essa perspectiva marxista da administração escolar, a assunção do desenvolvimento da consciência crítica, como um dos elementos que imprimem especificidade à atividade educativa, além de estar atrelada ao problema da seleção dos conteúdos escolares, vincula-se também às questões metodológicas da relação ensino-aprendizagem

> sobretudo nos primeiros anos de escolarização, a maneira pedagogicamente mais adequada de passar uma visão de mundo revolucionário não é através do privilegiamento do discurso, mas da valorização da ação. É desenvolvendo no educando comportamentos de reflexão, pesquisa, questionamento constante da realidade circundante, que se pode levá-lo a aderir de forma consciente a uma visão de mundo comprometida com o desvelamento dessa realidade e com sua superação. (ibidem, p.121)

Além de considerar em suas elaborações as imbricações entre conteúdos e metodologias do processo ensino-aprendizagem, identificamos nesse quadro teórico uma elaboração que estabelece as relações existentes entre as questões organizacionais e as curriculares. Quando defende que a administração escolar, para assumir sua especificidade, deve elaborar um referencial "que se fundamente em objetivos educacionais representativos dos interesses das amplas camadas dominadas da população", deve possuir uma racionalidade externa ancorada na historicidade dos objetivos educacionais e, conseqüentemente, no seu caráter de classe social, quando defende isso, Paro (2000) explicita o comprometimento da administração escolar com as classes trabalhadoras, consideradas concretamente na figura "dos pais e alunos que compõem a comunidade à qual ela serve". Deriva desse comprometimento com os alunos e suas famílias a consideração de que a classe trabalhadora não apenas "fica totalmente marginalizada do processo de decisão a respeito dos objetivos gerais da escola, mas ainda tem de aceitar passiva e pacificamente currículos, programas, métodos, pessoal, etc. que estarão envolvidos na educação de seus filhos". O autor defende, assim, que a escola se organize administrativamente a partir de uma racionalidade social e que os interesses da classe trabalhadora sejam conhecidos o mais rigorosamente possível. Daí a necessidade de criação de mecanismos que, além de possibilitarem a participação da comunidade na escola, possam também propiciar a compreensão dos "interesses manifestados pela classe trabalhadora" (ibidem, p.154).

No desdobramento dessa imbricação entre gestão e currículo, Paro, todavia, não explicita a defesa da participação direta das famílias e dos alunos na definição do currículo. Antes disso, exterioriza que o reconhecimento dos interesses da classe trabalhadora deve pautar as definições da ação educativa, assim como propiciar elementos formativos, de acesso a "atividades culturais que visem à reflexão mais profunda dos problemas educacionais de seus filhos, e que lhes propiciem, ao mesmo tempo, a apreensão de uma concepção de mundo mais elaborada e crítica" (ibidem, p.155), o que corresponderia à tomada de consciência de seus interesses de classe.

O que fica evidente nessa perspectiva marxista da administração escolar é a posição de que, se os profissionais da educação, pautados pela premissa da natureza diferenciada do processo educativo diante de outros processos produtivos, ampliarem os conhecimentos acerca dessas especificidades e conseguirem uma forma de organização escolar e do sistema de ensino compatíveis com essa natureza peculiar da atividade educacional, estaremos, com certeza, ampliando o caráter contraditório da atividade administrativa na área educacional (Silva Jr., 1995). Isso vem aliado à consciência de que essa posição se constitui na declaração de opção por um projeto de educação pautado pelos valores da construção de uma sociedade, na qual os segmentos da população até então desprovidos de acesso aos recursos materiais e culturais produzidos historicamente assumam o papel de sujeitos[16] na condução política das opções assumidas.

A partir do reconhecimento do caráter de classe do Estado no sistema capitalista, no interior do qual forças antagônicas estão em permanente embate na disputa pela direção política da sociedade, a perspectiva marxista defende a gestão democrática da escola pública, na expectativa de que cada unidade de ensino possa "constituir-se em um *núcleo de pressão* a exigir o atendimento dos direitos das camadas trabalhadoras e defender seus interesses em termos educacionais". A impressão de um caráter reivindicativo à escola desenvolve nela a tendência de "relacionar-se e [...] agir em sintonia com um elenco cada vez maior de entidades reivindicativas" (Paro, 1997, p.13).

A gestão democrática da escola, que envolve necessariamente a partilha de poderes com a comunidade, é também defendida como forma de impedir que a instituição escolar torne-se um "arranjo de funcionários do Estado, para atender a interesses que não interessam à população usuária" (ibidem, p.16).

A defesa da gestão democrática, entretanto, não resulta na elaboração de uma postura de negação de princípios administrativos para a escola; ao contrário, trata-se de indicar suas potencialidades, desde que assumidas a partir das especificidades da ação educativa. Conforme o professor Celestino Alves da Silva Júnior (1995, p.80), em um trabalho publicado em 1986,

---

16 O homem se constitui como tal no processo de transformação da natureza, por estabelecer relações de domínio sobre esta. Nas relações estabelecidas entre os homens, para garantia da sua condição humana, eles devem atuar também como sujeitos. Quando são estabelecidas relações de domínio, os homens submetidos a tais relações perdem o caráter humano, constituindo-se como coisa. As relações entre os homens, para serem verdadeiramente humanas, precisam assumir necessariamente um caráter de cooperação (Paro, 1997).

Nem a gerência nem a racionalidade são elementos antagônicos à realização do ato educativo. Ao contrário, ao buscarem a articulação de pessoas e de procedimentos, gerência e racionalização se apresentam como aquelas condições que ajudam a definir o próprio sentido educativo da ação.

Assumindo a perspectiva da construção de uma sociedade de sujeitos, o conhecimento que se tem da natureza da atividade educativa permite afirmar que não se pode prescindir do envolvimento dos alunos no processo ensino-aprendizagem, assim como da participação da família e da comunidade na gestão da escola e dos segmentos organizados da sociedade civil na gestão do sistema de ensino. E a defesa desse envolvimento da família e da comunidade na gestão educativa não pode significar a substituição do Estado na coordenação da elaboração de um projeto educativo coletivo para o conjunto da sociedade e no financiamento da educação. Somente um sistema público de ensino pode garantir a efetivação dos princípios defendidos neste trabalho, na medida em que, além de estatal, o sistema deve ser mantido com *recursos* do poder público, para garantia de que a atividade educativa possa se pautar por princípios e objetivos construídos a partir da perspectiva de classe social na construção da democracia.

Conclusões

No momento histórico atual, em que o neoliberalismo ganhou espaço entre os governos eleitos e seus princípios são assumidos na elaboração das políticas públicas, dentre elas as educacionais, presenciamos um crescente grau de retrocesso nas "noções de bem público e solidariedade", com o enxugamento das funções sociais e políticas do Estado, uma vez que se amplia o "papel político das empresas na regulação da vida social" (Santos, 2000, p.38). Agora, com o recuo dos preceitos neoliberais, temos a adesão de segmentos da esquerda moderna aos pressupostos da Terceira Via, que também estabelece mecanismos de desestruturação do Estado de Bem-estar social e traz consigo um projeto educativo que nega um papel específico aos sistemas formais de ensino público.

Considerando que os teóricos da administração da educação, identificados com a perspectiva do materialismo histórico-dialético, explicitam na prática historicamente instalada na área da administração escolar a adoção das teorias e princípios da administração empresarial na gestão escolar e a necessidade de considerarmos as *especificidades da atividade educativa* para a derivação de *princípios organizativos* coerentes com essa sua natureza de atividade humana (Félix, 1989; Paro, 1996; Silva Jr., 1996), indicamos que a perspectiva da totalidade dialética nos remete à discussão sobre as questões organizacionais do campo educativo, considerando as questões pertinentes à epistemologia desenvolvidas no primeiro capítulo deste trabalho.

A partir da problematização dos princípios subjacentes aos processos participativos desencadeados na construção da política educacional e da gestão das unidades escolares no município de Porto Alegre, apresentamos neste capítulo diferentes elaborações teóricas que revelaram diversas concepções de Estado, as quais se desdobram em distintos pressupostos acerca da natureza do envolvimento da participação da família e da comunidade nas decisões que envolvem questões de natureza pedagógica.

A análise marxiana do modo de produção capitalista indica que esse sistema encerra em sua dinâmica interna duas contradições essenciais, geradoras de crises de superprodução – crises cíclicas, até a segunda metade do século XX, que assumem um caráter estrutural no final desse século e início do XXI –, superadas, em parte, por mecanismos de reestruturação da produção e do trabalho que, por sua vez, encerram novas contradições. O regime democrático constituiu-se historicamente em uma das formas de controle da burguesia sobre a massa de trabalhadores para a manutenção do sistema capitalista, assim como em conquistas políticas arrancadas pelo proletariado, que podem ser direcionadas à criação de condições necessárias à transição rumo ao socialismo. Esse momento depende de condições materiais da existência humana, assim como da ação consciente das classes não detentoras dos meios de produção, a qual requer um direcionamento intencional rumo à constituição de um regime em que todos os indivíduos tenham condições materiais e culturais de participação nas decisões e construção de um sistema, cujo caráter social pressupõe um modo de produção e de distribuição coletivos.

Essas contradições do sistema, no entanto, são repostas por meio das reestruturações produtivas, das quais as teorias administrativas fazem parte. São reelaborados os princípios organizativos com o objetivo de obtenção de níveis crescentes de expansão, produtividade e lucratividade do sistema, para a manutenção de sua lógica de funcionamento. As teorias da administração escolar que historicamente assumem os mesmos princípios da administração empresarial são recolocadas pelas análises da Teoria Sistêmica; todavia, a grande mudança que pudemos constatar ao longo da elaboração deste trabalho foi a explicitação de divergências no campo da esquerda. Alguns dos discursos emancipatórios, com a emergência da chamada Terceira Via, confundem-se com as proposições das agências internacionais como o BID, Bird e a Unesco, que, com o objetivo explícito de manutenção da ordem capitalista, definem pressupostos teóricos para a educação e formas de organização e funcionamento.

Dentre os pressupostos organizativos, vimos que a estratégia de considerar a educação como atividade não exclusivamente estatal ou como de natureza competitiva aproxima-se das elaborações do terceiro setor, que propõe o desenvolvimento da sociedade civil como estratégia de democratização social. Defensora de valores democráticos universais, essa tendência segue a lógica de que o Estado é burocrático e autoritário, razão porque prega o desmantelamento do aparato público na área social. Confrontamos essa perspectiva com a abordagem marxista acerca da democracia de classe, cujo horizonte é a extinção do Estado no momento da superação das classes sociais; no entanto, sob o modo capitalista de produção, esse instrumento de domínio de classes serve também aos interesses dos grupos subalternos, assim como a democracia burguesa não é a democracia das classes trabalhadores, e sua suspensão seria prejudicial para a capacidade de articulação destes grupos. Também a redução do papel do Estado burguês, em plena vigência do capitalismo, especialmente como agente financiador das políticas públicas, representa um montante maior de dificuldades para as classes marginalizadas de acesso aos bens culturais e ao conhecimento necessário ao seu processo de conquista da emancipação.

No caso da educação e, mais especificamente, da participação dos pais na gestão escolar, buscamos analisar e compreender os pressupostos e argumentos de diferentes perspectivas, concluindo que as abordagens que assumem a universalidade da democracia tendem a apostar nas mudanças negociadas em razão de, ao considerar os aspectos culturais das relações sociais que certamente influenciam a dinâmica do real, deixarem de dar o devido peso às relações de trabalho e aos condicionamentos socioeconômicos, como pudemos observar no enfoque multidimensional de Sander. Um dos desdobramentos dessas posturas, particularmente interessante para a área da administração escolar, é o questionamento do poder do Estado, como elemento de autoritarismo, quando da defesa da flexibilização curricular com a elaboração dos projetos pela escola, e do questionamento do poder dos professores na definição dos conteúdos curriculares e da metodologia de ensino, quando da defesa da participação dos pais e dos alunos na definição do currículo. Questionamos se esse raciocínio, levado ao extremo, não acabaria em questionamento, por exemplo, do poder dos pais de decidir que tipo de alimentação devem proporcionar aos seus filhos, por consistir em autoritarismo diante desses?

Em relação a esse aspecto, encontramos na análise de Chauí (2000) uma contribuição relevante no questionamento da racionalidade capitalista aplicada às organizações, que investe os profissionais de um poder calcado na posição que assumem na hierarquia burocrática. O questionamento dessas relações de poder não podem resultar, no caso da educação, em negação de um saber pedagógico social e historicamente desenvolvido pelas instituições de ensino cujos profissionais estão em constante processo de transmissão, criação e recriação.

3
A REFORMA DO SISTEMA MUNICIPAL DE EDUCAÇÃO EM PORTO ALEGRE

Criado em 23 de agosto de 1808, Porto Alegre é um dos quatro municípios iniciais e a capital do Estado do Rio Grande do Sul. Em levantamento de 2002, contava com uma população de 1.383.356 habitantes, vivendo em uma área de 496,8 km², portanto com uma densidade demográfica de 2.784,4 hab/km², e uma taxa de urbanização de 97,3%. Dados sociais de 2000 apontaram uma taxa de analfabetismo de 3,45% e uma expectativa de vida de 71,59 anos. Informações econômicas de 2001 registraram um PIB de R$ 10.164.445.391,00, equivalendo a um PIB *per capita* de R$ 7.413,00. No ano de 2000, o Índice de Desenvolvimento Socioeconômico (Idese) foi 0,812 (Rio Grande do Sul, 2004).

Quanto aos números da educação, atualizados em 2002 (Porto Alegre, 2004), o município mantém 33 unidades escolares na Educação Infantil, sete estabelecimentos chamados "Jardins de Praça" e 124 Creches Comunitárias Conveniadas; no Ensino Fundamental, são 52 o total de escolas, dentre as quais quatro de Educação Especial, 36 com Educação de Jovens e Adultos (Seja) e dezessete com Salas de Integração e Recursos (SIR). A capital gaúcha também atua no Ensino Médio: são 117 turmas do Movimento de Alfabetização (Mova), em duas escolas. Quanto ao elemento humano, são 3.808 professores atendendo 13.654 alunos em Educação Infantil (5.304 em Escolas

Municipais e Jardins de Praça e 8.350 em Creches Comunitárias), 49.328 na Educação Fundamental (460 em Escolas Municipais de Educação Especial, 8.301 no Seja e 1.652 no Mova) e 1.652 alunos na Educação Média.[1]

Porto Alegre foi administrada pelo Partido dos Trabalhadores (PT) entre 1989 a 2004, com quatro gestões à frente da prefeitura. Pudemos constatar que a existência de diferentes tendências dentro do Partido influenciou em diferentes momentos as características dos projetos implementados na Secretaria da Educação.

Na formação desse partido foi definido o direito à formação das "tendências" – organização de grupos que defendem diferentes concepções sociofilosóficas e estratégias de organização e intervenção político-partidária. O Partido dos Trabalhadores foi fundado no Brasil em 1979, essencialmente com a participação de sindicalistas e a defesa do socialismo democrático como forma de organização sociopolítica e econômica. "Um dado que permite mensurar o peso

---

1 Realizamos nossas investigações em duas escolas da rede municipal. Como todas as outras, são localizadas em bairros distantes da região central e atendem populações de baixo poder aquisitivo. A que denominamos escola "X" tem dezessete salas de aula, duas de educação infantil, três para laboratórios (informática, ciências e aprendizagem), sala de artes, multimeios e brinquedoteca, biblioteca, refeitório, cozinha, uma quadra poliesportiva e duas de vôlei cobertas. Possui 950 alunos matriculados, 72 professores, oito funcionários de serviços gerais e oito de nutrição, direção, vice-direção, coordenação pedagógica e orientação educacional, serviço de secretaria, biblioteca e laboratórios de aprendizagem, informática e coordenação de turno. Está localizada em um bairro de classe média baixa com residências de pequeno porte em alvenaria, com boa infra-estrutura de asfalto e fácil acesso por meio de transporte coletivo. Essa unidade optou pela organização por ciclos de formação, aderindo voluntariamente à proposta da SMED desde 1997. A escola denominada "Y" possui 22 salas de aula, uma de vídeo, uma de dança, um laboratório de informática, outro de aprendizagem, refeitório, cozinha e salas para a administração; possui um pátio grande, espaço para horta, "pracinha para educação infantil" e duas canchas de esportes descobertas. Conta com 44 turmas de alunos, num total de 1.200 crianças. Essa unidade nunca se organizou por séries, pois surgiu em uma região de assentamento para o atendimento a crianças em situação de risco; as moradias são pequenas e as construções não são planejadas, além do que, as infra-estruturas de esgoto e asfalto são precárias e o local é de difícil acesso para o transporte coletivo.

real deste setor é a composição da direção nacional: a primeira Comissão Nacional Provisória, de 1979, era composta por doze dirigentes sindicais, num total de 16 membros. Entre 1979 e 1981, este setor sempre foi majoritário na composição da direção" (Silva, A., 1998, p.63). Na Convenção Nacional realizada em Brasília em setembro de 1981, evento realizado na obtenção do registro definitivo do partido, o Presidente Nacional do PT, Luiz Inácio Lula da Silva, discursa afirmando uma organização partidária socialista. Os princípios da democracia interna, com respeito às manifestações da minoria e à constituição de fração e tendências, havia sido reafirmada na Carta de Princípios e Plataformas Políticas de abril de 1979 (ibidem).

Em seu processo de consolidação e ampliação, ganhando eleições em municípios e Estados de todo o país, a *tendência majoritária* do partido foi alterando suas concepções e operando uma aproximação gradativa com a direita, a ponto de, em 2003, ocupar postos na presidência da República e comandar o governo Lula, constituindo-se, pois, na elite do sindicalismo brasileiro. Essa "nova classe social" – com os interesses específicos da boa gestão financeira – é composta por sindicalistas, gestores dos fundos estatais e institucionais que constituem as principais fontes de recursos para investimentos no país (Banco Nacional de Desenvolvimento Econômico e Social (BNDES) e os fundos de pensão das empresas estatais) (Oliveira, 2003). O PT "vem historicamente de três forças, uma das quais foi o sindicalismo, a outra foram bases da igreja e a terceira os deserdados da esquerda [...] Ora, a esquerda vinda da Igreja está grandemente liquidada [...] a fração sindicalista ganhou predominância dentro do PT e fundiu-se com a fração chamada de origem política propriamente dita" (ibidem, p.A10).

Essa organização partidária ambivalente e as mudanças de posições da tendência hegemônica do partido são refletidas nas propostas educativas postas em curso por suas administrações municipais, como é o caso de Porto Alegre. Em 2001, assumem os cargos diretivos da Secretaria Municipal de Educação de Porto Alegre (SMED) educadores ligados às tendências Movimento de Construção Socialista (MCS), Rede e PT Amplo, em substituição à equipe anterior, ligada mais à tendência Democracia Socialista (DS). Nesse momento, os projetos implementados sofrem alterações significativas, que são foco de atenção neste trabalho.[2]

Já no primeiro mandato do partido no município é implementado o orçamento participativo (OP), considerado um dos "instrumentos de democratização e desprivatização do Estado na esfera municipal" (Azevedo, 2000, p.59). O projeto Escola Cidadã foi construído e implementado a partir de 1993, constituindo-se na principal articulação do projeto educacional no município com as propostas políticas do Partido dos Trabalhadores, e entre 2001 e 2002 é implementado o projeto Cidade Educadora.

No processo de discussão e implementação da Escola Cidadã, as questões educacionais foram abordadas a partir do conceito de democratização do Estado, com a perspectiva de "criar na educação uma esfera pública não estatal que possibilitasse à cidade discutir e influenciar a construção da política pública para a educação", por meio da criação de mecanismos de participação (ibidem, p.62).

São indicados três níveis de ampliação dos processos de democratização: acesso, gestão e conhecimento. No tocante à gestão, estão previstas ações que visem à democratização das relações da escola com a SMED. A organização vertical da Secretaria é substituída por uma estrutura horizontal, permitindo que medidas descentralizadas sejam orientadas por políticas gerais, assegurando a unidade dos encaminhamentos. São criados a Supervisão de Educação e os Núcleos de Ação Interdisciplinar (NAI): a primeira é implementada na tentativa de submeter as decisões administrativas ao critério pedagógico; já a segunda esfera (NAI) tem por objetivo o estabelecimento de relações diretas entre a Secretaria, as escolas e a comunidade, além do assessoramento técnico e político aos diferentes segmentos escolares. Outras medidas fundamentais

---

[2] Indicamos neste ponto a necessidade de estudos que aprofundem as relações entre os princípios políticos – concepções de sociedade, Estado e educação, das tendências do partido que conseguem hegemonia na condução da SMED, com as medidas que são desencadeadas na educação.

para a implementação da democratização da gestão são a criação de mecanismos institucionais de participação: o Conselho Municipal de Educação, os Conselhos Escolares, a eleição direta e uninominal para diretor e vice, a Constituinte Escolar e a criação do Sistema Municipal de Educação (ibidem, p.72-5).

Abordaremos as questões específicas sobre a teoria do conhecimento e a gestão educacional na experiência implementada no município de Porto Alegre entre 1993 e 2002, a partir de dois problemas inter-relacionados. Primeiro, analisando como se articulam diferentes concepções acerca do conhecimento humano no interior de um mesmo projeto, o Escola Cidadã: indicamos a convivência de proposições questionadoras do saber escolar – em razão de seu caráter de classe social, sem a devida consideração da sua dimensão histórico-social – com a proposta de reestruturação curricular por complexos temáticos – baseados em uma concepção dialética do conhecimento, reconhecendo, no processo de constituição de conceitos, momentos de elaborações já consolidadas socialmente, as quais são reformuladas em função das circunstâncias atuais. Segundo, analisando como – com a implementação do projeto Cidade Educadora, em que ocorre uma radicalização dos pressupostos pós-modernos – é defendida a proposta de autonomia pedagógica das escolas, negada a pertinência de um projeto político-pedagógico para a rede municipal de educação, e como se alteram as concepções acerca do papel do Estado na elaboração e execução dessa proposta educativa.

Essa análise tem como ponto de partida os problemas apontados pelos coordenadores da SMED, profissionais que atuam nas escolas e pais de alunos da rede municipal no processo de implementação do projeto Escola Cidadã, desde 1993, e nas alterações implementadas na proposta com a mudança do grupo que assume a SMED e desenvolve o projeto Cidade Educadora entre 2001 e 2002, no momento em que os dados foram coletados. Nos anos de 2003 e 2004 o projeto Escola Cidadã é retomado, porém não abordaremos esse período, impossibilitados pela concomitância com a fase de análise das informações obtidas e de redação deste texto.

Os princípios teóricos do projeto Escola Cidadã

No projeto Escola Cidadã, que apresenta como intento principal o processo de desprivatização do Estado na esfera educacional, desenvolvem-se mecanismos para a democratização da escola tanto no âmbito do acesso como no da gestão e do conhecimento[3] (ibidem).

No âmbito da democratização do conhecimento, são elaboradas críticas à forma de organização empresarial do trabalho na escola, que incidem sobre o modelo de produção calcado nos princípios do taylorismo-fordismo, que "reduziu e confundiu o conhecimento com conteúdos", constituindo-se "fins em si mesmo" como transmissão de saberes já elaborados sob a forma de repetição. Ou seja, na proposta da Escola Cidadã, a crítica sobre os conteúdos tratados pela escola incide sobre o caráter pronto e acabado do conhecimento e sobre a forma de tratamento desses saberes: como mera transmissão. Parte-se de uma crítica à concepção de conhecimento, que se desdobra na relação existente entre os fundamentos metodológicos das atividades de ensino e as formas organizacionais da escola.

Durante a primeira gestão da Administração Popular, a proposta pedagógica defendida e implementada pautou-se pela primazia das teorias do conhecimento, assumindo uma perspectiva construtivista. No entanto, apesar da expressão nacional e internacional dos referenciais da experiência,[4] instala-se uma tensão teórica no interior da SMED, em razão de segmentos de educadores do partido assumirem elementos da "Teoria Curricular Crítica", que desenvolve um referencial teórico embasado predominantemente nas áreas da sociologia, da filosofia, da história e da política. "O construtivismo passa a ter um embate interno na teoria e um questionamento sobre

---

3 Consideramos neste trabalho as medidas de democratização da gestão e do conhecimento (tratadas neste capítulo); dados acerca do processo de democratização do acesso podem ser encontrados em Azevedo (2000).

4 A professora Ester Pilar Grossi assume a Secretaria da Educação do Município de Porto Alegre na primeira gestão da Administração Popular, exatamente pela condução do Grupo de Estudos sobre Educação, Metodologia de Pesquisa-Ação (Geempa), uma perspectiva construtivista.

seu caráter limitado para dar conta das dimensões sociais e culturais do ato pedagógico" (Frigotto, 1999, p.23).

Já na segunda gestão da Administração Popular (1993-1996), portanto, opera-se uma mudança significativa na perspectiva político-pedagógica cuja ênfase recai sobre a gestão democrática e a educação popular, a partir do que se estabelece a concepção "de um processo pedagógico que se constrói dentro dos saberes populares e da cultura popular". A adoção desses princípios desencadeou medidas que visavam à elaboração de um projeto coletivo para a rede municipal, debatido em um Congresso Constituinte, com a participação de delegados de todas as escolas da Rede e de representantes da SMED, sendo elaborado o projeto Escola Cidadã. Nesse evento foram elaborados princípios que se constituíram em parâmetros para a construção de Regimentos Escolares para a construção de "relações democráticas na organização da escola e para a reorganização curricular baseada na interdisciplinaridade; além desta, a educação popular seria um dos eixos desta reestruturação, aceitando porém contribuições de outros campos [...] inclusive a incorporação de alguns elementos do pós-modernismo" (ibidem, p.27).

A partir da segunda gestão da Administração Popular, A SMED organizou eventos que "podem ser considerados como uma proposta curricular [a exemplo da] formação continuada de professores da rede municipal de ensino", uma vez que a escolha dos temas e palestrantes teve como critério a consonância desses com a concepção de democracia participativa do grupo gestor. Já no primeiro Seminário Internacional promovido pela SMED, nessa segunda gestão, surgem temas – violência, gênero, subjetividade – que vêm sendo incluídos nos estudos curriculares a partir da assunção da perspectiva pós-moderna. Essa tendência ocorre em razão da parceria com a Faculdade de Educação da Universidade Federal do Rio Grande do Sul (UFRGS), mais precisamente "com uma linha de pesquisa representada pelo professor Tomás Tadeu da Silva [...] que tem dado um espaço considerável às questões colocadas pelo pós-modernismo" e que favorece os contatos e convites para palestrantes que abordam o currículo para "além das questões epistemológicas [...] Essas novas categorias e discursos correspondem a um dos elementos da proposta de Porto Alegre", uma vez que a reformulação curricular foi construída por uma Administração Popular que defende preceitos modernos hoje negados pelo pós-modernismo (ibidem, p.127-8).

Um dos aspectos do projeto Escola Cidadã que destacamos é a busca do desvelamento do caráter condicionado do conhecimento, por constituir-se, na proposição da comunidade escolar, no ponto de partida das atividades desenvolvidas na escola. Para tanto, elabora-se uma proposta de reestruturação curricular com vistas a superar os fatores de exclusão cujo princípio básico é o estabelecimento de um conjunto de ações voltadas para um estreitamento das relações da escola com a comunidade. Defende-se sistematicamente a dimensão pedagógica das práticas democráticas. No discurso dos responsáveis pela elaboração da proposta, a dimensão política da democratização da escola constitui-se no exercício da cidadania e o aprendizado das práticas democráticas, ao passo que a dimensão pedagógica se expressa nas concepções de conhecimento e currículo vinculadas a um projeto de sociedade considerado progressista. "Todas as concepções de educação que se situam no campo progressista partem da realidade, construindo e reconstruindo o conhecimento a partir dos saberes do educando". E mais, o trabalho a partir da realidade exige sua investigação, assim como a criação e consolidação de canais de expressão da comunidade no cotidiano das escolas (Azevedo, 2000, p.88).[5]

No processo de implementação da proposta, assumem-se como preocupações centrais os desdobramentos didático-pedagógicos da proposta da Escola Cidadã, a qual visa à construção de uma pedagogia social voltada para a consolidação de uma nova qualidade do ensino em que o conhecimento se constrói coletivamente.

---

5 No primeiro capítulo deste trabalho, questionamos um aparente consenso em torno das pedagogias emancipatórias acerca da afirmação da realidade dos educandos como ponto de partida do processo pedagógico, e analisamos diferentes concepções da constituição do real: para os educadores que assumem a perspectiva do materialismo histórico-dialético, a realidade constitui-se em um processo histórico-social, portanto com um caráter de objetividade, enquanto que as perspectivas fenomenológicas, hermenêuticas, dão ênfase aos aspectos subjetivos das experiências cotidianas.

Estamos desencadeando uma profunda reforma curricular em nossas escolas, transformando a escola numa esfera pública de discussão, construindo o conhecimento no processo de planejamento participativo, onde o currículo se desenvolve no contexto do conjunto de atividades, relações e inter-relações internas e externas da escola. (Vares, 1994, p.5)

O planejamento curricular assume uma perspectiva participacionista, que parte da crítica à falta de conexão dos conteúdos oferecidos pela escola com a realidade vivenciada pelos alunos, e também à indiferença à bagagem cultural das classes dominadas, o que justificaria a necessidade de uma concepção do caráter provisório do conhecimento, ressaltando seu caráter de permanente construção e reconstrução. "Uma organização curricular para uma escola cidadã deve se preocupar com a qualidade dos conhecimentos que oferece, visando ajudar os alunos a se apropriarem solidamente dos métodos científicos fundamentais, para que compreendam o que se passa no mundo e as possibilidades de ação e transformação nesta realidade" (Freitas, 1994, p.58). Ou seja, pelo raciocínio desenvolvido no bojo das elaborações teóricas que respaldam as decisões acerca das concepções e estruturações curriculares da Escola Cidadã, parte-se de um questionamento dos conteúdos tradicionalmente tratados pelas diversas disciplinas científicas, para uma ênfase ao método de construção dos conhecimentos. Questionam-se sobretudo as condições sob as quais os professores tentam, individualmente, "vestindo sua armadura de especialista e dono da área do conhecimento" (ibidem, p.58), superar os procedimentos de cópia dos planejamentos dos anos anteriores sem uma reflexão coletiva sobre o caráter político dos conteúdos tratados pela escola.

Desencadeia-se um processo de alterações profundas na organização do sistema de ensino e das unidades escolares[6] e na reestruturação curricular. A divisão por séries foi substituída pela organização dos

---

6   Na reorganização do sistema municipal, a cidade é subdividida em regiões (mesmo critério do orçamento participativo), com subprefeituras; são criados os NAI – assessorias para realizar a mediação entre a Secretaria, os Conselhos Escolares e as direções das escolas. As unidades escolares passam a ter como órgão máximo de gestão os Conselhos Escolares e a realizar a eleição de diretores, orientadores e supervisores.

tempos escolares em Ciclos de Formação: o critério para a distribuição dos alunos passa a ser o da faixa etária, com base nos princípios da psicogênese.[7] As características do desenvolvimento das crianças e adolescentes, especialmente "o universo cultural que os identifica como sujeitos que pertencem a determinados grupos", passam a pautar a seleção dos conhecimentos que serão trabalhados em cada ciclo. O pressuposto da reestruturação curricular empreendida passa a ser

> o compromisso de crescimento e formação dessas crianças universalizadas em termos de características de desenvolvimento e possibilidades de aprendizagem, e singularizadas em termos do seu universo cultural. Por outro lado, o compromisso assumido de contribuição fundamental da escola no processo de construção de uma cidadania participativa através de um diálogo produtivo entre o saber sistematizado e o saber do aluno [...] provocou a necessidade de explicitação de um caminho metodológico que permitisse a concretização dessa concepção. (Frigotto, 1999, p.144)

Entendemos que a assunção dos pressupostos de que a escola deve considerar as crianças universalizadas quanto às suas características de desenvolvimento e possibilidades de aprendizagem, e singularizadas quanto aos elementos de sua cultura, conforme a citação anterior, indica aqui, neste ponto, o elemento que pode desdobrar-se nas posições que negam a possibilidade de trabalho com conhecimentos já sistematizados na figura dos conteúdos, como veremos nas falas dos profissionais da rede municipal de educação, nos próximos parágrafos. Por sua vez, a explicitação do *complexo temático* como proposta de trabalho, justificado a partir da intenção do estabelecimento de um diálogo entre o saber sistematizado e a cultura do aluno, revela a valorização do conhecimento social.

Torna-se pertinente analisar as fontes definidas para a elaboração do processo de reestruturação curricular calcado na realização da pesquisa socioantropológica e na organização dos complexos temáticos: filosófica, socioantropológica, epistemológica e sociopsicopedagógica.

---

7   São organizados três ciclos, com três anos cada; aos seis anos, a criança ingressa na etapa inicial do primeiro ciclo e conclui a última do terceiro com quatorze anos.

"A *fonte sócio-antropológica* pressupõe que a realidade sócio-cultural dos grupos humanos se constitui de conceitos, idéias, significados, conhecimentos, que articulam e organizam as construções em nível social e individual e facilitam a construção coletiva das representações culturais" (Medeiros, 1998, p.12). A abordagem dessa fonte do currículo ressalta a prática social como a origem de todo conhecimento – portanto, a escola é concebida como espaço de ressignificação da prática social, por meio da relação dessa prática com o conhecimento sistematizado. A partir daí se esclarece que a fonte socioantropológica do currículo não se restringe à pesquisa realizada para a elaboração do complexo temático, mas também abrange a discussão teórico-metodológica e as concepções de conhecimento e de ciência que tomam a realidade como ponto de partida para o processo de produção de novos significados. Define-se pela abordagem do conhecimento humano como produto histórico-social, o qual, ao mesmo tempo que se relaciona com o coletivo, também se vincula a interesses de grupos determinados que detêm o poder em certos momentos históricos. Logo, o conhecimento humano pode servir de instrumento de dominação social, assim como de emancipação (ibidem, p.12).

A *fonte epistemológica* do currículo aborda as questões relativas ao conhecimento humano, portanto enfrenta as questões dos conteúdos escolares. A proposta de Ciclos de Formação explicita que "o conhecimento traduzido como conteúdo na escola seriada, não tem mais um papel preponderante, e isso não significa em nenhum momento, que perca sua importância [...] tem importância igual junto às outras fontes, onde aparecem também os conhecimentos e a cultura que os alunos já trazem consigo". A construção de conceitos que estejam "intrínsecos em cada conteúdo" torna-se o elemento central da proposta. Dessa maneira, a interdisciplinaridade, como forma de estabelecer as conexões entre as diversas áreas do conhecimento, é assumida como possibilidade de identificação desses conceitos que interligam esses diferentes conteúdos. Esses conceitos são compreendidos como meios de levar os sujeitos a captarem a lógica interna do objeto, aqui concebido como fenômeno da prática social. A teoria vygotskiana é então assumida para a defesa de que a construção das teorias científicas depende do desenvolvimento de conceitos espontâneos cuja construção efetiva-se mediante os processos de generalização pelo sujeito cognoscente.[8] Na explicitação da fonte epistemológica do currículo, o educador é apresentado como mediador entre o sujeito do conhecimento e o objeto, e o conteúdo escolar assume um papel importante entre as etapas da construção do Complexo Temático, quando relacionado com o ponto de partida do processo pedagógico: a pesquisa socioantropológica (Costa, 1998, p.15).

Na explicitação do caráter progressista do projeto político-pedagógico do município, e em razão desse, adota-se "o conhecimento interacionista do desenvolvimento cognitivo" como *fonte sócio-psicopedagógica*, buscado em Vygotski, Pistrak, Wallon, Snyders e Piaget. Destaca-se deste último o conceito de autonomia moral e intelectual, mediante a implementação de sanções por reciprocidade (Tito, 1998, p.24). E por último, a explicitação da *fonte filosófica*, na qual são mencionados estudos da obra de Paulo Freire, de Danilo Gandin e Alícia Fernandez, sem que tenham sido tratados as concepções e os princípios fundamentais dessa fonte (ibidem).

Nas entrevistas[9] realizadas com os professores, supervisores e diretores, esses não fizeram referências à dimensão epistemológica da proposta curricular, centrando suas falas acerca das experiências com a pesquisa socioantropológica aos aspectos imediatos da realidade conhecida. Percebe-se, pela fala das professoras, que a experiência de realização de conhecimento da comunidade permitiu a percepção da necessidade desse conhecimento. Aparece a seguinte constatação:

---

8   Vimos anteriormente como os teóricos que assumem a perspectiva do materialismo histórico-dialético dão ênfase à aquisição de conteúdos, utilizando esses mesmos conceitos de Vygotski (cotidianos e científicos). Ao argumentarem que a aprendizagem promove o desenvolvimento, os pensadores da pedagogia histórico-crítica defendem que o papel da escola constitui-se na apropriação dos conceitos científicos, como parte do processo de desenvolvimento cognitivo da criança.

9   Padronizamos as seguintes abreviaturas para fazer referência aos depoimentos obtidos nas entrevistas: nas escolas "X" ou "Y", respectivamente, "PX" ou "PY" (professor), "SX" ou "SY" (supervisor), "DX" ou "DY" (diretor) e "RPX" ou "RPY" (representante dos pais); na SMED, "CPS" (coordenador pedagógico) e "SM" (secretário municipal de educação); e na sede do projeto Cidades Educadoras de Barcelona, "CPP" (coordenador pedagógico).

ah, eu acho que se iniciou uma caminhada para um entendimento que a linguagem é diferente, que o mundo é diferente [...] para eles é uma coisa comum, o pai que se separar da mãe e casar-se com a irmã, e viver com a outra irmã. É outra lógica de funcionamento. Como a vida destes alunos é diferente da nossa! (PY)

Ou seja, os professores puderam verificar como as condições de existência das famílias geram a aceitação de valores muitas vezes rechaçados e ignorados na escola. Todavia, o aspecto pedagógico não aparece nessas manifestações dos professores entrevistados. A fala seguinte demonstra que este trabalho ainda não está plenamente realizado, mas que se constitui um processo iniciado, que suscitou mais questionamentos e necessidade de aprimoramentos do que respostas: "a gente está tentando colocar em prática como é que a gente vai fazer para atingir esses alunos verdadeiramente" (PY).

a gente ainda não sabe como vai entrar nessa realidade e trabalhar com isso. A gente chegou à conclusão de que não temos que tentar mudar a forma de pensar deles, mas de poder comunicar com eles. Porque o que acontece é isso, se estamos em sala de aula falando uma coisa, cobrando uma coisa que eles não têm nem idéia, o que para eles não funciona dessa forma. Quando a gente saía para a comunidade é que se vê que aquilo que achamos que é sujo, para eles não é. Eu me lembro inclusive, que fui a uma casa e a senhora estava varrendo e eu assim pensava: o que adianta varrer com esse monte de lixo em volta? E ela dizia: hoje a minha casa está bem limpinha. Mas o conceito dela era completamente outro, e aí chega na escola e eu quero cobrar higiene das crianças. (PY)

Nessa fala e na de uma outra professora entrevistada, percebe-se que elas concebem como avanço, em razão da pesquisa, a revisão do nível de exigência que alguns professores tinham com algumas famílias. Ao vivenciarem a realidade da carência material, esses profissionais puderam verificar o grau de incompatibilidade das expectativas que possuíam com as possibilidades de vida dos alunos.

o que mais valeu para muita gente, foi muita gente que diz, porque não estuda? Essa mãe não se esforça porque não vai a reunião. E as pessoas entrarem naqueles casebres de chão batido, feito de tapume de obra [...] Muita gente mudou a sua prática, muita gente que era muito radical mudou, e muita gente que não tinha noção do que era isso que só falava da boca pra fora: – É, a gente trabalha com uma comunidade carente! Muita gente viu por que que aquela criança vem fedendo a sujeira. Olha a condição daquela vida, olha o sofrimento daquelas famílias. E as famílias nos receberam assim, de tirar o café, fazer o café pra gente, a gente sabia que ia faltar, e às vezes a gente não tinha coragem de tomar por causa da higiene, mas tomava. Então eu acho que a pesquisa fez isso, foi fundamental. Então hoje, quando tu falas em pesquisa, as pessoas não querem. (PX)

Esse depoimento aponta como ponto positivo da realização da pesquisa o reconhecimento das dificuldades de existência dos alunos, sem que possibilidades de avanços, ou mesmo de dificuldades no trabalho pedagógico tenham sido apontados. Indicamos uma contradição nesse raciocínio: se, de um lado, essa consciência da precariedade das condições materiais dos alunos pode desencadear a adoção de medidas de adequação da organização escolar às necessidades e possibilidades dos educandos, e reverter em permanência desses na escola, na busca da garantia da aprendizagem; de outro, essa mesma consciência pode também rebaixar o nível de expectativa dos professores em relação às possibilidades de desenvolvimento do trabalho pedagógico.

É interessante também analisarmos como que, imediatamente à avaliação da positividade da experiência, a fala apresenta a recusa de continuidade do trabalho de pesquisa. Entre as justificativas para o abandono aparecem as dificuldades de alteração de uma prática já consolidada. As possibilidades de reaproveitamento dos dados de uma única pesquisa para os anos seguintes foram utilizadas como uma espécie de desculpa para um abandono posterior.

A gente tinha uma prática de muito tempo de um jeito, e aí, estava no outro ano e se resolveu, bom não vamos fazer a pesquisa. É tão farto esse material que a gente pode reaproveitar e foi se reaproveitando e foi se reaproveitando, e hoje em dia, quando se fala em fazer, a maioria diz: ah não tudo aquilo de novo? Não. Porque, claro, foi feito em março um calorão danado! Tem gente que não quer. (PX)

Os professores da escola X, em sua maioria, conforme relato dessa professora, se negam a realizar novamente a pesquisa junto à comunidade. Entendemos que, em um trabalho de aprofundamento da compreensão dessa experiência, seria importante a análise dos fatores que desencadearam tal recusa.

Quanto ao complexo temático, identificamos dois problemas, correlacionados. O primeiro refere-se às dificuldades de utilização em sala de aula do esquema dos conceitos montados; o segundo, à percepção desencadeada de que não se poderia seguir com os conteúdos tradicionalmente trabalhados pela escola. Esses dois elementos servem atualmente de justificativas para a adoção da proposta de "trabalho com projetos", presente no projeto Cidades Educadoras.

Nas duas escolas pesquisadas, os profissionais apontam o mesmo problema da impossibilidade de atuar em sala de aula a partir do complexo temático:

> a gente tinha realmente feito todo o complexo temático, tudo ali lindo, as questões, a problematização, tudo isso os objetivos, só que não acontecia na prática, o que eu tô te falando é de prática em sala de aula. (PY)
>
> Então foi muito bom nessa época porque se viu a nossa realidade mesmo, de chegar lá, entrar na casa, sentar e conversar, ouvir. Do levantamento que se viu, retiramos as falas mais significativas para montar o nosso complexo temático. A partir desse complexo temático nós partimos então para o trabalho em sala de aula. Só que fazíamos uma avaliação crítica, a gente tem feito isto com o passar do tempo. A gente viu que, bom esse complexo foi enorme, é, ficou realmente lindo, maravilhoso, uma figura fantástica. Só que, ele ficou muito amplo e, aí a dificuldade foi descer até o miudinho da sala de aula para trabalhar com complexos temáticos. Ficou lá na parede, no mural, ele ficou muito distante e nós não conseguimos trazer o complexo temático para dentro da sala de aula. (SX)

Essa dificuldade de montar um planejamento em sala de aula a partir do complexo temático pode estar relacionada a uma certa compreensão inicial dos profissionais escolares de que, uma vez "cicladas", as escolas não poderiam abordar os conteúdos que tradicionalmente correspondiam às séries determinadas. Isso fica mais evidente na escola que trabalha com a comunidade menos favorecida economicamente.

Estou contando para ela do Cleber, que disse assim: pô professora botaram ordem no colégio! Aí ele completou assim: agora só falta deixar mais forte a escola, dá mais conteúdo, mais forte. Tu vês? Concordo, não com a questão dos conteúdos, mas com a questão da aprendizagem. Se houve um período, e isso não é só na nossa escola, mas também em outras, não se sabe muito bem em que período, qual foi a causa, que de uma certa forma, se disse assim: nós éramos seriados, aí nós viramos a página e estamos ciclados. Aí alguém criou na cabeça que não deveria mais se ensinar nada pros alunos, não é não se ensinar nada mais de conteúdo. (SY)

Mesmo a escola que nunca teve uma organização seriada, por constituir-se inicialmente num projeto que atendia as crianças da comunidade em situação de risco, para só posteriormente organizar-se como unidade escolar, os professores dos ciclos iniciais não tiveram a preocupação com a transmissão de determinado *corpus* de conhecimento. Nem por isso essa postura evitou que houvesse um conflito posterior, dada a constatação da não-aquisição dos conteúdos referentes às séries correspondentes.

O professor do 3° ciclo se baseava, espera aí, eu tô na 7,' eu tô na 8', qual o conteúdo? E daí se horrorizava quando via que eles não conseguiam, não tinham construído nada. Em Geografia, História, o pessoal da C10 não tinham visto nada do que deveriam ter visto se eles estivessem na 6' série, daí que a gente começou a ver que não, a gente não consegue como grupo se organizar. Eu não posso falar dos outros planejamentos, mas eu vejo muito isso, vamos pipocando daqui, conversando dali. Eu vejo isso, as pessoas começam a trabalhar porque é interessante. Ah vamos ver a "fita dos monstros" e daí toda a escola, todo o 1° ciclo está trabalhando "os monstros", porque uma colega comprou a fita dos monstros e daí trouxe a fita dos monstros. Tu entende? E os projetos e a pesquisa que a gente fez na comunidade, e tudo isso onde é que foi parar? É isso que eu te digo, no papel as coisas até que tem andado bem, mas na prática não. (PY)

Vimos anteriormente, nos princípios defendidos teoricamente como as fontes da proposta de reorganização curricular, a presença de elementos de valorização do conhecimento social. Analisaremos agora se as orientações para a elaboração dos complexos temáticos abrem brechas para a compreensão, demonstrada nas falas apresentadas, de que não se poderia trabalhar com conteúdos. Identificamos, no bojo da proposta da Escola Cidadã – adoção dos ciclos de formação e da reestruturação curricular –, a recusa da escolha e seleção de conteúdos que desenvolvessem uma postura crítica nos alunos; mas, notamos a aceitação de uma organização curricular que envolvesse "todos os segmentos escolares num processo de formação constante e coletiva", o que se resolveu pela elaboração de uma proposta em que os complexos temáticos fossem elaborados pelo coletivo da escola (Frigotto, 1999, p.149).

Essa definição coletiva de complexos temáticos teria, porém, de respeitar alguns conceitos e passos na sua estruturação, nomeadamente:

> o campo conceitual e os princípios das áreas [...] O conceito constitui-se a representação sistematizada de determinados fenômenos que propiciam uma compreensão situada e datada da realidade [...] Os princípios buscam as conexões entre os saberes culturais organizados dentro de uma área de conhecimento e os propósitos educacionais [...] (ibidem, p.154-5)

Examinando o chamado "decálogo" para a elaboração do complexo temático,[10] percebe-se que foram contempladas, nos seus diversos momentos, as necessidades de cada área do conhecimento de sistematizar e selecionar os conteúdos para tratamento dos conceitos e princípios presentes no complexo. Observamos, já na segunda etapa do trabalho de definição do complexo temático, a presença da recomendação de "uma discussão preliminar do conteúdo possível diante daquele tema"; também na terceira fase, aparece a expectativa da "possibilidade do complexo ser compreendido pelas diversas áreas do conhecimento, gerando conteúdos que viabilizem uma leitura crítica da realidade", e assim por diante. Em virtude do exposto, concluímos que a definição de conteúdos e informações capazes de possibilitar a elaboração de conceitos faz-se presente em quase todas as etapas de construção do complexo.

---

10 O *Caderno Pedagógico* n.9, publicado pela SMED, apresenta dez passos para a elaboração do complexo temático pelas escolas. Esse decálogo foi sintetizado por Frigottto (1999, p.156).

Entendemos que os fundamentos da proposta de organização de complexos temáticos do projeto Escola Cidadã estão em consonância com o processo de elaboração do conhecimento humano que encontramos em Prado Jr. (1969), apresentado anteriormente Neste trabalho. A própria definição de conhecimento já indica o papel da *conceituação* no processo de constituição dos saberes. Dadas as limitações da experimentação humana, que capta partes isoladas do universo existencial, a função pensante representa mentalmente essas partes restabelecendo sua unidade, constituindo conceituações, que são a "tradução mental de um *conjunto*" (Prado Jr., 1969, p.624) e constituem o ponto de partida do processo de conhecimento.

Entendemos que o que se propõe é trabalhar os conteúdos não como fim em si mesmos, em razão da compreensão e reelaboração dos conceitos já consolidados socialmente. A pesquisa socioantropológica foi proposta como momento inicial de identificação dos temas que permitem o reconhecimento, a utilização e a reelaboração desses conceitos. Contudo, no processo de implementação, o conhecimento da realidade ficou caracterizado mais como uma oportunidade de consciência das mazelas da existência imediata dos alunos, sem que se tenha conseguido que o complexo temático fosse relacionado com o trabalho em sala de aula. "Que cachorro tem sarna e criança piolho já estamos saturados de saber e daí?" (SY). Presumimos que a falta de perspectiva de tratamento pedagógico dos elementos obtidos na realidade tenha sido o elemento principal de desânimo para a realização de novas pesquisas?

O abandono da proposta inicial de se realizar uma pesquisa com a comunidade para embasar a elaboração do complexo temático e constituí-lo referência ao planejamento das diversas áreas ficou evidente neste relato: "Trabalha-se 'Os monstros' porque alguém comprou a fita dos monstros. E a pesquisa com a comunidade?" (PY). Quando da realização das entrevistas, detectamos que, diante das dificuldades de implementação da proposta – também causadas pela mudança de orientação da SMED no período 2001-2002 –, as escolas pesquisadas estavam encontrando formas de organização do trabalho pedagógico a partir da correspondência ciclo-série-conteúdo, ou tentando identificar competências a serem desenvolvidas em cada ciclo.

Já na escola X, que tem um trabalho mais consolidado, em que a proposta passou por um processo mais amplo de discussão e acompanhamento, nota-se que, apesar da mesma percepção da impossibilidade de desenvolvimento de atividades com os conteúdos escolares, os professores não abandonaram a referência da escola seriada e continuaram pautando-se pela mesma estrutura na definição do trabalho a ser realizado em sala de aula.

> Nesse trimestre o que eu vou trabalhar? Segunda-feira de manhã quando eu entrar na sala, vou fazer o quê? Então a gente começou a fazer, a gente sabia que lista de conteúdo não pode, [...] tu mudou é a sistemática, mas a prática não, então se chegou à conclusão que se tinha estabelecer objetivos, [...] o complexo temático? Ele vai bem obrigado, lá guardado. A gente está se baseando mesmo é nos conteúdos que a gente [...] não é conteúdo, nos objetivos que a gente se põe posteriormente, é isso que a gente está se baseando. Tendo em vista ainda aquela referência de antiga série. (PX)

Depois de um período de negação, agora, no momento da realização das entrevistas, observa-se a aceitação da necessidade de trabalhar conteúdos, o que parece estar ficando mais explícito. Após a constatação das dificuldades sentidas em se realizar o planejamento e desenvolver o trabalho pedagógico a partir do complexo temático, assume-se explicitamente a importância de se trabalhar conteúdos em sala de aula.

> Nós discutimos coisas importantes como: ah bom, ciclos não têm conteúdo? Têm! Têm muito, aliás, o conteúdo nos ciclos adquire uma grandeza muito maior, uma importância muito maior, só não é daquela forma de listagem de conteúdos, mas nós precisamos de conteúdos, conceitos mínimos, requisitos. O que é importante no primeiro ciclo e que sem isso o aluno não pode passar para o segundo ciclo. Isso é importante, *nós discutimos esse ano!* Definimos por exemplo que é competência do primeiro ciclo que o aluno se alfabetize, claro que existem os caso de exceção, mas devem ser exceção, que na verdade o primeiro ciclo tem que se encarregar realmente da alfabetização [...] para o segundo ciclo saiu uma listagem de conteúdos, [...] Tudo bem quando se tem alguma coisa [...] é processo, e é melhor do que no vazio [...] (SX)

Os profissionais dessa escola X, em que a correspondência com a seriação ficou mais evidente, retornou com uma facilidade maior para a relação de conteúdos, enquanto a escola Y, a partir da necessidade de utilizar parâmetros de trabalho por ciclos, preferiu explicitar as competências equivalentes a cada ciclo.

> Uma das coisas que o grupo sentiu necessidade *do ano passado para cá*, foi reorganizar o que eu preciso dar como base para o meu aluno. Para ele sair do 1° ciclo ele deve sair sabendo o quê? Quais são as competências mínimas, que eles têm que ter (nós colocamos), para ir paro 2° ciclo, a mesma coisa do 2° paro 3°, e por ano ciclo nós colocamos, mas os professores estavam se sentindo perdidos, em um ano eu não sabia, não tinha parâmetro nenhum do que eu precisava dar para os meus alunos, daí ele ia para o outro ano daí as pessoas da outra turma reclamavam que o aluno não tinha aprendido não sei quê? E daí não sabia o quanto tinha que trabalhar, então, assim mesmo, já sabendo, sendo professor a 15, 20 anos as pessoas se sentiram perdidas. Uma das coisas então foi reorganizar os parâmetros, as competências de cada área: de português, de matemática. (SY, grifo nosso)

Essa necessidade de elaboração de listagem de conteúdos é apresentada como problema dos professores do terceiro ciclo, formados por área de conhecimento, tanto que, na escola Y, a fala da professora entrevistada demonstra a existência de embate e negociação entre os do terceiro e os dos primeiro e segundo ciclos, que não aceitaram o retorno das listas. Neste embate, houve a definição pelo estudo das competências:

> os professores, principalmente os professores de 3° ciclo, que é por área, têm muita dificuldade de trabalharem. É onde a gente tem mais problemas. Eles reclamam muito do 1° e 2° ciclos, que os alunos chegam com defasagem [...] eles queriam conteúdos, eles queriam definir conteúdos mesmo. Aí a gente não aceitou. A gente como escola, como grupo disse que não, isso não era a proposta e a gente não gostaria de ter assim conteúdos. Então vamos estudar as competências. Daí a gente começou a fazer o trabalho das competências, e hoje de manhã a gente estava retomando esse trabalho das competências para poder criar critérios para reprovação [...] (PX)

Observamos, portanto, que a elaboração, seja de competências seja de relação de conteúdos, se dá em razão da necessidade sentida pelos professores de referências para o trabalho desenvolvido em sala de aula, uma vez que não conseguiram se pautar pelos complexos temáticos. No entanto, já verificamos que a elaboração desses envolve o planejamento coletivo por áreas de conhecimento e por ciclo, definindo, até mesmo, um plano de trabalho detalhado e os conteúdos que serão desenvolvidos em razão dos princípios e conceitos definidos nesse coletivo.

Nesse ponto indicamos a presença da lógica dialética na proposta de identificação dos conceitos a serem trabalhados pelas diversas áreas do conhecimento. Conforme discutimos no primeiro capítulo deste trabalho, a lógica dialética constitui uma metodologia de conhecimento derivada da consciência do funcionamento do próprio processo do pensamento humano e não se restringe, como na lógica formal, ao resultado desse conhecimento, na sua forma de expressão e disposição estruturada e formalizada, muito menos na sua negação. Para Prado Jr. (1969), o momento da elaboração verbal dos conceitos é um momento necessário, entretanto apenas inicial dos processos do pensamento. Necessário porque simplifica o processo do conhecimento por permitir generalizações; no entanto, a permanência nessa etapa permite somente que se reproduzam as formalizações anteriores, impedindo a criação de novos conhecimentos. Para que a classificação dos conceitos adquira significado, torna-se necessário o reconhecimento do processo de discriminação que gerou a referida classificação. Entendemos que a proposta de trabalho com os complexos expressa uma concepção dialética do conhecimento, na qual os conceitos anteriormente elaborados constituem ponto de partida juntamente com os dados sensíveis do presente para a criação de novos conhecimentos. Essa criação ocorre pela articulação desses novos dados com a conceituação preexistente, ou seja, como conteúdos apresentados no modelo lógico-formal.

Apesar, porém, dessa possibilidade de tratamento de conteúdos e informações no interior da proposta, como acabamos de apontar, os profissionais das escolas pesquisadas demonstram a compreensão da impossibilidade de trabalharem com conteúdos em sala de aula, o que provocou o sentimento de falta de parâmetros para a ação. Esse entendimento de que não se poderiam tratar os conteúdos pode ter sido o principal elemento de dificuldade na implementação dos complexos temáticos, levando, conseqüentemente, ao seu abandono.

Para nós, esse gradativo abandono da perspectiva de tratamento de conteúdos a partir dos complexos temáticos decorre da incorporação de elementos de orientações filosóficas diversas, o que levou à subordinação dos elementos epistemológicos aos elementos culturais e políticos, engendrando um relativismo com relação à validade do conhecimento escolar, no processo de reestruturação curricular.

Concepção ampla de currículo e multiculturalismo

Em determinadas referências do projeto Escola Cidadã, o currículo é concebido como a totalidade das atividades desenvolvidas pela instituição escolar, "através de rituais e discursos pedagógicos", sendo que o programa de conteúdos apresenta-se como um dos elementos da organização curricular, a qual, por sua vez, constitui-se a identidade da escola (Freitas, 1994, p.52). Essa concepção geral também não é consenso dentre as tendências pedagógicas de caráter emancipatório: para a pedagogia histórico-crítica, é imprescindível a definição dos conteúdos que serão tratados nos diversos níveis e séries da estrutura curricular, enquanto a pedagogia popular não concebe uma definição prévia dos conteúdos, mas sim uma construção em sala de aula das discussões (Saviani, N., 2000).

Para além de uma concepção ampla de currículo, a proposta da Escola Cidadã advoga, como antídoto aos interesses das políticas neoliberais que tentam a homogeneização curricular, o respeito às diferenças locais expressas pela multiculturalidade (conforme a revista *Paixão de Aprender*, n.7), uma vez que "A *mercoescola*, proposta pelo Governo Federal e governos de alguns estados que aplicam a política neoliberal [...] produz um currículo homogêneo que não contempla as necessidades dos desiguais" (Azevedo, 2000, p.47).

Essa afirmativa de Azevedo apresenta a lógica de atribuir a defesa de um currículo homogêneo a posições conservadoras, por essas não contemplarem as diferenças culturais. As defesas do relativismo – da mesma forma que as do universalismo – em relação ao conhecimento escolar não implicam conservadorismo ou em posições em prol de transformações da ordem vigente, por si mesmas. Torna-se necessária, portanto, a explicitação da natureza dessas posições, pois a defesa do pluralismo cultural – que incorpora propostas de implementação de cursos específicos para grupos culturalmente distintos – é justificada por argumentos conservadores, em prol da manutenção de acesso à cultura erudita para uma pequena parcela da população, em vista das necessidades diferenciadas e capacidades cognitivas próprias das massas. Também a defesa de um universalismo do conhecimento, calcado em argumentos exclusivamente epistemológicos, o qual implica a assunção dos objetivos de desenvolvimento do pensamento conceptual nos indivíduos, não considera a *pertinência relativa* dos questionamentos realizados pela "nova sociologia do currículo" acerca das relações de poder no processo de seleção, estruturação e legitimação de saberes incorporados aos cursos. Chamamos de pertinência relativa essas elaborações da nova sociologia do currículo, pelo relativismo assumido quando da sua crítica às concepções hierárquicas e autoritárias das transmissões cognitivas. Forquin (1993) afirma que, assim como os critérios epistemológicos são necessários – porém não suficientes – para a definição da organização curricular, também os critérios culturais estão presentes, uma vez que os saberes escolares são também "conteúdos mítico-simbólicos, valores estéticos, atitudes morais e sociais, referenciais de civilização". Portanto, temos que encarar as implicações pedagógicas do pluralismo cultural, considerado sobretudo no interior das nações, o que implica diferenças de desempenho escolar em razão da origem social.

Esse enfrentamento engendra duas posições: a da esquerda clássica, que objetiva propiciar o contato das crianças das classes populares com um currículo ótimo, tendo a preocupação em adequar os ritmos individuais e métodos de aprendizagem; entre as reações a essa resposta da esquerda clássica, desenvolve-se a outra posição, chamada por Forquin (1993, p.128) de *comunitarista*, a qual, em oposição à cultura tradicional, explicita a "exigência de pertinência", de "enraizamento", conseguidos na comunidade local, no contexto, no objeto do ensino trabalhado com os alunos. Quando a proposta pedagógica à diversidade cultural envolve um currículo centrado basicamente nas realidades da vida social imediata, essa é caracterizada pelo pensador francês como "realismo crítico", que implica um pluralismo radical no que se refere ao currículo.

Uma tal concepção de escola constitui uma negação de tudo o que constituiu, durante um século, a ideologia educativa "progressista". Historicamente a emancipação das massas sempre esteve ligada, não apenas, ao projeto de escolarização universal, mas ainda à exigência de unificação escolar [...] ao acesso de todos aos elementos de base de uma cultura humana essencialmente unitária. (ibidem, p.132)

A defesa de unidade refere-se ao princípio da obrigação escolar e da responsabilidade do Estado em matéria educativa, em relação à aplicação de recursos, assim como pressupõe "o acesso de todos a um núcleo comum de experiências cognitivas e de referências culturais", essenciais para a compreensão do meio imediato, que justamente requer a mediação dos saberes mais gerais e mais abstratos (ibidem, p.134).

Se entre os defensores do ensino multicultural existem duas posições, entre os universalistas também há: de um lado, os *unitaristas*, ou a versão transformacionista do multiculturalismo, que defendem um mesmo currículo para todos os alunos, no qual os conteúdos são tomados de uma pluralidade de tradições culturais cuja ênfase recai sobre o exame crítico das crenças dos educandos, possibilitando-lhes evoluir sua representação do mundo e alargar suas perspectivas; de outro, os *separatistas*, ou a versão transmissionista do multiculturalismo, que pregam o respeito do pluralismo cultural e requerem o estabelecimento de redes de escolas distintas, com o intuito de preservação da cultura. Forquin (1993) defende que o multiculturalismo implica troca, intercomunicação, daí porque denomina esse processo de *interculturalismo*, que requer também uma *pedagogia intercultural* para todos, e não apenas para os grupos minoritários. Para a emergência dessa pedagogia torna-se necessária a definição de um "método objetivo, aberto e explícito de exploração, avaliação e escolha", a partir de critérios de funcionalidade, racionalidade e universalidade na determinação de conteúdos de programas de ensino, uma vez que "educar, ensinar, instruir, supõem sempre num momento ou noutro avaliar, preferir, escolher" (ibidem, p.140). Quanto às duas posições de ensino multicultural abordadas neste parágrafo, o autor vê, de um lado, um universalismo etnocêntrico e dominador, e, de outro, um universalismo aberto e tolerante que reconhece e respeita as diferenças, considera os aspectos "contextuais das culturas", mas também enfatiza "o que há de mais geral, de mais constante, de mais incontestável e, por isso mesmo, de menos 'cultural', no sentido sociológico do termo, nas manifestações da cultura humana" (ibidem, p.143).

Voltando à análise das medidas desencadeadas pelo projeto Escola Cidadã, as justificativas à organização por ciclos de formação se pautam pela existência de uma realidade que justificou as medidas de reorganização dos espaços e tempos escolares, em razão dos altos índices de evasão e repetência existentes até então. Os profissionais da rede municipal defendem a manutenção da organização por ciclos por entenderem que ela possibilitou a permanência de alunos que no sistema antigo teriam sido afastados da escola. As dificuldades decorrentes dessa retenção representam o maior desafio da rede hoje. Depreendemos que os problemas indicados por esses profissionais para garantir a aprendizagem dos alunos decorrem da falta de aperfeiçoamento e até do abandono dos outros dois aspectos da proposta de reestruturação curricular: a pesquisa socioantropológica e a organização do trabalho pedagógico a partir da definição dos complexos temáticos.

Questionamo-nos quais seriam as causas da falta de parâmetros para a ação, decorrentes da disseminação da idéia, nas duas escolas pesquisadas, de que o trabalho com conteúdos não seria permitido no bojo da proposta, como demonstramos com as falas apresentadas nos parágrafos anteriores. As etapas para elaboração do complexo temático não foram suficientemente consideradas pelos professores?

Essas dificuldades de realização traduziram-se em negação e necessidade de mudanças, mesmo após um período curto de implementação, tanto da pesquisa quanto do complexo temático – o qual foi realizado uma única vez, nas duas escolas pesquisadas –, sem que se tenha passado por um período suficiente de tentativa de consolidação desses elementos da proposta, como mostra esse depoimento de um ex-secretário municipal de Educação de Porto Alegre:

Tínhamos diferenças profundas [entre as tendências do partido] que tiveram conseqüências, na minha avaliação, bastante negativas para a rede, porque somos um projeto em consolidação. No ano 2000, quando terminou minha gestão, metade da rede só tinha dois anos de ciclos. Escolas enormes tendo adotado o sistema de ciclos sem consolidação. Então, nós constituímos uma aliança cada vez mais sólida e com determinados setores relacionados na implementação da proposta, que eram aqueles setores mais dispostos a implementar o projeto. E tinham outros setores contrários ou refratários, por "n" razões, ao projeto. No momento em que entrou esta gestão e de agora em diante: vocês fazem tudo o que quiserem. As escolas estão sufocadas pela forma da gestão anterior. Então, aquele setor que estava liderando, constituindo, digamos a parcela comprometida com o projeto, ele ficou vulnerável, dentro da escola, frente àqueles setores que combatiam o projeto. Então, desconstituiu o núcleo implementador do projeto, e isso, foi um grande retrocesso. É, na realidade o que houve foi um avanço no conservadorismo nesses dois anos na rede, um recuo, um recuo não, mais, uma desconstituição dos setores dispostos à mudança, empenhados na mudança, o fruto dessa política, dessa concepção de autonomia. (SM)

Não temos condições, com os dados disponíveis, de perceber se a explicitação na fala dos entrevistados das necessidades de reformulação ocorre em razão das dificuldades que foram se acumulando na implementação da proposta da pesquisa socioantropológica e da definição dos complexos temáticos, ou se foi o fato de um grupo de oposição à proposta dentro do partido – pessoas ligadas a uma outra tendência do partido – ter tomado a condução da Secretaria e imprimido uma concepção de educação que assume mais explicitamente os princípios do pós-modernismo. Pode ser que a série de críticas à forma de implementação da proposta e a busca pela autonomia da escola, com a necessidade de elaboração de projeto político-pedagógico próprio da unidade escolar, tenha relação com as novas diretrizes implementadas pelo grupo gestor. O que pudemos constatar é que há uma sintonia entre o discurso dos profissionais que assumiram as coordenações na SMED, quando da gestão do secretário Eliezer Pacheco, com as falas dos entrevistados nas escolas, em relação às formas de implementação do projeto e às dificuldades em sua implementação.

Outro dado que merece análise é o surgimento do questionamento em face de a proposta implementada ter fundido, na substituição da estrutura da seriação pela organização por ciclos, a realização da pesquisa socioantropológica e a elaboração dos complexos temáticos. Esse questionamento aparece explícito na fala de uma das coordenadoras da SMED na vigência do projeto *Cidade Educadora*, e também nas escolas. Como já indicamos em parágrafos anteriores, pudemos detectar a afirmação dos ciclos, concomitantemente com a negação da pesquisa e dos complexos temáticos, substituídos pela defesa da organização por projetos. Indicamos aqui mais uma consonância entre o discurso dos profissionais que assumiram os cargos de coordenação da SMED e o discurso dos professores nas escolas.

quando tu pegas a proposta de reestruturação curricular da Rede de Porto Alegre, de forma geral, a aplicação, a transformação disso em práticas pedagógicas é outra história. Como os professores recebem aí tem a ver com a forma com a qual a Secretaria trabalha, como é que os professores recebem uma proposta de inovação que diz: isso não é mais, isso tá errado, bota o que no lugar? E tu bota o conhecimento da realidade onde o sujeito não viveu esse processo de formação suficiente para fazer com que ele deixe, que ele venha substituir preconceitos por conceitos mais claros sobre a diferença de cultura. Então a gente tá o tempo inteiro brigando com isso: o que eu faço com os conteúdos e o que eu faço com aquilo que eu tenho estabilidade [...] Sim, sim como atividade obrigatória, quem começou com a proposta de ciclos em 95 de cara começou a realizar a pesquisa. A gente também discute em torno desse princípio da autonomia [...] a gente foi buscar alguns teóricos para poder entender a resistência que acontece por parte dos professores, em relação à pesquisa sócio-antropológica, e aí a gente tem discutido um pouco essa violência que representa paro o professor ser obrigado a ir no meio da vila bater nas casas, e a violência que representa esses sujeitos todos da escola invadirem a vila e pedirem para realizarem essas entrevistas [...] a proposta por ciclos é um pacote e quando tu comprava o pacote levava isso tudo junto, essa discussão a gente hoje dessa forma, mais assim, mas é o que tá fazendo é um pacote, os professores realizam a pesquisa sócio-antropológica a partir da pesquisa constroem os complexos temáticos cada professor vai trabalhar com a sua turma, esse é o pacote. (CPS)

O discurso da negação da pesquisa e dos complexos é acompanhado da proposta de autonomia pedagógica, da necessidade de elaboração de projetos político-pedagógicos próprios, tendo por base a metodologia de "trabalho por projetos", desenvolvida pelo educador espanhol Fernando Hernández, cujos princípios norteadores são: a concepção de realidade como processo em contínua e permanente reestruturação; verdade passível de alterações em razão dos interesses dos grupos que assumem o poder; e, portanto, uma educação para a desestabilização, na qual o conhecimento desdobra-se do diálogo a partir das atividades de pesquisa sobre as questões que emergem do contexto (Silva, 2002).

Como já discutimos anteriormente, os pós-modernistas se caracterizam pela redução do existente à linguagem, à cultura e ao discurso, afirmando que a única realidade passível de acesso é a linguagem, por constituir o elemento modelador de nossos padrões de pensamento. A partir da suposição de que o conhecimento humano é condicionado por interesses, expressões lingüísticas e diversidades culturais, no conjunto do pensamento pós-moderno teremos, como conseqüência disso, a fusão de formas do conhecimento com seus objetos. Ou seja, ao pôr em xeque a física, como ciência socialmente situada, acabam por questionar as leis da natureza como construção histórico-social.

Esses pressupostos implicam valorização das diferenças de identidades particulares (sexo, raça, etnia, sexualidade), com suas distintas formas de opressão e tentativas de superação, assim como ênfase nos "conhecimentos particulares" de grupos étnicos, como ciências específicas. A legitimidade do conhecimento de grupos culturais, em detrimento e em contraposição a uma ciência universalmente aceita, recai numa posição relativista, como conseqüência da "suposição epistemológica de que o conhecimento humano é limitado por línguas, culturas e interesses particulares, e que a ciência não deve nem pode aspirar e apreender ou aproximar-se de alguma realidade externa comum" (Wood & Foster, 1999, p.12).

Concomitante à defesa do relativismo epistemológico, temos a rejeição do conhecimento totalizante e de valores universais, assim como da racionalidade ocidental, dos ideais de igualdade tanto liberais quanto socialistas e da concepção marxista de emancipação humana geral.

A recusa dos pressupostos marxistas se dá sob o argumento de que esse pensamento reduz a complexidade da experiência humana ao considerar a identidade de classe e os condicionamentos econômicos como determinantes históricos privilegiados. Desenvolve-se uma denúncia ao "essencialismo", que tende a abranger todo tipo de explicação causal.

O fio principal que perpassa todos esses princípios pós-modernos é a ênfase na natureza fragmentada do mundo e do conhecimento humano. As implicações políticas de tudo isso são bem claras: o *self* humano é tão fluido e fragmentado (o "sujeito descentrado") e nossas identidades, tão variáveis, incertas e frágeis que não pode haver base para a solidariedade e ação coletiva fundamentadas em uma "identidade" social comum (uma classe), em uma experiência comum, em interesses comuns. (Wood & Foster, 1999, p.13)

Isso leva a que não se possa dizer que o capitalismo exista como sistema totalizante, prejudicando sua crítica. Ou seja, o "ceticismo epistemológico" desdobra-se em "derrotismo político", o qual, por sua vez, desencadeia uma negação da própria história. Como decorrência da impossibilidade de identificação da origem da opressão, não se vislumbra uma resistência unificada – quando muito, podemos imaginar a possibilidade de um conjunto de resistências particulares (ibidem, p.15).

Ressaltamos aí o fato de um discurso que nega elementos essenciais da proposta, alterando seu âmago, ter uma penetração evidente junto aos professores das escolas pesquisadas. Essa facilidade com que ocorre esse câmbio de referencial teórico-metodológico da proposta educacional implementada nessa rede municipal de ensino não estaria relacionada a uma certa aceitação de elementos de concepções divergentes? O próprio secretário municipal durante a vigência do projeto Escola Cidadã, hoje bastante ressentido com os encaminhamentos dados pelo projeto Cidade Educadora, admite, como um aspecto positivo do percurso histórico da implementação da proposta, um diálogo permanente com as proposições pós-modernas, reafirmando imediatamente a não-identificação do núcleo dirigente de sua gestão com essa orientação teórica, e uma retomada do que chama de "racionalidade marxista".

Nós, na nossa gestão fizemos um debate muito aberto sobre isso [as influências do pós-modernismo nas propostas do grupo que atualmente está à frente da SMED] sobretudo dentro da Secretaria setores importantes que eram pós-modernos assumidos, principalmente na área da cultura e mesmo na área pedagógica. Tu pega os nossos livros, nossos seminários internacionais tu vai ver uma grande participação de palestrantes pós-modernos. Embora o núcleo, o núcleo dirigente não se identifica, não se identificava e não nos identificamos até hoje com o pós-modernismo, achamos que há um diálogo importante a ser feito, que pode ser feito com os pós-modernos. Mas eu particularmente, mais do que nunca, retomo uma racionalidade marxista. (SM)

Diante dessas dificuldades em compreender e implementar o processo de reestruturação curricular, calcada na pesquisa socioantropológica e nos complexos temáticos do projeto Escola Cidadã – para o que, entendemos que a presença de orientações filosóficas e metodológicas diversas tenha contribuído –, nos anos de 2001 e 2002 a Secretaria da Educação lança o projeto Cidade Educadora, cujo mote principal é a autonomia pedagógica das escolas.

Fundamentos teóricos do projeto Cidade Educadora

Na proposta elaborada e implementada em Porto Alegre durante os anos de 2001 e 2002 pela Secretaria Municipal de Educação, os princípios pós-modernos ganham centralidade. Uma nova gestão da SMED promove uma nova guinada nas concepções do plano, substituindo a Escola Cidadã pela Cidade Educadora. Nos discursos dos técnicos da Secretaria, as mudanças implementadas representam uma radicalização da proposta anterior. O que em certa medida não deixa de ser verdadeiro, uma vez que, como já observamos, dado o princípio de construção coletiva do projeto Escola Cidadã, foram contempladas as mais diversas vertentes do pensamento educacional que puderam apresentar seus pressupostos. Portanto, os princípios do pós-modernismo estiveram presentes sobretudo no questionamento dos saberes tradicionais e na defesa do reconhecimento dos elementos culturais no plano implementado. Todavia, o projeto Cidade Educadora também vai representar uma ruptura em termos de efetivação da proposta educativa para o município, calcada na pesquisa socioantropológica e nos complexos temáticos, assim como nas relações entre o Estado e a sociedade na elaboração e implementação da proposta educativa na capital gaúcha.

Com relação à reestruturação curricular, essa nova gestão da SMED busca dar ênfase à política cultural da rede municipal de ensino, reforçando a concepção de escola como *pólo cultural* – desenvolvida no interior e durante o processo de implementação do projeto Escola Cidadã, numa atuação coordenada entre a SMED e a Secretaria Municipal de Cultura (SMC) –, a qual tem como eixo a definição de escola "como espaço de troca de saberes, gerando processos criativos que escapam do conhecimento formal como um modo de produzir interferências, expressões e reflexões para além das atividades pedagógicas. Nesse sentido, a escola deixa de ser um foco central de difusão e formatação do conhecimento e passa a atuar como catalisador de saberes produzidos pelas comunidades [...]" (Kroef, 2001, p.11). Contudo, nessa formulação demonstra-se a existência de divergências no bojo do projeto Escola Cidadã entre as concepções de escola como *pólo cultural* difusora de saberes (defendidas pela SMED) e catalisadora de saberes (advogadas pela SMC).

É possível indicar noções diferenciadas a respeito de *pólos culturais* divulgadas pela SMED e pela SMC no município de Porto Alegre, guardadas suas especificidades. No interior da própria Secretaria de Educação, as concepções de Escola Cidadã *e* escola como *pólo cultural* divergem, apesar de surgirem na mesma gestão. Essas diferenças – presentes tanto em discursos quanto em práticas da rede municipal de ensino – ficam cada vez mais claras, quando da implementação da organização curricular por *Ciclos*, desdobrando-se em noções de pólo cultural como *difusor* de cultura e como *catalisador* de saberes (ibidem, p.14).

Consideramos que a relação entre política e cultura sofreu, por parte da esquerda, dois tipos de reducionismos: o *político*, por parte do movimento comunista, que considera as iniciativas no campo cultural em relação a um esquema preestabelecido de possibilidades de retrocessos ou avanços políticos; agora, vivenciamos um reducionismo *culturalista*, desenvolvido sobretudo no meio acadêmico a partir dos estudos culturais e também em outros meios da esfera social, como a perspectiva pós-moderna de valorização das diferentes manifestações culturais, como se essas, em si mesmas, encerrassem a dimensão política da atividade humana. Não consideram, portanto, os limites e possibilidades das práticas culturais na sua dimensão política.

Contrapondo-se ao pós-modernismo, a análise marxista da cultura reconhece que as atividades culturais, ao mesmo tempo que não se limitam ao campo político, não podem conter toda a magnitude desse âmbito. No campo das relações sociais, o exercício político cumpre um papel de determinação destas relações, formando uma atividade deliberativa de tomada de decisões, que, em condições democráticas, constitui-se em prática injuntiva, a qual, no embate de idéias e defesa de determinadas práticas, busca a obtenção do consenso. Portanto, não se pode dar o mesmo tratamento às diferenças, consideradas absolutas no âmbito das atividades culturais. A prática política, pelo seu caráter definidor dos objetivos sociais, busca estabelecer pontos de contato e solidariedade entre as diferentes culturas para a construção de finalidades comuns. Do mesmo modo, para obtenção de objetivos políticos, podem-se promover distinções (de classe e sexo, por exemplo) em um campo de afinidade cultural. As práticas culturais, por sua vez, atuam na construção de significados comuns, obviamente férteis em sua dimensão política, porém as atividades políticas não se restringem às culturais, na medida em que

> não constitui função da cultura determinar a natureza de relações sociais através de deliberação, injunção e coerção [...] Vista da perspectiva de qualquer dado interesse cultural, uma exigência política é sempre excessiva ou insuficiente, e a queixa política contra a cultura é sempre do mesmo tipo. Ambas, uma em relação à outra, são sectárias e ecumênicas. (Mulhern, 1999, p.57)

Numa perspectiva marxista, os estudos culturais cumpriram dois papéis importantes: primeiramente, concomitantes à rejeição da redução da cultura à conveniência política, reafirmaram a importância da cultura como terreno de luta; segundo, explicitando a situação da produção cultural no contexto do capitalismo, que pressiona todas as produções na direção da mercantilização, reafirmaram a legitimidade da cultura popular.

A cultura popular, na sociedade capitalista, jamais existiu fora das relações de dominação, ou além dos imperativos de reduzir tudo à condição de mercadoria. Ainda assim, no contexto dessas relações e imperativos, "as massas" jamais foram apenas passivas e subordinadas. A cultura popular caracterizou-se por subordinação e resistência. (ibidem, p.57-8)

A aceitação de alguns temas ou a compreensão dos problemas tratados pelos pós-modernos não significa a assunção dos seus pressupostos. Inversamente, essas questões exigem um enfoque materialista, pois considerar as dimensões culturais da experiência humana consiste um "passo essencial para libertar a cultura do estrangulamento da transformação de tudo em mercadoria". O enfoque materialista, além da necessária aceitação de valores e perspectiva teórica totalizante, permite a abordagem do pluralismo a partir de determinados valores universalistas. Para a aceitação da diversidade cultural, o valor universal liberal da tolerância é necessário.

A concepção de escola como pólo cultural difusor de cultura insere-se no interior de um conjunto de alterações na política educacional implementada em Porto Alegre com o projeto Cidade Educadora, numa alusão à necessidade de se conceberem outros espaços educativos para além da escola e do saber formal. Assumindo o mesmo discurso de críticas ao neoliberalismo e de defesa de uma educação popular, presentes no projeto Escola Cidadã, o projeto Cidade Educadora lança princípios que têm como ponto de partida divergências quanto às concepções de Estado e do seu papel na elaboração, implementação e financiamento da política educacional, como até então aparecia definido no projeto Escola Cidadã. Essas diferentes noções de Estado, no que concerne à reestruturação curricular, desencadeiam a defesa da autonomia escolar, a proposição de trabalho por projetos e a elaboração do projeto político-pedagógico de cada unidade escolar.

Nas palavras do secretário Eliezer Pacheco (2001, p.18),

> O conceito de Escola Cidadã não dá mais conta da amplitude e complexidade dos processos educacionais, neste início de século. A educação não ocorre apenas nos espaços da educação formal, mas ela resulta das experiências vivenciadas em todos os espaços da cidade pela ação do conjunto das organizações governamentais ou não.

Desenvolve-se um raciocínio com uma dupla dimensão: ao mesmo tempo que outras instâncias da sociedade civil são indicadas como espaços educativos, retira-se do Estado, pela escola, esse papel, uma vez que é essa, entendida como *pólo cultural*, que deixa de se constituir como agência socializadora do conhecimento para ser concebida como catalizadora dos saberes culturais da comunidade.

Identificamos nesse raciocínio uma aproximação com os princípios do pós-modernismo, haja vista a alegação da impossibilidade de implementação de um projeto pensado e definido *a priori* pelo grupo gestor, a partir de determinado referencial teórico de análise. Busca-se a implementação de projetos distintos para cada unidade escolar, em razão das condições e necessidades dessas.

A partir de um reexame da "visão moderna de identidade", calcada numa percepção de identidades estáveis, ressalta-se o caráter mutável, desestabilizador e incerto do mundo contemporâneo para defender-se uma concepção de conhecimento como resultado do diálogo e de pesquisa do grupo, como se depreende das palavras de Hernández (apud Silva, 2002, p.7):

> trabalhar por projetos de trabalho não é fazer uma atividade específica [...] É ter um olhar educativo: um olhar sobre o sujeito que aprende, um olhar sobre o papel do diálogo e da conversação na sala de aula como fonte de conhecimento, dando ênfase à atividade de pesquisa sobre as questões emergentes, e de cada contexto singular.

Essas posturas convergem para a aceitação de que o importante na escola é a constituição de subjetividades democráticas, ou seja, o desenvolvimento da capacidade argumentativa nos indivíduos para que atuem como sujeitos na construção de consensos em espaços públicos, definidos por Habermas como o campo da interação social, onde o agir comunicativo, pela linguagem, produz consensos normativos. Os locais públicos assumem essa potencialidade graças à sua independência do âmbito sistêmico estrutural composto pelos subsistemas econômico e político. Aceita-se a constituição de um espaço no qual as relações entre indivíduos privados e a autoridade estatal ocorrem em uma esfera que não é nem privada, uma vez que os interesses individuais estão suspensos, nem estatal, visto que o prestígio derivado de posições administrativas estatais, também. A perspectiva é de constituição da escola como um espaço público – nem estatal nem privado –, onde, por meio da participação dos diversos segmentos para a elaboração de seus projetos pedagógicos, se exercitem as capacidades de argumentação. Entende-se que, assim, se instrumentalizam os indivíduos para a transformação social.

Nessa perspectiva, portanto, não cabe um projeto coletivo para a rede municipal, pois defende-se a autonomia pedagógica da escola sob o argumento de que "a pedagogia popular deve afirmar práticas de transformação escolar com o objetivo de construir diferentes projetos pedagógicos que apontem os elementos do novo mundo possível", o que representa a possibilidade de se desenvolverem projetos permeados "pela vida concreta de cada comunidade, possibilitando diferentes abordagens do mesmo, através de uma construção coletiva pela comunidade escolar". Portanto, o projeto Cidade Educadora tem como elemento central a autonomia escolar e a participação de todos os segmentos no processo educacional (Pacheco, 2001, p.19).

Na difusão do projeto Cidade Educadora, assume-se a necessidade de alteração dos pressupostos, na medida em que se busca uma nova concepção de escola como *espaço social em rede* e propiciadora de experiências diversas, de acordo com as características da comunidade.

> Entender a escola como espaço singular [...] e como *espaço social* em rede, ou seja, em relação a outros espaços sociais das comunidades, aponta para a necessidade de trabalharmos com pressupostos que possibilitem a

pluralização das práticas educativas e a expressão das singularidades dos coletivos que compõem as escolas. (Moll, 2001, p.25-6)

Os projetos Cidades Educadoras, como evidenciado por Forquin (2002), constituem-se em mecanismos de implementação da concepção de *educação permanente*, a qual é articulada pela Unesco e tem como elemento essencial uma alteração radical no sentido da educação inicial, justificada em razão das necessidades de formação continuada e do aproveitamento das potencialidades formativas de outros espaços sociais.

Concebem-se e implementam-se mudanças em todo o sistema educativo – programas, métodos e organização administrativa –, como parte de um novo sistema cultural. Em razão da consideração de uma intensificação da complexidade dos fenômenos sociais em virtude das rápidas transformações tecnológicas, concebe-se a sociedade como sociedade da informação e do conhecimento, conectada em uma rede de relações cujo elemento central é a cultura. As possibilidades de mudanças sociais estão na formação de um conjunto de valores, que constituem as subjetividades dos indivíduos por meio das instituições formativas, dentre elas a escola. O papel de transmissão de conhecimentos objetivos é questionado em defesa da formação de valores e elementos culturais para a convivência entre grupos com diferentes orientações.

A concepção de escola como pólo cultural catalisadora de saberes suscita e requer a abordagem das questões epistemológicas que emergiram dos problemas apresentados e analisados neste trabalho.

Questões epistemológicas evidenciadas nas escolas

Evidenciamos em algumas falas de professores o discurso da aceitação incondicional dos elementos da cultura da comunidade, o qual relacionamos com o fato de a alegação da necessidade do conhecimento da realidade dos alunos e de suas famílias ser interpretada como a busca do reconhecimento do imediato, do empírico, do subjetivo, sem que esse seja concebido como mediação e, portanto, como expressão de múltiplos condicionamentos, como o concreto vivido.

Duas situações observadas na escola Y nos dão a indicação de que existe, por parte dos profissionais que atuam nas escolas, uma tendência para aceitar como válidas situações de vida da comunidade, mesmo aquelas percebidas como degradantes da condição humana dos sujeitos, por fazerem parte da visão de mundo das pessoas. Ou seja, percebe-se uma aceitação passiva dos elementos da realidade da comunidade, mesmo que apresentem componentes inaceitáveis de violência.

[referindo-se aos valores das famílias dos alunos] a lógica de pensamento é outra e tu não estás acostumado a chegar em casa e ter que tirar toda a tua roupa e ir pro chuveiro direto e botar remédio de piolho, e tem professora que pega sarna, enfim é muito stress, além de tudo tem uma turma que metade não consegue aprender muitas coisas que tu faz , e aí o que se faz? [...] então, este é o ponto negativo a gente não tem assessoria psicológica pra ver tudo, tudo isto que a gente vê, maus tratos, a gente ouve histórias de estupros, de abuso sexual com meninas daqui! [...] E aí os pais chamam , tu chama os pais pra conversar, ou só ele chama e eu já vi, e eles dizem: Não é melhor eu iniciar do que um vagabundo por aí? E aí tu fica horror, tu continua horrorizada, por que isto não entra na tua cabeça, claro não é a nossa lógica, tu está abusando, bom mas às vezes é com o consentimento. As meninas mocinhas consentem que o pai..., enfim, iniciem a vida sexual, para elas já saírem preparadas. Então a lógica é outra, o que pra nós é uma violência, pra eles é uma brincadeira [...] a gente não está preparada, *na verdade o problema está conosco, nós não estamos conseguindo nos adequar a esta realidade*, eles, eles estão vindo pra cá, eles tão tirando proveito, eles vem pra cá, eles aprendem, tem lazer, eles contam [...] (PY)

Essa professora parece introjetar uma certa culpa por não estar preparada para aceitar casos de violência sexual por parte dos pais sobre os alunos, o que, para muitas dessas crianças, seria um fator normal da sua existência. A fala dessa profissional nos transmite a seguinte percepção da situação: para determinado conjunto socioeconômico, no caso o grupo ao qual ela pertence, os pais devem zelar pela integridade física e emocional dos filhos; no caso da comunidade que vive em condições de miséria, de degradação física, os pais podem iniciar sexualmente as filhas que aceitariam tal fato naturalmente. A escola, portanto, deve conhecer essa realidade para assim se relacionar com seus elementos? Deve aceitar a violência doméstica como outra lógica de pensamento?

Elaboramos a tese de que os relativismos culturais e pedagógicos desenvolvidos no final da década de 1960, com seus desdobramentos nas posições pós-modernas atuais, se fazem presentes nessa fala, uma vez que uma das vertentes do pensamento educacional que influenciam a elaboração da proposta político-pedagógica ora analisada foi difundida nos eventos e publicações da Secretaria nesse período. Entendemos o relato dessa professora como a expressão do relativismo na escola: a perda de referenciais teóricos, epistemológicos, axiológicos em nome do respeito às diferenças culturais, e da legitimação dos saberes populares, constituindo a negação de um processo de humanização desenvolvido histórica e socialmente a partir das relações de trabalho dos homens com a natureza e entre si.

A recusa de uma essência humana metafísica não significa a negação da constituição de conhecimentos e valores humanos pela atividade vital do homem: o trabalho. Cria-se um ambiente no qual as capacidades e necessidades humanas se objetivam. Por meio do trabalho se opera a humanização do objeto – o homem imprime características humanas ao meio, criando instrumentos e adaptando a natureza às suas necessidades imediatas – tanto quanto a apropriação do objeto pelo homem opera a objetivação do homem – ao apropriar-se dos bens materiais e culturais existentes, ocorre por parte dos indivíduos uma "apropriação da força essencial do homem que se tornou objetiva" (Márkus, 1974, p.53). Essa apropriação, que não é passiva, é elaborada conceitualmente e expressa na forma verbal e lógico-formal e, portanto, passível de novas reelaborações e reformulações. Por conseguinte, o indivíduo humano só existe em relação à sociedade cujo exame do desenvolvimento histórico não considera o agir imediato dos indivíduos, mas a objetivação dessa atividade no conjunto da sociedade, logo, dos meios de produção. Essa perspectiva permite ao marxismo apontar os processos de alienação do homem no modo de produção capitalista, no qual a organização social do trabalho desencadeia mecanismos de separação entre concepção e execução, o que gera um distanciamento entre um conjunto de riquezas sociais e uma existência individual impedida de acesso ao conjunto de bens, valores, conhecimentos, linguagem produzidos historicamente. Por sua vez, essa atualização histórica do homem, ao apropriar-se do humanamente produzido, provoca nele alterações subjetivas, porque gera necessidades ainda não existentes, que levarão a novas objetivações e apropriações.

A aceitação passiva dos elementos de violência praticados pelos pais das crianças – concebidos como elementos da cultura – revela a rejeição dos conhecimentos e valores já construídos historicamente pela sociedade humana, os quais constituem direitos negados a essas crianças e suas famílias pelas características impressas à organização capitalista do trabalho. Assim como também revela a rejeição ao papel da escola como espaço de socialização desses saberes.

Uma outra situação testemunhada por nós durante uma atividade promovida pela escola, que suscita os mesmos questionamentos e se refere a concepções de conhecimentos recorrentes na realidade das escolas: os alunos prepararam números musicais os apresentaram no pátio. Observamos que as crianças e os pré-adolescentes que participaram do número cantaram, predominantemente, músicas de sucesso veiculadas pelos meios de comunicação de massa, explorando a sexualidade em suas letras como forma de atingir a preferência dos consumidores. A escola, novamente na posição de respeito a essas preferências, demonstra que não realizou um trabalho pedagógico de questionamento desse mercado musical, não obstante os efeitos dessa erotização excessiva da música e da mídia sobre a vida sexual dos jovens.

Percebemos, tanto no referencial teórico que dá sustentação à proposta analisada como também pela fala dos professores, que é comum uma indiferenciação entre o conceito de *sujeito concreto* e o de *empírico*. Esse aspecto foi abordado quando indicamos o esforço teórico da pedagogia histórico-crítica em trabalhar com conteúdos concretos e, portanto, a necessidade dessa diferenciação. Nessa perspectiva, o professor defronta-se em sala de aula com o aluno concreto, síntese de múltiplas determinações, enquanto as expectativas e necessidades expressas por esse correspondem à sua condição empírica, imediata, dada e percebida em suas relações cotidianas, as quais, por sua vez, não necessariamente coincidem com os interesses do sujeito concreto, como coletivo, cujos interesses não são percebidos imediatamente, mas exigem o conhecimento das estruturas socioeconômicas. Também para Klein (1997, p.41), diante da "necessidade de considerar o *homem concreto*, ou seja, *historicamente situado*", é comum a confusão com a compreensão do "indivíduo a partir de sua relação com o meio que lhe é imediato" e, desse modo, da substituição dos conceitos de totalidade, realidade, sociedade pelo conceito de comunidade, numa operação que acaba por circunscrever a realidade aos limites da comunidade.

Essa indiferenciação entre o sujeito concreto e o indivíduo empírico que surge em determinadas elaborações e falas dos entrevistados não significa que no conjunto da proposta não tenham sido considerados os diversos condicionamentos do conhecimento humano. No referencial teórico que dá sustentação aos complexos temáticos, como vimos, são analisadas as fontes socioantropológicas e epistemológicas do processo de reestruturação curricular.

Esses indícios que colhemos da existência de uma certa posição de aceitação dos elementos da vida cotidiana das famílias dos alunos, pela escola, sem que essas sejam concebidas concretamente, podem estar relacionados à ênfase dada pelo referencial pós-moderno – que norteou os seminários realizados pela SMED no período de implementação do projeto Escola Cidadã –, ao necessário conhecimento da cultura dos alunos e ao respeito por ela, sem que a dimensão sócio-histórica do conhecimento humano, também presente em determinadas elaborações teóricas que dão sustentação à proposta, tenham tido o mesmo impacto sobre a percepção dos professores. A preocupação com a aquisição de conhecimentos é uma permanente, tanto entre professores quanto entre os pais.

Quando as falas dos professores apontam para uma avaliação da organização por ciclos, ao mesmo tempo que eles indicam uma posição de reafirmação dessa, consideram que a permanência dos alunos não tem garantido a efetivação da relação ensino-aprendizagem. Na busca de justificativas para as dificuldades pedagógicas com os alunos, são considerados tanto elementos inerentes à proposta – como as oportunidades de avançarem para os ciclos subseqüentes – como elementos socioeconômicos, tais como desemprego e drogas.

Na verdade eu posso dizer que nossa clientela, baixou de nível em termos gerais, grande parte das famílias estão mais empobrecidas, alunos que tinham uma certa condição, a questão do desemprego que reflete bastante nessa questão, a questão da própria droga e a questão nova que se impõe com o ciclos é que esses alunos que a gente tá tendo um trabalho imenso agora, alunos que estão aí e não estão aprendendo, alunos que chegam no terceiro ciclo com problemas disciplinares, com drogas, violência e tudo mais, para nós é um problema novo, esses alunos na seriação estavam na rua já esta hora, eles não chegavam à sétima ou oitava série. Então o pessoal do terceiro ciclo tá apavorado agora com razão, porque não tá acostumado a lidar com os alunos que estão chegando pra eles, que os que chegavam eram os que iam concluir o primeiro grau. (SX)

Se aparecem indicações de aprovação e entusiasmo com a proposta, em razão das oportunidades oferecidas aos educandos de freqüentarem um ambiente de aprendizagem e de terem contato com elementos de outra cultura, avalia-se que, para que isso ocorra, em razão da situação de vida da comunidade, a escola acaba por ter que assumir atribuições que não são suas, tais como alimentação, vestuário, atendimento psicológico.

Eu adoro a proposta. Eu vivo desta proposta, quando eu quis entrar no município foi porque esta proposta era maravilhosa. Eu vejo muitos pontos positivos, tu atende as classes populares, o que antes tu não atendia porque o cara acabava saindo da escola. Sete anos de 1ª série, já estava com uma idade avançada, não tinha nenhum sucesso dentro da escola era um fracassado, daí ele acabava sendo excluído, precisava trabalhar. Isto não existe mais, aqui a gente tem uma motivação desta comunidade, aqui a gente alimenta o sonho deles, eles progridem, eles tem sucesso, alguém se preocupa com eles. O contraponto, o que é negativo: a escola passa a ser responsável por muitas coisas que antes não era, além da educação tem que se preocupar com o lazer, tem que se preocupar com a alimentação. Então, eles entraram na escola para comer, isso é o contraponto, porque se perdeu um pouco assim qual é a função da escola [...] mas não é a gente que tem que dar sapato, tem que dar comida, qual é o papel da escola? Se eu concordo por um lado eles estão aqui dentro, estão na escola que é um ambiente saudável, é um ambiente de aprendizagem, sempre se aprende alguma coisa, eles tem professor entrando na sala de aula a todo momento, eles tem contato com uma outra cultura que é a nossa, nós é que não estamos conseguindo entrar na deles, estão absorvendo muitas coisas da nossa cultura [...] porque eu acho isso que um ponto positivo que tem a proposta que a prioridade é a comunidade, o trabalho é com a comunidade. (PY)

Esse depoimento faz uma avaliação positiva da proposta em razão da possibilidade de permanência de alunos antes evadidos, coincidente à constatação da oportunidade dada a eles de incorporar valores de conduta, o que a professora chama de "ambiente de aprendizagem", conseguido pelo fato de a escola ter criado um "ambiente saudável". Essa mesma profissional, quando aborda os dados levantados na pesquisa socioantropológica, argumenta que, no momento em que seus colegas se surpreenderam com o fato de a comunidade avaliar que a escola não está cumprindo seu papel de garantir a aprendizagem dos alunos, constatou: "é mesmo, a escola é fraca"!

[...] os pais reclamam muito, tem muitos da comunidade que dizem que a escola é fraca. Que a escola é fraca, que os alunos não repetem, que eles passam sem saber, que a gente tem aluno no 3º ciclo que não sabe ler, que não sabe escrever. E não são poucos. São um grande número! Então, eles dizem que a escola é fraca, que não dá conteúdos que tanto faz quanto tanto fez, e muitos professores também pensam isso da nossa escola. E uma das coisas que a gente viu nestas pesquisas de campo, dessa saída para a comunidade, que os professores voltaram com as suas entrevistas e voltavam dizendo assim: porque os pais pensam que a escola é fraca? Aí, até eu levantei a questão: o que é que a gente pensa dessa escola? Porque quando os pais dizem que a escola é fraca, tu só tá fazendo assim com a cabeça [...] É mesmo a escola é fraca.! (PY)

Poderíamos supor que na escola o professor avaliaria como um avanço o fato de ter conseguido trabalhar atitudes e valores; porém, os pais não consideram esse trabalho suficiente, pois têm a expectativa da aprendizagem da leitura e da escrita por parte das crianças, com o que os professores parecem também concordar.

Na entrevista que a representante de pais no Conselho Escolar nos concedeu, ela demonstra uma rejeição à não-reprovação dos alunos que não estão alfabetizados. Demonstra em sua fala que essa é a posição da maioria dos pais com os quais fala a respeito dessa questão. Essa posição nos indica que, para os pais, o papel fundamental da escola é a garantia da aprendizagem.

A gente não gostou desse tipo de educação que o município está dando, questão de ciclo, isso assim foi a pior coisa, porque [...] o aluno passa para a 2ª série sem se alfabetizar, o aluno não sabe, tem pais que tiraram o filho da escola, tiraram do município e passaram pro estado, porque o aluno não aprendeu nada [...] Acho que esse negócio de ciclos, essas coisas, isso tá horrível. Esse negócio de ciclos tá horrível, não tem pai que a senhora chegue e pergunte que diga que tá gostando, que gostou, todo mundo tá reclamando, reclama da mesma coisa. No meu ponto de vista, enquanto o aluno não tiver preparado para uma 2ª etapa ele deveria continuar aonde ela está, sabe, não interessa se vai rodar mais uns anos, mais quando passar vai passar pruma coisa melhor, mostrando o que ele aprendeu. (RPY)

Se, para a professora, o fato de o aluno permanecer na escola e estar convivendo em um ambiente cujos princípios de organização lhe transmitem valores culturais que ele não possui, se isso para ela representa já um avanço – comparando com a situação anterior de depredação e de degradação de valores morais, mesmo admitindo que a escola agora é fraca –, para os pais a não-aprendizagem dos alunos representa um problema cuja dimensão parece ter um caráter mais emergencial. A não-aceitação dos ciclos de aprendizagem na verdade ocorre em razão da percepção, também pelos professores, de que a escola não está conseguindo ensinar aos alunos.

Essa constatação relaciona-se às dificuldades de implementação da proposta de reestruturação curricular por meio da elaboração dos complexos temáticos, tomados da realidade dos alunos. Verificamos anteriormente a compreensão dos professores de que essa proposta negava o trabalho com os conteúdos escolares, resultando na falta de parâmetros para a intervenção pedagógica – o que atualmente gera a retomada dos conteúdos na forma tradicionalmente concebida e, portanto, o questionamento da organização por ciclos.

Descolada dos procedimentos de conhecimento da realidade concreta dos alunos e da organização dos complexos temáticos, não estaria a organização por ciclos de aprendizagem passível de questionamentos? Defendemos que uma das maiores dificuldades na implementação da proposta tenha ocorrido na compreensão do papel da pesquisa da realidade nesse processo.

Tanto nas elaborações do materialismo histórico-dialético quanto da educação popular, a realidade é apresentada como ponto de partida para a construção do conhecimento no processo de ensino-aprendizagem. Contudo, são diferentes os significados do que se denomina por realidade. Enquanto para o materialismo histórico-dialético essa realidade está calcada nas relações de produção – que são históricas e congregam relações dos homens com a natureza e desses entre si, na perspectiva da práxis –, para a fenomenologia, que "desembocou no humanismo contemporâneo, com suas preocupações centradas na liberdade, na vida e na situação do indivíduo na história", que por sua vez desdobrou-se na hermenêutica, o elemento da subjetividade humana é destacado e sobrepõe-se aos determinantes, sejam eles econômicos, culturais ou ideológicos (Abrão, 1999, p.437).

Em uma das publicações da SMED em que aparece uma elaboração teórica pós-moderna de questionamento dos paradigmas tradicionais, a perspectiva de intervenção, por meio da escola que se propõe, prega uma ruptura que tenha como base um novo ponto de partida não centrado no conhecimento, nem no professor nem no aluno, nem nos processos pedagógicos: "Morreram os grandes paradigmas, reformá-los, adaptá-los não adianta! Não há nada a salvar! É preciso que aconteça a ruptura e novos paradigmas. Quais serão os novos paradigmas?". A resposta a esse questionamento fundamenta-se na necessidade de definição de processos pedagógicos pautados "pelos novos dramas da existência atual [...] uma pedagogia que passa pelo cotidiano da produção material e social da existência", denominada de "pedagogia do trabalho e da prática social", que define uma prevalência do concreto e do imediato ante as discussões teóricas universais. Prega, ainda, uma ruptura no âmbito educacional, representada pela constituição de uma "nova escola". "Uma nova escola onde mais importante que os conhecimentos transmitidos, mesmo com competência, seja a vida redefinida em todos os momentos numa solidariedade fundamental", em que se possa vislumbrar a construção de "horizontes possíveis" em contraposição ao papel de definição de verdades, portanto, "mais que transmissora de conhecimentos, mais que socializadora, mais que domesticadora, será o espaço privilegiado onde a existência infantil se processa com toda a sua riqueza, com toda sua dramaticidade" (Redin, 1994, p.52).

Para compreendermos o significado dessa concepção apresentada por Redin (1994), entendemos como necessária a contraposição desses argumentos aos de autores que defendem a articulação de um projeto universalista de emancipação humana.

> Os pós-modernistas rejeitam o universalismo iluminista alegando que ele nega a diversidade de experiências, culturas, valores e identidades humanas [...] Um respeito sadio pela diferença e a diversidade, e pela pluralidade das lutas contra os vários tipos de opressão, não nos obriga a descartar todos os valores universalistas aos quais, o marxismo, em sua melhor expressão, sempre esteve ligado, ou a abandonar a idéia de uma emancipação humana universal. (Wood & Foster, 1999, p.18)

Nessa perspectiva, a defesa de um projeto universalista jamais foi tão necessária. Para a compreensão e articulação das alternativas de superação do capitalismo, sistema essencialmente "totalizante", é preciso um "conhecimento totalizante", oferecido pelo marxismo. A superação do capitalismo exige a unificação da luta anticapitalista, pois "são os interesses e recursos de *classe*, a mais universal força isolada capaz de unificar lutas libertadoras diferentes" (ibidem, p.19).

As relações entre as manifestações culturais e o contexto sociopolítico podem ser analisadas da mesma forma que se vislumbram as relações entre fato e contexto pelo materialismo histórico-dialético. Desse ponto de vista, a realidade consiste num conjunto articulado de fatos que, simultaneamente, compõem e refletem a realidade. Existe uma *conexão interna* entre os fatos, cuja constituição consiste na generalização. A investigação é um processo cognoscitivo da realidade social, caracterizado por um movimento circular que parte dos fatos e a eles retorna (Kosik, 1976, p.54). Por sua vez, o procedimento pelo qual o todo recebe privilégio em relação às partes permite que se chegue a uma falsa totalidade, em detrimento das possibilidades de se atingir a totalidade concreta via abstração.

O problema fundamental da teoria materialista do conhecimento consiste na relação e na possibilidade de transformação da totalidade concreta em totalidade abstrata: como conseguir que o pensamento, ao reproduzir espiritualmente a realidade, se mantenha à altura da totalidade concreta e não degenere em totalidade abstrata? (ibidem, p.57)

O pensamento constrói uma falsa totalidade, na medida em que não capta a riqueza, a diversidade de significações e a característica contraditória do real, para considerar apenas os elementos do real coerentes com um princípio que foi abstratamente construído. Essa perspectiva de captação da totalidade concreta não tem pontos em comum com a "totalidade holística, organicista e neo-romântica, que hipostasia o todo antes das partes e efetua a mitologização do todo". Já em 1799, Schelling (apud Kosik, 1976, p.58) considerava a natureza como um todo orgânico em que o todo preexiste em relação às partes.

A concretização da totalidade consiste em um processo no qual não apenas as partes se articulam e adquirem novo significado, como também o todo se cria e se desenvolve nesse processo, atribuindo novas características às partes, que surgem agora como resultado do desenvolvimento da totalidade. Em Marx, encontramos a concepção "genético-dinâmica da totalidade", uma forma de entendimento racional "do surgimento de uma nova qualidade".

> Os pressupostos que na origem foram condição histórica do surgimento do capital, depois que este surgiu e se constituiu, se revelam como resultados da sua própria realização e reprodução; eles já não são condição de seu nascimento histórico, mas resultado e condições de sua existência histórica [...] A criação da totalidade como estrutura significativa é, portanto, ao mesmo tempo, um processo no qual se cria realmente o conteúdo objetivo e o significado de todos os seus fatores e partes. (Kosik, 1976, p.59)

Nesse sentido, o conceito de totalidade concreta, desenvolvido em Georg Lukács, segundo Sochor (1987), contribui para elucidar as dimensões da realidade social que se inter-relacionam nas constituições dos processos e que, portanto, devem ser consideradas na construção da concepção e práticas educativas. A totalidade concreta constitui-se no conceito fundamental do marxismo e é compreendida como um complexo em estado permanente de dinamismo cuja estrutura encontra-se em processo de desenvolvimento a partir de uma tensão dialética entre "unidade de produção e reprodução, dos resultados e de sua gênese". O sentido do todo, do complexo, encontra-se também nos seus "momentos e partes". A realidade social é, dessa maneira, constituída de uma formação econômica que consiste na totalidade concreta da estrutura econômica e das formas estruturais da vida espiritual da sociedade, da totalidade de ser e consciência, de sujeito e objeto (Sochor, 1987, p.20-1).

O método do materialismo dialético parte dos fatos, porém, não se detém nesses, por considerar seu aspecto reificado. Compreende os fatos do cotidiano como mediatizados pela estrutura social e os analisa em busca do núcleo estrutural, oculto neles, desenvolvendo conceitos que correspondem a esse núcleo. Os fatos são considerados e tratados tendo em vista sua função na totalidade social.

> O ponto de vista da totalidade concreta como método de conhecimento, como método de reprodução intelectual da realidade social, leva a uma dupla atividade intelectual. Trata-se de ser subjetiva; o sujeito torna-se objeto e uma atividade que, por um lado é negativa, já que consiste na destruição do objeto do conhecimento na sua condição de algo dado imediatamente; por outro lado é positiva, na medida em que opera uma construção e reconstrução intelectual desse objeto em conceitos teóricos. A destruição da pseudoconcreticidade fetichizada [...] significa também a revelação das relações sociais que se ocultam por trás dessa aparência. (ibidem, p.26)

Apresentamos aqui esse conceito de totalidade concreta para reforçarmos a posição defendida ao longo do texto de que os elementos constitutivos da realidade imediata dos alunos devem ser considerados e trabalhados na relação ensino-aprendizagem, como parte de um todo que, ao mesmo tempo em que expressa a realidade, só tem sentido se estiver relacionado com as características estruturais da sociedade.

A questão que define as diferenças entre a concepção estruturalista da totalidade e a materialista não é a determinação de onde está a prioridade, se nas partes ou no todo, mas na captação da "relação dialética das contradições e da totalidade, as contradições na totalidade e a totalidade das contradições, a concreticidade da totalidade determinada pelas contradições e a lei própria das contradições na totalidade". Para o estruturalismo, a realidade é constituída de partes e estruturas autônomas que se articulam, desprezando que a realidade social é instituída subjetivamente, como *práxis* humana objetiva (Kosik, 1976, p.60-1).

Para o materialismo histórico-dialético, a realidade social consiste na totalidade base-superestrutura, em que o homem, como *sujeito histórico real*, no processo social de produção e reprodução das condições de existência, cria a base e a superestrutura, desenvolvendo-se como ser histórico e social, e concretiza nesse processo a criação de si próprio, realizando assim a "humanização do homem" (ibidem, p.62).

Contrapondo-se à perspectiva da existência de uma totalidade e à possibilidade de apropriação científica de uma "essência" presente na realidade social, o pós-modernismo rechaça a existência de valores universais, o que, na área da educação, traz implicações relativistas para a concepção do conhecimento escolar. Seus representantes defendem a inclusão dos elementos da cultura dos alunos no currículo, em detrimento da existência de um conhecimento científico universal, considerado ideológico.

Por compreendermos que as relações democráticas no âmbito da educação – para além do aspecto político das relações de poder e de formação de cidadãos capazes de assumir posição ativa no processo sócio-político – envolvem também a democratização do processo de construção e distribuição do conhecimento humano, que é histórico e social, analisamos a abordagem sociológica da discussão das relações entre a produção do conhecimento com a estrutura de classe da sociedade, objetivando a discussão da autonomia relativa das ciências e, conseqüentemente, dos conteúdos escolares, buscando o entendimento das questões postas pela realidade em Porto Alegre. Reconhecemos o processo de construção social do conhecimento humano, o qual, dado seu caráter mediatizado, envolve a transmissão dos conhecimentos produzidos por uma geração para a seguinte. Além disso, analisamos a consideração da forma ideológica de transformação das ciências em processo que referenda o poder de classe social, por meio da restrição da legitimação da racionalidade econômica como forma genuína e superior de conhecimento, mediante a realização do fenômeno da burocratização, cuja base está amparada na idéia de organização.

Indicamos que, se o discurso crítico cai na armadilha da utilização da dicotomia ciência-ideologia, condenando a racionalidade humana pelo pecado da dominação socioeconômica, essa condenação acaba por reforçar a racionalidade capitalista, a qual se utiliza de uma única lógica como um paradigma para todos os campos do social, principalmente para a educação.

Esse questionamento da racionalidade capitalista e de seu mecanismo principal de imposição, a burocratização, leva, no caso da implementação da proposta educativa no município de Porto Alegre, que ora analisamos, ao questionamento da própria idéia de organização e de administração e, conseqüentemente, do papel do Estado como agente coordenador para a elaboração de uma proposta educativa para o município.

A organização do sistema de ensino: pressupostos teóricos

Com relação ao papel do Estado na elaboração das políticas públicas, surgiu, durante o levantamento de dados deste trabalho, o problema da relação da SMED com as escolas – que necessita de discussão e aprofundamento teórico – quando da elaboração do projeto político-pedagógico da rede municipal. Como parte do processo de implementação da Escola Cidadã, foram criados coletivamente por uma Constituinte Escolar os princípios que deveriam nortear a elaboração dos Regimentos Escolares – portanto, temos momentos de construção coletiva e momentos de reformulações por um grupo de professores (Escola Monte Cristo).[11] Entretanto, uma das críticas de alguns dos ocupantes de cargos de coordenação no ano de 2002, e também de alguns dos profissionais nas escolas, é que ocorreu um processo de implementação centralizador com a imposição de um projeto único para escolas com diversidade de realidades. Essas críticas são utilizadas como respaldo à posição de defesa da autonomia escolar com o Cidade Educadora e com a proposta de trabalho por projetos nas escolas.

O ponto central do Escola Cidadã refere-se à participação na escola, apresentada como meio e fim. Como fim, assume-se o objetivo de estabelecimento de práticas coletivas, as quais, por sua vez, remetem a ganhos "materiais e simbólicos" para os grupos envolvidos, que chamaremos de dimensão política da participação; como meio, a participação é concebida como forma de inserção dos elementos do contexto sócio-cultural no currículo escolar, referindo-se à dimensão pedagógica dos processos participativos.

> A pedagogia da participação é instrumento da valorização da ação coletiva e solidária, de conquistas simbólicas e materiais dos grupos. Ao mesmo tempo é um instrumento pedagógico que possibilita o conhecimento do contexto sociocultural, interagindo com o currículo escolar, tornando-o significativo, dando sentido às aprendizagens construídas a partir das estratégias de mediação propostas e operadas pelos educadores. (Azevedo, 2000, p.78)

Essa dimensão, na elaboração do projeto Escola Cidadã – além das possibilidades de aproximação da escola com a comunidade para que os elementos do contexto possam ser apreendidos pelos profissionais da educação, como estratégia de reestruturação curricular –, assume também a perspectiva de participação dos pais no processo de discussão, conhecimento e elaboração da proposta pedagógica da

---

11 A escola Monte Cristo é aqui identificada por não ter sido pesquisada neste estudo. Foi essa unidade que serviu de referência para a realização da pesquisa socioantropológica e da organização dos complexos temáticos.

SMED. Defende-se, portanto, a participação dos pais e alunos junto com professores e funcionários, "que conheçam e possam discutir a proposta político-pedagógica da SMED fazendo parte efetiva do processo pedagógico" (ibidem, p.70).

A construção desses espaços participativos que visam ao estabelecimento do compartilhamento de poderes entre os segmentos exige medidas de instrumentalização desses, apontando a necessidade de mecanismos de socialização das informações e do conhecimento sobre gestão escolar, entre outras. "A garantia do avanço democrático passa pela igualdade e eqüidade nas condições de participação dos segmentos que formam a comunidade escolar" (ibidem, p.70), ressalvando-se a existência de diferentes papéis e o intento de divisão de responsabilidades.

Nas duas escolas pesquisadas, as falas dos entrevistados demonstram que antes da elaboração e implementação do projeto Escola Cidadã existiam iniciativas diversas no sentido de tentativas de superação dos altos níveis de exclusão nas escolas. A necessidade de encaminhamentos a problemas concretos e emergentes incomoda os professores, os quais deixam transparecer que a proposta implementada é também resultado de iniciativas já existentes na rede municipal e consubstanciadas agora em um plano coletivo. Também é inquestionável nesses relatos a existência de um processo amplo de discussões teóricas, de debates e votações para definição dos elementos centrais do projeto.

Quanto à implementação do Cidade Educadora na escola X, a professora entrevistada assume que houve um processo amplo de discussão e de votação para a assunção da proposta; todavia, ressalta que se sentia extremamente pressionada por não concordar com a eliminação da seriação e que a presença da assessoria da SMED assumia um papel de cobrança e de fiscalização. Por sua vez, a supervisora da mesma escola rebate as críticas que apontam essa postura impositiva nos trabalhos, ressaltando o caráter coletivo, participativo e democrático na elaboração e implementação dos ciclos.

Em noventa e seis então quando eu entrei aqui, já havia essa discussão, já havia um projeto diferenciado, um projeto de quarta série que previa todo um trabalho diferenciado, então já havia um descontentamento com a questão da seriação, no sentido de fragmentar, no sentido de segurar o aluno, no sentido da repetência. Nós tínhamos um índice de repetência alarmante na escola principalmente em primeira série, nós tínhamos alunos que estavam a cinco, seis anos repetindo a primeira série, absurdos e o que se constatava é que esta repetência levava logo a seguir à evasão. Então, já havia uma busca por alguma algum tipo de estrutura que se não resolvesse mas pelo menos minimizasse estes problemas. Isso facilitou porque, em 1996, com a discussão mais acirrada em cima dos ciclos de formação, nós tínhamos um trabalho com a assessoria da SMED que vinham seguidamente proporcionar tipos de discussão, tínhamos formação continuada, tínhamos palestrantes, muitas leituras também e aí então no momento de discussão a escola resolveu optar. Muitos medos, muitos receios, porque era muita mudança, mas a escola optou. Pela grande maioria, a gente fez um processo de discussão com toda a comunidade escolar, é, pais, alunos, professores, funcionários e se fez então um processo democrático de votação e a escola optou. Então, no final de 96, para iniciar em 97. (SX)

Outro elemento bastante significativo dessa fala é que a escola já apresentava um nível elevado de discussão e de tentativas de superação dos problemas referentes à evasão e à repetência dos alunos, e que a novidade dos ciclos veio agregar esforços a uma necessidade já explicitada pela realidade da escola. A presença da assessoria aparece como elemento que proporciona a elevação do nível de discussão teórico; há que ressaltar ainda, nesse testemunho, o grau de articulação e de discussão para a efetivação da opção da escola.

Alguns desses profissionais criticam a forma impositiva com que a proposta da Escola Cidadã foi implementada. Uma das professoras entrevistadas ressalta que, apesar das inúmeras discussões e votações, ocorreu certo "convencimento forçado". No entanto, observamos pelo pronunciamento que, ao perceber-se voto vencido, assumiu a idéia e passou a trabalhar de forma até entusiasmada em prol da sua efetivação. Hoje, essa professora é uma das defensoras da organização por ciclos de formação, como se pode acompanhar em sua fala:

> Pois é aí ela fez esta proposta [Escola Monte Cristo], a Prefeitura gostou e fez. Escolheu umas escolas em certas regiões para debater esse assunto

e aí veio aqui para a escola as assessoras da prefeitura e começaram a nos colocar diferenças e o que era bom, o que era ruim. Que era um avanço porque dava mais chances para as crianças, toda a teoria. Bom, algumas professoras aqui da escola, a maioria, achou uma boa. Eu fui contra desde o começo. Briguei! Depois a gente fez uma votação, que foi muito [...] como toda a coisa em que existem muitas pessoas e existem muitas idéias e, muita coisa foi muito brigado, foi muito forçado. A SMED trazia assessores e assessores e cada vez mais gente, e se tu dizia que tu não concordava as pessoas ficavam em cima de ti. Tinha eu e mais uma meia dúzia que não concordávamos, porque a gente dizia: todas essas coisas podem funcionar numa escola seriada da mesma forma. E eu, que sou muito de me segurar na minha convicção e não me abri muito, não aceitava, tanto que eu votei contra. Fui voto vencido, tudo bem! Uns tempos depois, a assessora, essa que a gente de tanto brigar de tanto conhecer, veio aqui dizendo: não acredito que tu tá trabalhando tão bem no ciclo porque tu dizias que não porque não porque não vai funcionar. Sim. mas já que está, vamos lá, então [a escola X] teve a opção de escolher, como outras escolas tiveram opção de escolher [...] (PX)

Percebe-se claramente que a Escola Cidadã surge em razão de necessidades emergentes e que houve um direcionamento por parte da SMED na sua implantação, necessário em vista da assunção de pressupostos teóricos que indicaram alguns dos procedimentos a serem seguidos. Um deles, adotado em razão do referencial assumido, é o caráter participativo do processo, o que não indica falta de rumo na condução da implementação da proposta. Esse último depoimento citado mostra como determinados focos de resistência podem e devem ser confrontados quando da efetivação de uma política educativa, elaborada de forma coerente com as proposições políticas assumidas: a emancipação das classes populares. Neste ponto, indicamos um dissenso fundamental em relação à Cidade Educadora.

Aspecto central da proposta da Escola Cidadã, a democratização da gestão tem como pressupostos básicos elementos da educação popular e do marxismo. Já no projeto Cidade Educadora, os pressupostos do pós-modernismo tornam-se mais presentes e dão o tom para uma nova reformulação. São desencadeados mecanismos de organização do sistema de ensino e das unidades escolares, divergentes dos até então presentes.

Dentre os referenciais da Escola Cidadã, os princípios da educação popular sobre participação e autonomia revelam uma concepção que apresenta traços emancipatórios, mas que, com a radicalização dos pressupostos do pós-modernismo – quanto às relações do aparato governamental com organizações sociais, na elaboração e implementação da política educativa –, acabam por aproximar-se dos princípios da Terceira Via, que credita à sociedade civil – em detrimento do mercado, na perspectiva liberal, mas também do Estado, como ocorreu com o Estado de Bem-Estar Social – o papel de regulação e implementação das políticas públicas.

Na entrevista que a atual coordenadora do projeto mundial de cidades educadoras nos concedeu, esse é apontado como "paradigmático" em relação ao terceiro setor:

> Este programa é um paradigma a respeito disto [terceiro setor], porque para sua elaboração foi preciso contar com todas estas instituições e, ademais, estabelecer um diálogo que permita que todas estas instituições que se dirigem à escola, se conheçam e compartilhem os mesmos objetivos educativos. Respeito pela escola no sentido de que não possam apresentar-se todas estas instituições isoladamente, querendo oferecer seus serviços: visitas a zoológicos, museus, apresentação de concertos, atividades esportivas. O instituto de educação de Barcelona, vendo este marasmo de ofertas, reuniu estas instituições e acordamos que temos que entrar ordenadamente, que a escola possa dirigir estas ofertas, ter critérios de seleção em função das necessidades dos alunos. Este trabalho é paradigmático com o terceiro setor! (CPP, tradução nossa)

Vejamos a concepção de Estado presente nos argumentos dos profissionais da SMED encarregados da implementação do projeto Cidade Educadora. No que se refere à concepção do papel do Estado no financiamento da educação, nos documentos produzidos a partir de 2001 e nas falas dos profissionais que atuam na SMED, constata-se que outros segmentos sociais, para além do poder público, podem e devem assumir as responsabilidades que naturalmente já possuem com as atividades educativas. Mesmo porque, concebem-se outros espaços sociais, além das instituições educacionais, como dimensões de um processo amplo de formação dos sujeitos sociais, que devem ser reconhecidos e assumidos.

O conceito de *Escola Cidadã* não dá mais conta da amplitude e complexidade dos processos educacionais, neste início de século. A educação não ocorre apenas nos espaços da educação formal, mas ela resulta das experiências vivenciadas em todos os espaços da cidade pela ação do conjunto das organizações governamentais ou não. (Pacheco, 2001, p.18)

Assume-se, com a implementação da Cidade Educadora, a natureza e a ação educativa das instituições não-governamentais, sugerindo que no âmbito do projeto anterior – Escola Cidadã – não se tinha essa perspectiva de buscar na sociedade recursos e, simultaneamente, constituir-se, também a escola, um dos meios de superação da violência social. Esse raciocínio explicita-se no momento em que se busca definir a responsabilidade da cidade na educação. "Trabalhamos portanto com o conceito de Cidade Educadora, na qual, o poder público e a sociedade de forma articulada exercem sua função educadora [...] a Cidade Educadora educa a própria escola e é educada por ela, passando a assumir um papel mais amplo na superação da violência social" (ibidem, p.18).

Neste momento, retomaremos o conceito de *educação permanente* desenvolvido pela Unesco, subjacente aos projetos Cidades Educadoras, os quais constituem, como vimos, uma rede internacional, e concebem a educação como um sistema integrado de instituições educativas, com o papel social de criação de um novo padrão cultural que contribua para a estabilidade social. Portanto, esse quadro teórico prevê a criação de mecanismos para a criação de um sistema de ensino no qual a educação formal e a informal estejam no mesmo patamar de possibilidades e capacidades de desenvolvimento de atividades educativas. Daí o discurso da busca de parcerias do Poder Público com instituições da sociedade civil para potencializar o caráter educativo das ações desenvolvidas por outros espaços que não a escola, ampliando o envolvimento dos diversos segmentos da comunidade.

Nesta fala de uma das coordenadoras da SMED, esclarecedora o bastante para justificar a extensão da citação, a idéia de distribuição de responsabilidades educativas para outras organizações sociais – além do Poder Público – fica mais evidente:

> Então, a gente já pode começar pelo que se está entendendo por cidadão e na relação com a educação. Então, a educação não acontece apenas nos espaços mantidos, coordenados, administrados pela Secretaria de Educação, mas pelo contrário essa educação é responsabilidade de toda a cidade, não só em termos de órgãos públicos, mas essa parceria que a gente quer e vem ampliando com a sociedade civil de modo geral. Então quando se faz agora um movimento de alfabetização, que parceria é essa que se quer? Que [...] acabar com o analfabetismo não deve ser um compromisso só dos órgãos públicos, só da administração pública. É um compromisso de todo, toda a sociedade quer dizer, que os empresários, que os sindicalistas: o que eles tem a ver com esse sujeito analfabeto da cidade? Que grau de responsabilidade e compromisso cada um pode assumir, nessa tarefa de acabar com o analfabetismo? Isso não quer dizer que a administração pública se exima da sua responsabilidade, é ela que mantém [...] pedagógica é ela que de alguma forma, vai fornecer os materiais nessa parceria, mas ela quer, essa preocupação. Esse é o caráter da Cidade Educadora. Ela tem que planejar ações que realmente envolvam os cidadãos em ações conscientes, críticos e assim por diante. Temos aqui o projeto Coruja, só a Secretaria de Educação não dá conta disso, porque ela está trabalhando também com uma modalidade de bolsas de estudo para esses alunos, através de uma ação educativa, de projetos de trabalho educativo, mas quem oferece essa atividade? A gente tem empresa de construção civil que na verdade oferece um curso na área da construção civil que vai garantir um trabalho para esses alunos. Mas quem faz a coordenação pedagógica desse curso quem faz o acompanhamento desses alunos, quem garante que esses alunos estejam freqüentando a escola é a Secretaria da Educação. Essa é uma realidade, não tem como não buscar parceria com quem de alguma forma usa a cidade e ganha dinheiro na cidade e através da cidade pra gente poder encaminhar pelo menos entrar numa competição mais saudável com os traficantes, marginalidade de forma geral. E a questão da Cidade Educadora, uma coisa não substitui a outra, a escola continua cidadã, mas a gente está querendo ampliar este conceito [...] (CPS)

Encontramos aqui referências ao papel do Estado e da sociedade civil quanto à elaboração, execução e financiamento da política educacional do município, que constituiu foco de discussão do segundo capítulo deste trabalho, uma vez que governos de cunho liberal vêm, desde a década de 1990 no Brasil, empreendendo reformas educativas com o intento de reformular as concepções e práticas acerca do papel do Estado com relação às políticas públicas. Tendo em vista a ampliação da disputa pelos fundos públicos por parte do capital, neste momento de crise do sistema, uma das estratégias do Estado para canalizar uma maior fatia desses recursos – antes aplicados nas políticas públicas, na atividade produtiva e financeira – tem sido a transferência dos custos das políticas sociais para a sociedade civil.

É interessante observarmos que, no bojo da proposta de autonomia escolar apresentada pelo projeto Cidade Educadora, encontramos também indícios de um processo de enxugamento de pessoal na Secretaria da Educação. Conforme a fala desse diretor, além da diminuição dos profissionais que realizavam a assessoria para as escolas, também houve uma lentidão maior na contratação de professores.

> [...] ah, hoje eu acho que é mais tranqüilo, a gente pode executar nossa proposta de acordo com o que a gente acredita e vê que funciona, só que eu acho que não pode ser muito solto, eu acho que a gente precisa de uma assessoria um pouco mais efetiva porque acontecem situações que a gente não tem como resolver, e vem assessoria aqui e deixa a gente meio na mão. É uma coisa que eu notei que não acontecia e aconteceu nesse ano, foi falta de professor. Falta de professor a gente sofreu aqui, meio ano com turma sem professor. E a gente teve que dar jeito. Isso não acontecia, eu não me lembro de ter começado um ano letivo com um quadro tão caótico como foi esse ano, então eu acho que essa falta de assessoria e essa autonomia, foi meio que de abandono. (DX)

Os coordenadores da SMED que defendem o projeto Cidade Educadora alegam que a escola deve ser concebida "como espaço singular, espaço de encontros humanos, espaço de encontros e entrelaçamentos de trajetórias de formação e de ação de professores, funcionários, alunos, pais e como *espaço social* em rede, ou seja, em relação a outros espaços sociais"; portanto, aponta-se a "necessidade de trabalharmos com pressupostos que possibilitem a pluralização das práticas educativas e a expressão das singularidades dos coletivos que compõem as escolas" (Moll, 2001, p.25-6).

Essa equipe, que assume a SMED desde 2001, critica o fato de se ter elaborado um projeto único para a rede toda (em referência ao projeto Escola Cidadã), argumentando que, com essa medida, não se permitiu a elaboração de projetos diferenciados de acordo com as necessidades e possibilidades de cada realidade das diversas escolas.

> a gente convidou as escolas a fazerem neste momento, elas estão escrevendo, reescrevendo seus projetos pedagógicos, porque a partir do momento que a prefeitura, que a SMED, pela Constituinte, através do Congresso, instituiu um projeto pedagógico para a rede, que é o da Escola Cidadã, todos os outros projetos particulares sumiram, [...] no papel , porque na prática tem um projeto da Rede que é um projeto único, e isso que a gente está querendo abrir esse projeto, esse projeto ele tem que dar sim o tom da Rede, ele tem que dar as diretrizes, ele tem que normatizar algumas coisas, mas ele não pode impedir que os projetos próprios de acordo com as regiões, com as trajetórias das escolas possam acontecer, isso não está contemplado nessa proposta então a gente está permitindo que as escolas recuperem os seus projetos. (CPS)

O que colocamos em discussão é a relação da Secretaria com as escolas, no tocante à elaboração da proposta pedagógica. Quando defendemos a necessidade de instalação de uma dinâmica organizacional que permita aos diversos segmentos de todas as instâncias participação na elaboração de um projeto educativo coletivo, estaremos abrindo mão da adoção de um referencial teórico-metodológico que oriente o processo por parte da Secretaria em prol das diversas orientações que porventura surgirão? Ou a instalação de um processo participativo se dá exatamente pela existência de um projeto político calcado em determinada concepção teórica?

Os coordenadores do projeto Cidade Educadora questionam o fato de existir um projeto único a ser implementado por todas as escolas, que padroniza os procedimentos de conhecimento da realidade pela via da pesquisa sócio-antropológica; consideram isso uma violência – em duplo sentido: tanto para os professores, obrigados a realizar tal atividade (entrevistas nas casas das famílias dos alunos), quanto para os pais, como que invadidos.

> como é que, o que os professores recebem aí tem a ver com a forma com a qual a Secretaria trabalha, como é que os professores recebem uma proposta de inovação que diz: isso não é mais, isso está errado, [...] bota o que no lugar? E tu bota o conhecimento da realidade onde o sujeito não viveu esse processo de formação suficiente para fazer com que ele deixe, que ele venha substituir, preconceitos por conceitos mais claros sobre a diferença de cultura, então a gente está o tempo inteiro brigando com isso: o que eu faço com os conteúdos e o que eu faço com aquilo que eu tenho estabilidade.... Sim, sim, como atividade obrigatória ... quem começou com a proposta de ciclos em 95 de cara começou a realizar a pesquisa. O que a gente também discute em torno desse princípio da autonomia, a gente foi buscar, tu deve ter ouvido falar da Cláudia Fonseca? Uma antropóloga que nós temos aqui, na Universidade Federal [do Rio Grande do Sul], e a gente foi buscar alguns teóricos pra poder entender a resistência que acontece por parte dos professores em relação à pesquisa sócio-antropológica, e aí a gente tem discutido um pouco essa violência que representa para o professor ser obrigado a ir, no meio da vila bater nas casas, e a violência que representa esses sujeitos todos da escola invadirem a vila e pedirem para realizarem essas entrevistas [...] a proposta por ciclos é um pacote e quando tu compravas o pacote levava isso tudo junto, essa discussão a gente hoje dessa forma [...] (CPS)

Entendemos que a proposta Cidade Educadora nega o caráter participativo do processo de implementação da Escola Cidadã, em razão do abandono da perspectiva teórica que embasa a proposição da reestruturação curricular: pesquisa socioantropológica e organização por complexos temáticos.

Pretende-se, com a implementação da Cidade Educadora, substituir uma proposta elaborada coletivamente – mas que em seus desdobramentos nas escolas permite desenvolvimentos diferenciados (cada unidade a partir da sua realidade elabora diferentes complexos temáticos, abordando os conhecimentos a partir de problemáticas vividas) – por um projeto de autonomia escolar que abre mão, ou melhor, sustenta-se na eliminação de qualquer diretriz por parte da SMED. Na abertura de um evento promovido pela Secretaria, a Coordenadora Pedagógica manifesta o desejo de ver chegar o dia em que as escolas se dirijam aos coordenadores e digam: "nós não queremos proposta nenhuma da Secretaria, pois temos nossa própria proposta pedagógica".[12]

A participação dos pais

Aqui percebemos um aparente consenso em relação à defesa da participação dos pais na escola. Na proposta da Escola Cidadã percebe-se a existência de uma indissociabilidade entre gestão democrática e qualidade de ensino (Frigotto, 1999, p.24). Em um documento da SMED, o secretário municipal (gestão 2001-2004) que implementa o projeto Cidade Educadora defende que as tarefas político-pedagógicas não são exclusivas dos professores (resguardadas as especificidades das tarefas de cada segmento) e que todos que interagem com os educandos são educadores. "A intervenção no processo didático-pedagógico se completa no âmbito da escola, com a participação organizada dos pais ou responsáveis" no Conselho Escolar, os quais "devem se constituir em definidores da identidade de cada escola e gestores da integração desta com a sociedade" (Pacheco, 2001, p.19).

Apesar da propalada gestão democrática no âmbito da definição do orçamento, nos espaços escolares encontramos dificuldades relacionadas à atuação dos pais nas duas escolas pesquisadas. Ambos os Conselhos Escolares contam com a participação predominante dos representantes docentes, enquanto os pais e alunos têm dificuldades para estar presentes, e, mesmo quando comparecem, surgem limites para se posicionarem diante das questões discutidas.

Uma das mães entrevistadas, representante de pais no Conselho Escolar, menciona que, quando participa das reuniões, cala-se, porque

---

12 Coordenadora pedagógica da SMED, durante debate com Fernando Hernández, em 23 de outubro de 2001, em Porto Alegre.

entende que as decisões tomadas estão corretas, mas que, se tivesse algo para dizer, com certeza o faria. Ficou-nos nesse momento o questionamento: será que uma concordância tão irrestrita com a organização da escola e com as decisões tomadas até então nas reuniões do Conselho Escolar não poderia ocorrer em razão de insegurança, por entender (essa mãe) que outros segmentos que trabalham na escola possam ter mais conhecimento sobre temas debatidos?

E não tem reclamação, eu acho que a escola está organizada, no meu ponto de vista, que não sou só eu que participa, também tem mais pais, mais professores, uma equipe ... eu participar eu participei, falar eu não falei, tive oportunidades de sobra, nunca fui proibida, sempre se eu tivesse alguma dúvida, alguma questão, alguma coisa, só que eu não vi motivo pra que com no meu ponto de vista as coisas eram certas, né, então no meu ponto de vista não teria porque eu chegar e colocar alguma coisa, o que a equipe, o que a equipe falava e faziam estava certo, tanto é que eu assinei as atas que eu participei, sabe, então assim, sim é aquela coisa, eu sou muito de esperar o momento certo, então se tivesse alguma coisa errada daí eu colocaria, uma injustiça, alguma coisa, eu colocaria. (RPX)

Há, entretanto, uma queixa dos diretores e professores acerca das dificuldades em conseguir a presença dos pais nas escolas.

Isto é uma dificuldade que a gente vem enfrentando de trazer os pais pra escola. A gente faz uma reunião a não chega ter 10 % de pais. Então é muito difícil assim reunir os pais, inclusive para escolher representantes do conselho é uma dificuldade. O mesmo acontece com alunos e o mesmo acontece com funcionário, funcionário eu não tenho efetivamente a participação de nenhum, eles deveriam ir mais, não sei. (DX)

Uma professora dessa mesma escola (X) frisa o fato de a Secretaria ter investido na promoção de encontros de formação com a comunidade para a promoção da participação dos pais, quando é a realidade de trabalho vivida por esses que dificulta uma presença efetiva.

Sim teve muitas palestras para eles, não é palestra, o pessoal da assessoria da SMED fez muita reunião. Mas eu como te disse, é uma comunidade que não se mobiliza é muito difícil. Primeiro porque a maioria trabalha com faxina ou com bico e se tu faltou tu não ganhou. E não adianta tu dizer: mas a educação do teu filho é importante. Sim, mas comer também é. Então, a gente reclama a gente briga mas a gente sabe. Então teve [tentativas de envolver pais de alunos na escola] mas a participação foi pequena e o entendimento foi pequeno. (PX)

Já na escola Y, a diretora indica um processo crescente de interação dos pais no orçamento participativo escolar, por conta de estratégias adotadas pela escola para a promoção dessa participação e, ainda de forma embrionária, para o questionamento da proposta pedagógica da SMED.

Agora a gente os chama, eles estão sempre aqui, na participação este ano nós ganhamos eu não sei se você viu a faixa aí na entrada nós ganhamos o OP da escola que nós levamos 210 pais para a assembléia do orçamento escolar participativo. O que era uma coisa raríssima, nós éramos metade do Centro Vida e a outra metade era o resto das escolas. Então assim foi super significativo nós tivemos uma participação em massa os pais têm vindo muito mais, nos chamamentos seja para conversar seja para encaminhar para psicólogo, fonoaudiólogo ou mesmo nas atividades recreativas de Sábados, alguma festa que a gente faça tem tido muito maior participação, não ainda o ideal que nós colocamos como objetivo ainda a gente sabe que tem muito a crescer, mas a gente tem tido retorno muito bom da comunidade [...] a questão da aprendizagem os pais não acreditavam que os alunos eram capazes de aprender e nem os professores de ensinar ... nem todos os pais gostam dos ciclos há muito questionamento. Hoje mesmo teve uma mãe que faz parte da associação comunitária... como é que está a questão dos ciclos dá uma impressão que tá difícil porque estão discutindo no orçamento participativo eu disse assim olha mãe, tem o ano que vem o Congresso da Cidade, vai ter o congresso municipal, onde vai estar se rediscutindo. Os pais vêm e perguntam e querem muito uma resposta, eu acho que mudou um pouco a relação com a comunidade em função de que hoje eles vêm e perguntam e esperam as respostas, antes eles não perguntavam isso, só diziam que a escola não ensinava. Eles não entravam dentro da escola. (DY)

Na avaliação dessa diretora, o fato de os pais contribuírem no orçamento participativo e em outras atividades desenvolvidas pela escola, apesar de requerer uma série de estratégias que veremos na seqüência das falas, provoca uma aproximação maior com a escola e permite que esses pais passem a questionar os assuntos pedagógicos – no caso mencionado, a organização por ciclos de aprendizagem.

De fato, pudemos constatar, na entrevista realizada com uma das mães de alunos, a existência de certo descontentamento com a organização por ciclos e a expectativa de possibilidade de questionamento acerca da proposta pedagógica. No entanto, as vias para essa crítica se configuram impossíveis na fala dessa mãe, em razão da existência de uma distância entre a ação dos pais e a estrutura organizativa da SMED. Notemos a expressão do desconhecimento do poder de decisão dos segmentos que atuam nas escolas em relação às instâncias clássicas de decisão acerca da política educacional: o prefeito, ou seja lá quem for, que lida com a educação no município.

> Não eu nunca falei [após tecer críticas à não aprendizagem dos alunos, segundo ela, em função da organização por ciclos, perguntamos-lhe se ela tinha falado sobre isto na escola], porque eu nunca tive oportunidade de saber que se eu colocasse isso para a direção da escola, se isso aí tem como mudar, porque isso aí é uma coisa que não parte deles, não é? É de quem lida com a educação, mas o prefeito, sei lá, as pessoas que lidam com a nossa educação. (RPY)

A sua passividade nas reuniões é explicada por dois motivos que são necessariamente imbricados: primeiro, afirma que ainda não havia percebido a existência dessa possibilidade e abertura por parte da escola, para que pudesse pedir esclarecimentos e posicionar-se diante do desempenho da instituição; e, segundo, demonstra que, por entender que quem não acompanha de forma sistemática e (sempre) dá alguma contribuição, não tem o direito de questionar. Essas duas razões apresentadas para justificar sua distância em relação à escola são explicadas pelas suas condições de vida. Num primeiro momento do seu depoimento, expressa a inexistência destes espaços de discussão no município:

é que agora eu estou tendo uma oportunidade de falar para a senhora aquilo que eu queria falar para todo mundo, eu estou tendo uma oportunidade de falar com a senhora. E isso não tem aqui na escola, não existe no município não. Mas é como eu acabei de lhe colocar, eu não trouxe essa questão para dentro da escola porque eu sou assim uma pessoa que não estou por dentro de muita coisa, sei lá, eu não sabia que isso aí se eu quisesse eu poderia trazer para a escola, estou sabendo agora, porque a senhora me fez essa pergunta. (RPY)

Na seqüência, parece se dar conta de que talvez esses espaços existam, mas, por receio de conflitos ou por não estar inteirada das questões, não os tem ocupado. De repente é como se deslocasse o eixo das críticas, da falta de espaços proporcionados pela escola, para a existência desse debate, para suas condições individuais de ocupar espaços realmente existentes.

Então até por questão de preservar as coisas a gente não pergunta, não sabe e não é informado. Agora depois que eu terminar de fazer essa entrevista com a senhora eu vou chegar na diretoria, vou colocar essa situação e vou ver o que ela vai me dizer a respeito disso, se ela pode marcar uma reunião com os pais e eu colocar para os pais para ver o que é que os pais vão falar sobre isto. [...] De repente até me colocaram e eu não me dei por conta, eu não cai em si sabe, eu não me dei por conta que eles estavam me dando liberdade para eu colocar a situação, como eu também posso lhe dizer assim a minha situação já vem de infância, eu fui uma criança que aos 9 anos, fui colocada para fora de casa, eu fui morar, eu tive uma infância assim que eu dependia das ruas para sobreviver, sabe, eu não tive uma estrutura familiar. Então muitas coisas assim que aconteceram eu não tive minha mãe nunca foi assim de participar de reuniões, minha mãe nunca foi de ir numa escola ver o que é que tava acontecendo, aquela coisa toda. (RPY)

Apesar dos limites impostos pelas condições de existência, essa mãe, logo após expressar o desejo de participar das atividades para as quais é convidada, expressa o desconhecimento das questões que são tratadas (sempre achou que as reuniões para as quais é chamada destinam-se a tratar das notas dos alunos) e, em razão disso, o medo de atrapalhar, manifestando ainda a necessidade de ajuda para que possa participar na escola.

E agora eu tô participando daquilo que me chamam, então muitas coisas eu também ainda não aprendi, eu ainda também não posso chegar aqui e falar tá errado, eu não tenho aonde procurar uma ajuda tá, mas agora a senhora me fazendo essa entrevista, só a senhora me fazendo esta entrevista eu já tô aprendendo um pouco e tô sabendo as coisa que eu posso que eu não sabia que eu podia.... mas como eu não sabia pessoalmente, particularmente que eu poderia chegar e fazer uma pergunta, eee sim, eu não sabia mesmo então fica difícil, eu fico pensando assim fica difícil mesmo, como é que eu vou chegar lá e vou perguntar será que eu não tô atrapalhando será que eu não tô incomodando, fica difícil. Sempre que marcam reuniões eles mandam bilhete em casa, eles se os alunos não tem o hábito de entregar para os pais eles avisam quando a gente vem até a escola, olha tem uma reunião pros pais dia tal e tudo. Só que isso aí assim para mim sempre foi para resolver sobre como estão as notas na escola. (RPY)

É importante observar que a diretora da escola apresenta o mesmo diagnóstico que a mãe, acerca das dificuldades de participação dos pais. Ela indica a percepção desses de que não eles têm uma contribuição significativa a dar no Conselho Escolar. No relato seguinte, podemos perceber certa autocrítica, por perceber que os professores às vezes se esquecem de perguntar ao pai representante a sua opinião acerca da questão debatida. Quando esse participa, "posiciona-se" mais como ouvinte, ainda que talvez este não seja o maior dos problemas alegados. Há também o fato de que os pais que começam a participar, quando conseguem emprego, acabam afastando-se do Conselho.

No Conselho Escolar é uma dificuldade que a gente tem, porque os pais vêm estão participando daqui um pouco eles não vêm mais, eles acham que não têm muito com o que contribuir. Quando eles participam é mais ficar sentado assistindo a gente está puxando, e convida, mais é muito difícil, esta participação deles exporem as idéias, deles falarem é, isso ainda é bastante difícil. Eles sempre dizem que uma das questões é, por causa, muitas vezes, por estarem trabalhando, quando eles estão desempregados eles participam, e depois arranjam um emprego e não podem participar.

Mas ainda acredito que seja isso, que eles ainda sintam que não são importantes, eles ainda... é a minha visão quanto a isso, eles nunca colocaram, mas a gente às vezes esquece, que porque a maioria da constituição do Conselho é formada por professores, e os professores sempre participam e discutem, às vezes a gente até esquece qual é a sua opinião, como é que tu pensa, o que é que tu fala o que é que tu acha sobre isso, por essa questão eles ficam nesta posição muito de ouvintes só. (DY)

Apesar do reconhecimento das dificuldades para a participação dos pais, a mãe explicita o entendimento de que, se não está presente e colabora com a escola, não tem direito de opinar sobre a proposta pedagógica, ou seja, o que deveria ser um direito dos pais torna-se uma obrigação (participar, ajudar), e mais, uma condição para o exercício de outros direitos na escola.

não tive tempo e não tenho nem como cobrar nada, sendo que eu não participei ... só que para mim cobrar alguma coisa, e dizer que alguma coisa tá errada eu tenho que participar, como eu não tô participando eu não tenho como cobrar nada de ninguém, não tenho que dizer tá melhor, tá pior. A partir do momento que agora eu vou me dispor, que eu me coloquei à disposição deles que eu vou começar a participar, então daqui para frente é que eu vou poder começar a cobrar alguma coisa, daqui pra frente que eu vou ver se eu tô certa errada ou se tão fazendo certo ou errado. Sem a minha participação como é que eu posso cobrar, que nem o orçamento participativo, foi a melhor coisa que a Prefeitura de Porto Alegre inventou orçamento participativo tanto é que nem só eles inventaram como está em quase todos os lugares, quase todos os países já estão fazendo o tal do orçamento participativo, só que aquela coisa assim é importante é mas eu não tô participando, então não adianta eu tenho que ter a minha participação para mim poder reclamar. (RPY)

Esse depoimento demonstra que a assimilação do discurso da necessidade de envolvimento, como condição para a melhoria da escola, pode redundar na percepção de que os pais não podem reclamar das condições de aprendizagem se não estiverem participando.

Essa entrevista demonstra mais um drama vivido pelos pais das escolas públicas: além dos problemas todos enfrentados com desemprego e baixos salários, que acrescenta uma série de entraves para enviar os filhos para estudar, há a pressão para que participem e assumam responsabilidades para com o funcionamento da escola, o que traz uma série de muitas outras dificuldades: receio, angústia e insegurança, em razão também do reconhecimento da necessidade de desenvolvimento de saberes para que possam dar uma contribuição significativa quando da participação no conselho escolar.

Propomos, entretanto, a reflexão: a educação de qualidade, como um direito do cidadão, não deve ser garantida independentemente da contribuição individual que esse possa oferecer à unidade de ensino na qual seu filho se encontra matriculado?

Dadas as diversas barreiras existentes à participação das famílias na escola, os professores e direção lançam mão de uma série de estratégias para garantir essa presença em alguns momentos, a exemplo do esforço concentrado para angariar um maior número possível de pais presentes no orçamento participativo escolar. Tanto é que a escola Y, cujos profissionais indicam a ausência de alunos e pais no Conselho, foi a primeira colocada no último orçamento, posição conseguida graças às atividades festivas, como almoço e sorteio de brindes, realizadas para garantir a mobilização.

Com relação a essa conduta dos profissionais da escola para conseguir a presença dos pais em determinados eventos na escola, a mãe entrevistada condena não a atitude da instituição em utilizá-las, mas a postura dos pais de comparecerem na escola somente na presença desses estímulos.

> Isso eu acho errado da parte nossa como pai, como mãe eu acho muito errado, eu não tenho que participar da escola onde meu filho estuda porque eu vou ganhar uma cesta básica, porque eu vou ganhar um brinde eu tenho que participar porque é minha obrigação e a educação do meu filho não depende só da escola não. Não depende só da escola porque eu aprendi assim ó a educação a gente traz de casa, e a escola dá continuidade. (RPY)

Esses dados nos indicam como o processo de aceitação de culpa por parte dos pais é presente, apesar do reconhecimento das suas dificuldades, enquanto a crítica ao trabalho realizado pela escola é difícil de ser esboçada, não obstante a percepção da insatisfação com a aprendizagem de seus filhos.

Já a direção lamenta a necessidade dessas estratégias para obter um número crescente de pais nas atividades. No entanto, quando relata as reações diante da oferta de um almoço e da disponibilidade de um ônibus para o transporte até o local do evento, descreve a alegria e satisfação deles por estarem sendo bem tratados pela escola.

> Usamos ainda, é uma coisa que a gente não gostaria mais de fazer, mas ainda a gente usa alguns recursos pelos pais, como por exemplo, a gente fez nos últimos dois anos um sorteio ãã de cesta básica os professores se organizam a idéia que surgiu é dos professores, a gente faz para premiar os pais que participam; a gente fez no ano passado e no ano passado assim na volta, o que eu senti que mais deu resultado na volta da assembléia quando a gente foi a gente passa o dia inteiro, a gente organizou um almoço para esses pais, eles não sabiam e quando eles voltaram tinha risoto, uma sobremesa. Muito significativo para eles o fato de eles se sentirem bem tratados. Aquele almoço teve um significado tão grande que todos os 40 pais que participaram ano passado, este ano fizeram questão de participar e eles perguntavam professora vai ter aquele almoço de novo [...]. A gente sentiu que a organização esse ano foi bem maior e foi uma festa, na hora do almoço a gente fez o sorteio de novo do rancho, que a gente até discutiu no Conselho Escolar se era válido ou não, e os professores a maioria achou que tinha que continuar [...] Isto no orçamento participativo que para eles assim é uma coisa, que a gente vê assim que eles estavam alegres, faceiros eee porque o ônibus busca e leva, então isso para eles é uma coisa assim que a gente via alegria deles em poder participar né, e muitos que não puderam vem depois e dizem ah, diretora eu gostaria tanto de ter ido, fazia questão de participar, esse tipo de participação a gente tá conseguindo bastante, quando a gente faz uma reunião eles vêem, quando a gente faz essas atividades no Sábado né, a gente procura também, quando alguma reunião que a gente quer que eles venham, quer que eles participem faz sempre alguma coisa para chamar, a gente faz muito brechó, venda de roupas usadas ... por exemplo. (DY)

Fica nítida a percepção dessa diretora de que uma das melhores formas de obtenção do apoio da comunidade à escola é o tratamento cuidadoso com os problemas das famílias, a atenção dispensada para ouvi-los e proporcionar a elas espaços de lazer que não possuem em outros lugares.

> mas assim eu acho que aos poucos essa coisa de a gente tentar receber sempre bem os pais, ter paciência para ouvir eles, né ãã. Tanto a direção quanto [...] se empenham muito e isso, eles forma aos poucos ele forma se dando conta que dentro da escola tinha pessoas que podiam ouvir eles, né a gente às vezes até brincava ah, hoje passei o dia inteiro fazendo terapia... a gente começou a chamar muitos pais para as atividades então qual é o nível hoje de participação, quando a gente diz que para nós é muito boa a participação dos pais dentro de alguns limites, [...] nestas atividades estão conseguindo, eles vêem a escola como local de lazer, como um local diferente que eles podem vir e passar uma manhã, um dia interessante. A Festa Junina este ano da escola a comunidade toda veio uma participação em massa, e depois eles diziam ai que bom que festa bonita, que pra eles é uma coisa muito importante, porque eles não têm em outro local esse tipo de coisa, quando a gente faz entrega de avaliação, eles vem a grande maioria vem os que não podem vir depois vem outro dia, justificam. Então nestes espaços eles já estão participando bastante. (DY)

Ressaltamos, portanto, a necessidade do acolhimento dos pais por parte da escola, sem, no entanto, esquecer o papel da escola na sociedade como agência socializadora do conhecimento sistematizado. Com relação a esse aspecto, não aparecem nas falas os objetivos pedagógicos e administrativos de todo esse trabalho com as famílias. Percebe-se um grande esforço para uma aproximação com os pais dos alunos, concomitante ao abandono dos elementos pedagógicos da proposta relacionados a esta aproximação: a pesquisa socioantropológica e a elaboração dos complexos temáticos.

Ainda surgem questões relativas às dificuldades na delimitação das atribuições entre diretores e Conselho Escolar. A Coordenadora Pedagógica da SMED indica a persistência da concepção de que ao Conselho competem as questões financeiras, enquanto que as administrativo-pedagógicas, à direção.

Eu acho que, nós temos aí duas coisa importantes, uma que é ãã definir o que é gestão né, eee a questão da gestão é muito ligada à direção de escola, como é que tu tira éeee da direção da escola, como é que tu descola da direção da escola essa idéia de gestão né e tu divide este conceito pra todos os segmentos que comporiam um Conselho Escolar. Né então a gente acaba tendo um embate permanente ao que compete a uma direção de escola e o que compete ao Conselho Escolar. Né nós temos ãã formação permanente de conselhos escolares e é uma coisa engraçada porque dependendo da ênfase que é dada à formação dos conselhos escolares, os presidentes de conselhos escolares alguns néee alguns presidentes são pais, eles acham que eles têm que chegar na escola e tomar conhecimento de toda correspondência [...] a gente ainda encontra muito dividido que a gestão administrativo-pedagógica da direção da escola e a gestão financeira do Conselho Escolar. O Conselho Escolar é muitas vezes chamado para assinar contas e a gente ainda tem muito isso. (CPS)

Essa coordenadora aponta experiências em que esse espaço institucional discute questões pedagógicas, até mesmo definindo o currículo da escola. Percebe-se por essa fala uma defesa dessa perspectiva de atuação do Conselho Escolar:

[...] tu percebe que essa concepção de gestão democrática ela já tá entendida, como um um eu chamaria de um movimento que envolve participação dos diferentes segmentos que vai desde as regras mais simples de convivência de abertura e fechamento, uso da cancha, ãã, uso da biblioteca se se associa ou não, eee até as decisões mais pedagógicas, né nós temos experiências de escolas uma das escolas que eu poderia conhecimento que eu poderia assim citar, é uma escola onde os próprios alunos discutiram sobre as disciplinas mais importantes do *currículo*, quais as que eles tirariam quais eles manteriam e por quê, e a diferença disso em cada idade, [...] existem movimentos neste sentido de uma discussão sobre pedagógico mais ampla, mas no Conselho Escolar é muito, é muito incipiente ainda levar pro Conselho Escolar discussões sobre pra além do calendário escolar, definir feriados, pontes, Sábados de trabalho, que isso também acontece e os pais se posicionando, se querem aulas aos sábados ou não, né desde os espaços de reunião de pais se é Sábado, os pais querem Sábado à tarde mas os professores não querem trabalhar Sábado à tarde, então leva a discussão pro conselho. (CPS)

Se, no entanto, a perspectiva dessa coordenadora da SMED é a de que o Conselho Escolar possa realizar discussões e deliberar sobre questões pedagógicas, ela também questiona a capacidade que os pais teriam para decidir sobre tais assuntos, uma vez que lhes falta formação específica. Os professores, profissionais da educação, possuem um acúmulo teórico acerca de problemáticas sobre as quais as posições dos pais estariam pautadas por impressões do senso comum. Sugere, portanto, que o Conselho Escolar constitua-se em espaço de formação.

mas o que cabe a um pai decidir pedagogicamente e o que cabe a um professor enquanto um profissional da educação, né que qual o entendimento que um pai tem pra dizer o que ele acha que tem que reprovação sim, eee se tu for conversar com os pais, os pai querem reprovação, eles acham séria mais competente aquela proposta que reprove e não a que o seu filho não reprove muitas vezes, como é que tu deixa neste lugar as decisões né ou como é que tu usa aquele espaço de formação que é o que a gente tá querendo [...] fazer com que os momentos de reunião de Conselhos Escolares sejam espaços de formação não só espaços de informação, onde a diretora dá os recados pega algumas assinaturas né mas que na verdade aquele momento seja um momento de discussão e que aquele momento não seja de discussão dos representantes que não ouvem as bases, porque isso é muito comum vem o pai, vem o aluno, vem o professor, mas na visão dele, fez uma discussão prévia agora quem coordena faz esse movimento, é vem e não fez, né quer dizer, antes de a gente se posicionar tem que ouvir e aí ver pra gente né, então né isso é um princípio, os professores sim, são os mais organizados. (CPS)

Destacamos neste momento a pertinência dessas observações e indicamos as possibilidades de o Conselho Escolar constituir-se um espaço no qual os profissionais da escola, representantes de pais, funcionários e alunos, possam debater suas expectativas e necessidades de formação e informação para, posteriormente, deliberar pela criação de situações de formação acerca das questões pedagógicas no interior da escola.

Pudemos, todavia, constatar que o Conselho Escolar dos dois estabelecimentos de ensino pesquisados discute predominantemente questões relativas à aplicação de verbas e elementos organizacionais do cotidiano escolar, com uma participação de pais e alunos bastante incipiente.

É assim, eu sou aquela mãe assim que eu posso me colocar como assim, tem um desentendimento entre colegas, entre, ai eu venho aqui ver o que aconteceu entre eles, ai se eu preciso da ajuda da direção, da ajuda do professor, eu coloco, eu chamo o professor,... Assim eu participo (Conselho Escolar) no caso que tem é, é, pai, funcionário, professores, uma equipe que participa pra saber, vamos supor assim, vai entrar uma verba pra escola, daí então tem uma pessoa do grupo responsável pelo pela entrada daquele dinheiro né, e daí aquela pessoa tem que fazer uma reunião com a equipe, pra saber se vai gastar pra comprar uma mesa nova pra escola, se vai colocar uma porta no refeitório, assim, aqui porque aquela verba ali tem que ser usada em função da escola, a melhoria pra escola, no caso pros alunos... Isto várias reuniões... Sobra a verba... Sobre o que era feito com a com o dinheiro que entrava né ou o que que iam fazer, se comprar um vídeo ou uma televisão? (mais alguma coisa que foi discutida)... É eu acho que em relação ao comportamento do aluno, na verba da escola. (RX)

A hegemonia dos professores e as dificuldades dos pais presentes de assumirem uma posição afirmativa levam a decisões no Conselho Escolar que atendem aos interesses daqueles, em detrimento das necessidades dos alunos e de suas famílias. Predomina a intervenção dos mestres e as decisões tomadas representam seus interesses imediatos, apesar das expectativas das famílias.

mas aquilo na verdade que o segmento do país está trazendo como dizendo reuniões Sábado à tarde, vai concentrar muito mais gente, vai trazer muito mais pais à escola e na verdade vocês vão conseguir o que vocês querem, que é ver os pais mas isso não é atendido, porque na verdade quem vai definir isso são os professores e aí os professores fazendo reuniões no horário que os pais não podem participar e dizem: os pais são desinteressados eles não priorizam a educação de seus filhos, então essas discussões elas ainda tão precisando de muito... não é só de investimento, porque eu acho que formação nesse sentido tem. (CPS)

Nas duas realidades pesquisadas, a participação maior das famílias ocorre nos espaços não-institucionais, tais como Conselho de Classe participativo, festas e entrega de avaliação. O relato seguinte é longo, porém necessário para perceber isso:

participação da comunidade ... nós temos clube de mães, nós temos a banda e ai nós temos a associação da banda que é a associação de pais e alunos da banda, temos o Conselho Escolar – a participação do Conselho Escolar é uma participação relativa, tem um pessoal dos segmentos, quando se faz uma reunião são sempre os mesmos pais as mesmas famílias que participam e a participação maior tem sido no primeiro ciclo por que a gente faz o *conselho de classe participativos* que aí inclui pais alunos professores todo mundo junto. Participativo total é no primeiro ciclo que inclusive as turmas preparam coisas pra apresentar pros pais, a gente faz uma coisa mais festiva mesmo... é o momento muito rico que eu considero, por isso que a gente preserva assim com muito carinho, por que é um momento que todos os pais têm a chance de vir aqui, se quiser toca a boca, toca, não tem problema é o teu momento e nós vamos ouvir e vamos ver o que é possível fazer, então é um momento de encontro bem assim mais de igualdade, a gente senta em círculo, a gente procura colocar nossas falhas, professoras se colocam, os pais podem dizer o que não estão gostando no trabalho na sala de aula, e eles colocam, então esse é um momento de participação bastante importante no trabalho... e o conselho de classe participativo nos ajuda a chamar as mães e pais pra ajudarem... as famílias às vezes nos pedem e precisam de orientação, tipo eu quero professora fazer mas não sei como, aí as professoras orientam... incentivar mais, e para os pais poderem ver o que os filhos estão aprendendo e o que eles podem fazer para aprender mais né, e esse momento ajuda bastante nas questões disciplinares na questão da da disciplina do trabalho igual primeiro ciclo tá, no terceiro ciclo o conselho de classe participativo não considero muito, como é que eu posso dizer, aí só os alunos participam. (SX)

Outra possibilidade de participação efetiva dos pais é o espaço do Conselho de Classe – como demonstra o relato da supervisora da escola X –, cujas reuniões, se realizadas com a presença de alunos e pais, podem propiciar uma avaliação de todos os aspectos da relação ensino-aprendizagem, constituindo-se um momento importante do processo de aproximação e envolvimento da comunidade nas questões pedagógicas.

Se considerarmos o conjunto da proposta da Escola Cidadã nos aspectos da reformulação curricular e da gestão, perceberemos um caráter contraditório, dada a ínfima participação reservada aos alunos, tanto por parte da SMED quanto dos profissionais que atuam nas escolas. Pudemos constatar nas duas unidades pesquisadas que a existência dos grêmios é ainda embrionária.

Na escola X, que indica já a existência do centro acadêmico, o relato do diretor demonstra que a atuação institucional dos alunos fica circunscrita aos campeonatos promovidos pela escola, ainda assim de forma não sistemática, em razão de a participação estar restrita aos discentes do último ano dos níveis de ensino, os quais, quando adquirem certo manejo das atividades participativas, saem da escola.

> Temos, temos um grêmio bastante mobilizado eles tão aprendendo a fazer um grêmio ainda, porque a gente tem uma dificuldade aqui que é ter, os alunos que se envolvem no grêmio normalmente são do terceiro ciclo, eles ficam um ano e vão embora. [quando questionado acerca da natureza das atividades nas quais os alunos se envolvem, responde:] ... é fazendo campeonato, é organizar o que é muito difícil, não sei se isso daí é uma regra ou é uma característica nossa aqui. (DX)

Quando a supervisora dessa mesma escola relata a experiência do Conselho de Classe participativo, avalia a experiência da contribuição dos alunos como muito negativa. Segundo ela, esses, ao participarem das atividades, faziam-no por pura obrigação e, além disso, de forma inconveniente. Outro problema que essa profissional apresenta é o fato de os professores do terceiro ciclo – detentores de uma formação específica por áreas do conhecimento – terem mais dificuldades em aceitar uma avaliação acerca do seu trabalho, o que causa temor de perseguição pelos alunos. Vejamos:

> no terceiro ciclo o conselho de classe participativo não considero muito, como é que eu posso dizer, aí só os alunos participam uma vez, agora no terceiro ciclo esse ano os alunos não têm participado, tem sido conselho participativo só com os o conselho só com os professores, até o ano passado porque, porque a gente tá repensando essa questão, conselho participativo com a presença dos alunos pra poder ouvir xixi e alguém é xingando e fazendo coisa assim não tem sido legal pois os alunos ficam só obrigados a ficar, se disser olha fica quem quer não fica ninguém, então a gente começou

a repensar isso, conselho de classe participativo tem que ser num momento em que todos avaliam todos, e a gente tem dificuldades ainda, os professores mais especialistas de área se colocar como também sendo avaliados... a agente fica com medo depois vão perseguir depois isso depois aquilo, então tem essa questão do poder que ainda fala mais alto, então é conselho de classe participativo no terceiro ciclo tem que ser repensado se tá repensando de que forma se fazer de maneira que os alunos gostem. (SX)

Acerca da participação dos educandos no Conselho Escolar, prevista em regimento, esses profissionais não fizeram a menor menção. Já na escola Y, quando abordamos essa questão, foi-nos relatado que a expectativa dos alunos, quando são convidados à participação no Conselho, é bastante elevada, mas eles desistem rapidamente. Avalia-se que essa falta de motivação se deve à natureza "imediatista" das preocupações discentes, que imaginam poder "fazer alguma coisa", mas, ao depararem com discussões em torno de problemas, renunciam. Ora, essa fala demonstra uma inadequação das formas como a escola tem conduzido as tentativas de envolvimento dos alunos nas questões organizacionais:

> É, os alunos assim, que nem os pais há uma rotatividade de fases, quando a gente convida passa nas salas, fazendo divulgação eles se empolgam né, querem vir. Só que eles pensam em coisas muito imediatas, né quando eles acham que eles vão vir pro Conselho e vão conseguir fazer alguma coisa, e vão... a gente não consegue entender exatamente o que eles vêm muito entusiasmado e quando elas começam a ver a discussão para resolver problemas para dar opiniões, elas acabam Ah, se desin..., acabam não querendo vir... (DY)

Os profissionais da escola demonstram também uma forma imediatista de encarar a participação dos alunos, uma vez que a pensam como auxílio às atividades escolares, sem que se dê tempo para um processo de amadurecimento. Fica evidente que a participação, tanto no Conselho quanto no grêmio, envolve aspectos burocráticos com perspectivas de longo alcance, tudo isso aliado a uma utilização dos discentes para a resolução de dificuldades de funcionamento no espaço escolar, enquanto esses possuem a expectativa de soluções para questões de interesse momentâneo, sem que isto lhes acarrete trabalho e responsabilidades.

Estão no grêmio de alunos, estamos assim desde o ano passado tentando montar, o ano passado nós tentamos montar um grupo de representantes, e nós fazíamos uma reunião semanal, conversávamos o que a gente queria montar com eles um grupo que pudesse tomar conta do recreio, organizar atividades, né dar responsabilidades para eles, só que assim eles se empolgavam quando a gente fazia reunião, daí dali a pouco como é que nós vamos fazer, então uma vez por semana quatro alunos eram responsáveis pela mesa de ping-pong, pela bola... eles faziam um ou dois dias e depois eles já não queriam mais fazer né eeee foi indo, foi indo eles porque quando a gente convive eles se entusiasmam, daí no momento que a gente quer dar umas responsabilidades eles ãã desistiam, eles são muito imediatistas né... uma das dificuldades porque quando eles pensam vamos montar um grêmio, eles pensam a primeira coisa a gente quer fazer festa, a gente quer fazer festa quer botar som no Sábado, e daí a gente começou não é bem assim, tem que ser organizado como é que vamos fazer, e começamos botar daí eles já já, eles desistem né, porque eles começam a ver que tem que montar estatuto que tem que ter responsabilidades, isto é muito difícil porque eles querem participar. (SY)

Não obstante a participação dos pais na escola constituir-se em elemento central das propostas postas em curso, pudemos verificar as dificuldades tanto por parte dos pais quanto dos alunos na tentativa de concretização dos princípios da gestão democrática no município de Porto Alegre.

Fica nítido como nas comunidades carentes a implementação de processos participativos representa um desafio de grandes proporções, tanto para os pais quanto para os profissionais da escola. Da parte dos pais, evidenciamos as dificuldades não apenas de existência – como a questão do trabalho e problemas de saúde na família –, mas também de posicionamento, em razão de atuarem em um campo que envolve conhecimentos específicos, junto com profissionais que possuem formação na área. Esses problemas são agravados diante da necessidade de oferecer uma contrapartida, diante do raciocínio de que só podem questionar o trabalho realizado na escola aqueles pais mais envolvidos nele. Percebe-se, entretanto, em algumas falas, disposição para a participação. Da parte dos professores, esses ressaltam as dificuldades em promover a ampliação dos níveis de participação dos pais, tendo que lançar mão de uma série de estratégias, que exigem muito trabalho e recursos financeiros, afastando-os do trabalho diretamente relacionado com as atividades de ensino-aprendizagem. Fica nítido como as comunidades carentes buscam na escola não apenas momentos de lazer, como também ajuda material e emocional – supridos com longas conversas, oferta de almoços e bazares beneficentes.

Explicitamos, portanto, que o incremento da participação dos pais requer investimento. Além disso, indicamos como os pressupostos assumidos no bojo do projeto Cidade Educadora vislumbram, na aproximação e integração com a comunidade, a obtenção de reforços para a efetivação dos objetivos educativos. Seria falta de senso de realidade, ou uma concepção de educação escolar dissipada em relação a outros espaços formativos?

Conclusões

Encontramos elementos nas publicações da SMED demonstrando, no interior de uma perspectiva emancipatória de educação, a adesão a diferentes perspectivas teóricas. Desenvolvemos a hipótese de que essa abertura teórica constitui-se em um dos elementos que permitiram a difusão de uma concepção de educação negadora do papel da escola como instituição social encarregada da atualização cultural das novas gerações. A aceitação e adoção explícita dos princípios da educação popular, dadas as influências da fenomenologia e da hermenêutica, provocaram um questionamento do caráter ideológico dos conteúdos escolares, sem a devida afirmação da sua dimensão científica.

As reiteradas críticas à escola tradicional, ao seu aspecto burocratizante e sua ineficiência, apontam tanto para a necessidade de superação das relações de poder tradicionalmente instaladas nas estruturas dos sistemas de ensino quanto para uma necessária integração entre "educação e cultura, escola e comunidade [...], visão interdisciplinar e transdisciplinar" (Gadotti, 1994, p.27). Indicamos, também, nessa elaboração teórica uma postura também de questionamento do papel da escola na transmissão de conteúdos. "Ao imitar este modelo de organização, a escola estruturou-se em séries, disciplinas, onde cada série e disciplinas têm seus conteúdos preestabelecidos, que são pré-requisitos para a série subseqüente". Essa estrutura organizativa da escola tradicional é apontada como elemento produtor de exclusão e marginalização social, reclamando uma "transformação radical da organização e funcionamento da instituição" (Azevedo, 2000, p.76-7).

As publicações da SMED apresentam textos de autores que avaliam os conteúdos escolares como sustentados por um conhecimento científico cuja legitimidade é questionada, em razão da existência de concepções e interesses sociais específicos. Esse questionamento dos conteúdos tradicionalmente tratados pela escola excludente se dá pela defesa de um processo de confronto com outras formas de conhecimento, possível a partir do desenvolvimento das práticas participativas, capazes de produção de novos saberes.

> Até onde os conteúdos dessa nova educação estão sendo desenvolvidos a partir de diagnósticos participativos ou de consulta popular desenvolvidos de comum acordo com os Conselhos Escolares, de modo a ir superando progressivamente a dicotomia entre saber técnico e o saber popular, considerados ambos, nesta perspectiva nova, como diferentes, mas não como saberes assimétricos e opostos? (Pinto, 1994, p.18)

Questiona-se, portanto, na educação brasileira, o predomínio de "uma *pedagogia conteudista* de cunho funcionalista", que contém elementos de legitimação da dominação, que sufoca a possibilidade de o professor atuar coletivamente com os educandos, num processo de construção do saber elaborado, assumindo a multiculturalidade como princípio (Gadotti, 1994, p.22).

Entendemos e desenvolvemos neste trabalho a defesa de que a escola tradicional, com sua pedagogia funcionalista, deve ser analisada e questionada por seu caráter conservador das estruturas de dominação estabelecidas; contudo, defendemos que esse questionamento deve estar permanentemente acompanhado da defesa do caráter objetivo dos conhecimentos produzidos socialmente. Esse raciocínio, crítico da dimensão ideológica do conhecimento científico, de fato pertinente, sem no entanto considerar a dimensão objetiva desse na justificação da proposição do necessário confronto deste conhecimento com a cultura popular, corre o risco de permitir, como um de seus desdobramentos, a negação do conhecimento universalmente válido.

O reconhecimento do caráter ideológico impresso às ciências é imprescindível para a elaboração de uma teoria crítica, assim como também o é a clareza de que "uma classe pode apropriar-se da ciência de outra classe sem todavia aceitar-lhe a ideologia" (Manacorda, 1991, p.148).[13] Apresentamos no primeiro capítulo deste trabalho os argumentos acerca do caráter relativo da autonomia das ciências em Marx, o qual aponta, em sua própria teoria, a contribuição dos economistas clássicos na elaboração do conceito de que o trabalho é que gera valor na mercadoria, conceito esse que, no bojo do marxismo, assume um caráter de questionamento das relações capitalistas de produção, só que foi usado para a legitimação dessas relações quando elaborado pelos teóricos. Ou seja, o questionamento do caráter ideológico das ciências não pode recair na negação do conhecimento humano como construção sócio-histórica imprescindível para a manutenção dos níveis possíveis de existência conquistados pelas descobertas científicas. O que, por seu turno, não significa negar que, sob o modo de produção capitalista, as ciências são utilizadas tanto nos problemas elaborados quanto em seus métodos e resultados pelos interesses das classes hegemônicas. Portanto, a crítica ao caráter ideológico do conhecimento humano é pertinente, desde que concebido em suas múltiplas dimensões.

Consideramos em Forquin (1993) a necessidade de reconhecimento do afastamento entre a cultura transmitida pela escola e a demanda cultural espontânea dos indivíduos. Essa distância é tida como uma "lei fundamental" da educação escolar para a compreensão de sua

---

13 Essa afirmativa de Manacorda é decorrente da análise acerca das relações entre ideologia e marxismo no pensamento de Antonio Gramsci.

pertinência epistemológica, que reside na compreensão científica do mundo, em contraposição às "evidências falsamente concretas e saturadas de subjetividade da percepção e do pensamento correntes" (ibidem, p.170).

Esse posicionamento não constitui uma negação da busca da participação dos pais na escola. ao contrário, representa uma tentativa de situar este trabalho em novas bases, não sobre o argumento da negação do papel educativo da escola, mas na sua reafirmação; não no questionamento do profissionalismo docente, mas no seu aprofundamento; não na desobrigação e transferências das responsabilidades do estado, mas na sua recuperação.

Conclusão

Constatamos a existência de uma ênfase na participação dos pais na deliberação de questões pedagógicas na escola – presente nos projetos Escola Cidadã e Cidade Educadora, implementados no município de Porto Alegre –, que se fundamenta nas teorias pós-modernas, as quais vislumbram a flexibilização curricular. Indicamos também que os pressupostos da pedagogia popular convergem com essas elaborações, na busca de novas possibilidades de superação das situações de injustiça social, pela atuação dos sujeitos, sem que os condicionamentos das estruturas macroeconômicas sejam questionados em seu poder de determinação das próprias subjetividades; por pautarem-se por pressupostos subjetivistas e contingenciais, vislumbram transformações sociais por meio da construção de consensos entre grupos sociais com diferentes características impressas pelos mais diversos condicionamentos. Essas teorias ressaltam os elementos de mudanças na sociedade atual, concebida como sociedade da informação, na qual as diferenças entre esses grupos são tratadas como patamares múltiplos de acesso ao conhecimento e de dificuldades, em razão de elementos culturais não considerados pela escola. A educação nesse referencial ganha centralidade, em razão do poder de formação de valores de tolerância, de desenvolvimento de subjetividades democráticas, criativas e inventivas e competências capazes de transformar o montante de informações recebidas por todos os meios sociais em conhecimento socialmente útil, em detrimento do papel de transmissão de conhecimentos histórica e socialmente consolidados. A existência de um currículo único para todas as escolas, independentemente da realidade local, passa a ser contestada, em vista da defesa da flexibilização curricular, sob o argumento de uma maior pertinência cultural e social.

As investigações que realizamos sobre as propostas de reformulação do ensino em Porto Alegre nos levam a defender que as questões organizacionais na área da educação apóiem-se nos princípios derivados das questões epistemológicas, as quais, por sua vez, são gestadas no interior de perspectivas teóricas que constituem as principais vertentes político-filosóficas da modernidade.

Os estudos acerca da epistemologia, sob a óptica do materialismo histórico-dialético, permitiram-nos captar o quão parcial essas teorias subjetivistas são: defendem o respeito à cultura, aos valores, às necessidades e expectativas do indivíduo empírico, considerado em suas relações imediatas, e ignoram a concretude das relações sociais; numa adesão à pedagogia da existência – quando rejeita um currículo único de base universal para todas as crianças como forma de garantia da transmissão dos conhecimentos sistematizados socialmente – e sob o argumento da necessidade de pertinência cultural, advogam a flexibilização curricular. Além disso, aderem à pedagogia da essência quando, investindo nas capacidades individuais de *aprender a aprender*, enfatizam a existência de potencialidades tais como a criatividade – que, nessa perspectiva, são inerentes ao homem –, assim como quando atribuem à educação o papel de transmissão de valores de convivência harmônica entre diferentes grupos sociais, com base em um ideal de existência pacífica e tolerante para a humanidade. Por considerarmos que, para o materialismo histórico-dialético, a substância do objeto é sua dinâmica, e a substância do homem está na sua atividade objetiva, na sua práxis social, assumimos como papel da escola a transmissão, reelaboração dos conhecimentos e valores constituídos pela humanidade.

Entendemos que o dilema entre as pedagogias da essência e da existência, presente na pedagogia contemporânea, fica em evidência tanto na teoria pós-moderna quanto na proposta de educação permanente. Essas formulações constituem uma expressão da adesão ora aos princípios de uma das vertentes do pensamento educacional ora aos de outra. Essa incorporação ocorre exatamente pela tentativa de superação da dicotomia entre ambas, fracassada do nosso ponto de vista, exatamente por não considerar como impedimento para tal síntese as contradições do sistema socioeconômico, o que acaba por potencializar a histórica dicotomia.

Assumimos, nos dois primeiros capítulos, em que sistematizamos os referenciais teóricos analisados durante e para o trabalho de investigação, um fio condutor: a defesa da possibilidade e da *necessidade* de apropriação por parte das classes não-hegemônicas dos conhecimentos técnicos, científicos e organizacionais produzidos em um contexto de organização societal constituído por classes antagônicas. Mesmo reconhecendo o caráter de classe impresso pelos grupos hegemônicos aos conhecimentos socialmente produzidos, defendemos que essa apropriação pode ocorrer por meio de um processo de destituição desses elementos ideológicos e, portanto, de instrumentalização das classes interessadas na superação das contradições do sistema vigente.

Observamos na área da gestão escolar, ao longo da pesquisa bibliográfica, a ocorrência de um movimento correlato ao pensamento considerado crítico na área do currículo, em razão de alterações nas abordagens filosóficas que lhe dão sustentação. Esse movimento pode ser sintetizado da seguinte forma: os limites das teorias positivistas, em face dos desafios contemporâneos, são assumidos por posições que realizam uma crítica às perspectivas marxistas, caracterizadas como estruturalistas, e aderem ao referencial fenomenológico-antropológico-cultural, apontado como superação possível desses limites. Explicitamos que a desconsideração das elaborações da teoria do conhecimento sob a perspectiva do materialismo histórico-dialético, nas tendências pedagógicas mais recentes que buscam novas possibilidades para a educação, ocorre em razão de que não seria apenas incômodo demais considerar uma teoria que coloca a necessidade de consideração dos elementos estruturais do sistema, como também incongruente com as posições que querem acreditar que um movimento de mão única – do micro para o macro, do subjetivo para o objetivo – seja possível, na direção de um processo crescente de humanização das relações sociais, até o ponto de provocarem alterações gradativas e sem traumas nas relações de produção.

Identificamos no projeto Escola Cidadã – em razão de uma concepção idealista de, uma vez no poder, buscar-se coerência com os princípios democráticos (universais) defendidos, desconsiderando o caráter de classe da democracia burguesa – a aceitação das mais diversas correntes teóricas, incluindo algumas com elementos contraditórios, como se verifica na coexistência das elaborações da pedagogia socialista e da pós-moderna. Reconhecemos, juntamente com a proposição dos complexos temáticos, que introduziram o trabalho com conceitos científicos das diversas áreas – em razão da incorporação de uma concepção dialética do conhecimento humano –, posturas de questionamento do papel da escola em transmitir conteúdos, dado o caráter de classe do saber escolar e de contestação do papel da Secretaria Municipal de Educação na definição de uma proposta pedagógica única para a rede de ensino.

Explicitamos diversos pontos de convergência entre as proposições da Terceira Via e as implementadas no município de Porto Alegre, no tocante aos encaminhamentos no processo de reformulação do papel do Estado e suas relações com a sociedade civil, e também no que diz respeito às propostas de organização do currículo, no projeto Cidade Educadora. Defendemos que essa aproximação ocorre em virtude da adoção da perspectiva humanista e culturalista, subjacente a essa experiência. Apesar de as perspectivas neoliberais e culturalistas possuírem diferentes pressupostos e opções políticas, o fato de não existir um reconhecimento da validade política e do necessário processo de aquisição dos conhecimentos *universalmente* válidos leva a que o projeto implantado acabe por permitir desdobramentos contrários aos princípios emancipatórios manifestados.

A atuação dos pais na escola foi apresentada no projeto Escola Cidadã em face das dimensões políticas e pedagógicas. O âmbito pedagógico dessa participação refere-se às necessidades e possibilidades de desencadeamento de um processo de conhecimento da cultura da comunidade. Já a dimensão política da participação, sobretudo por intermédio do Conselho Escolar, pressupõe uma intervenção dos pais nos aspectos pedagógicos relacionados às decisões acerca de conteúdos, metodologia e avaliação. No entanto, essas deliberações têm como parâmetro um projeto elaborado coletivamente – o Escola Cidadã – cujo embate entre diferentes segmentos e perspectivas já havia sido incorporado. No momento em que se advoga a autonomia das escolas para a construção de projetos pedagógicos compatíveis com as necessidades particulares de cada realidade, radicalizam-se os princípios democráticos, a ponto de aceitar-se que o Conselho Escolar debata e delibere acerca das questões pedagógicas – uma radicalização da participação dos pais e da contestação das prerrogativas docentes, como forma de superação dos condicionamentos políticos e culturais que pesam sobre a escola, pelo desconhecimento das especificidades da atividade educativa que se efetiva no âmbito da escola.

Isso revela a crença na possibilidade de constituição de uma escola *pública popular* no interior de uma sociedade burguesa, o que, por sua vez, demonstra a convicção da autonomia da superestrutura em relação à infra-estrutura.

Como aceitamos a mútua relação entre os condicionamentos – se considerarmos a existência das dimensões políticas, culturais e epistemológicas no papel da escola na sociedade –, defendemos que a participação dos pais deve existir, pois possui um caráter democrático e formativo, sem, no entanto, chegarmos ao extremo da defesa da inexistência de um projeto único, de um currículo comum, e da adoção dos critérios exclusivos da pertinência cultural e com base nas expectativas e necessidades das famílias dos alunos nas decisões acerca dos conteúdos, metodologia e avaliação. Isso porque cremos no caráter de imediaticidade dos fenômenos e entendemos que a essência da dinâmica do real não é captada sem que os indivíduos tenham acesso ao conhecimento da situação concreta. Reconhecemos o caráter objetivo dos saberes humanos constituídos historicamente, o poder dos profissionais da educação na definição dos conteúdos, calcado em sua competência e na garantia da dimensão epistemológica da atividade educativa. Assumimos a especificidade da educação formal, objetiva, que possui intenções explícitas, distinta das de outros espaços formativos, os quais devem, sim, ser explorados em outros momentos e situações de aprendizagem não-formal e informal, podem estar integrados às atividades escolares, mas *não se confundem com a educação escolar*.

A análise do contexto socioeconômico e político atual – de reformas institucionais direcionadas para o enxugamento das ações e encargos do Estado, tendo em vista a canalização dos recursos públicos em direção à infra-estrutura para o capital, em um momento de crise estrutural do capitalismo – mostra que essas reformulações desencadeiam novas formas de organização do trabalho, com a elaboração de princípios organizativos para que as empresas se adaptem ao novo contexto de instabilidade econômica e social – em que a participação nos processos decisórios, para além do envolvimento dos segmentos nos problemas e na busca de soluções, possui características de cooptações passivas. Em virtude desse panorama, não realizaremos, mais uma vez, o transplante dos modelos da organização gerencial capitalista para a escola, tampouco defenderemos cegamente a participação, haja vista os objetivos da produtividade e lucratividade capitalistas. Voltados para a busca de princípios organizacionais que considerem as especificidades da atividade educativa, defendemos a participação dos segmentos envolvidos no processo de ensino-aprendizagem,[1] na garantia de sua concretização. Portanto, considerando a dimensão epistemológica da educação, advogamos a profissionalização docente e o aprofundamento acerca dos limites da participação dos pais e alunos nas decisões acerca das questões pedagógicas.

A experiência de Porto Alegre nos permite defender que a administração escolar, na busca de sua especificidade ante os princípios organizativos empresariais, pautando-se pelas questões acerca da epistemolo-

---

1   No decorrer da pesquisa, assumimos a postura de que o modo capitalista de produção, que se constitui o modelo societário em que há efetivamente necessidade de espaços para o exercício da correlação de forças entre classes sociais com interesses antagônicos, contraditoriamente encerra limites estruturais para o exercício da democracia social. Portanto, no interesse das classes populares, a defesa da democracia sob o modo de produção capitalista constitui-se a possibilidade de ampliação do consenso revolucionário a partir da sua perspectiva, que é a eliminação das próprias classes sociais.

gia numa perspectiva histórico-crítica, admite a dimensão pedagógica da participação dos pais e da comunidade na gestão escolar, sem que esses tenham poder de deliberação acerca da organização curricular, mas que sejam, entretanto, os principais sujeitos dessa deliberação.

Sujeitos de um processo de conhecimento acerca das concepções, visões de mundo, elementos culturais, expectativas de vida que, analisados como mediações do contexto socioeconômico, sirvam de parâmetro para a organização curricular calcada nos conhecimentos universalmente válidos, portanto, sem prejuízo do caráter científico e histórico-social dos conhecimentos produzidos e reproduzidos nesse espaço.

Com base nas análises que apresentamos sobre a relação do Estado com as instituições sociais e acerca da democracia numa perspectiva classista – indicando que, se a perspectiva futura, com a superação do modo de produção capitalista, é de supressão do aparelho do Estado pela assunção de suas atribuições por organizações de trabalhadores –, a atual efetivação do esvaziamento das funções do Estado na oferta de políticas públicas, ainda sob esse modo de produção, representa um retrocesso para o avanço das tentativas de organização dos trabalhadores. Pelo mesmo raciocínio, assim como essa democracia classista burguesa não é a democracia que está no horizonte dos que acreditam nas possibilidades de constituição de uma sociedade sem classes sociais, a sua suspensão também representa retrocessos para a mobilização popular. Trazendo esse modo de pensar para o caso da educação e do currículo, veremos que a organização escolar com base em uma hierarquia calcada no conhecimento científico, que defina os conteúdos e metodologias de trabalho, também não expressa as perspectivas futuras, porém, sob o sistema econômico atual, é o que permite que a escola possa contribuir para a consciência do funcionamento da sociedade, na medida em que oferece formas de apropriação e reelaboração do conhecimento social.

REFERÊNCIAS BIBLIOGRÁFICAS

ABRÃO, B. S. *História da filosofia*. São Paulo: Nova Cultural, 1999. (Coleção os Pensadores)

APPLE, M. W. *Conhecimento oficial*: a educação democrática numa era conservadora. Trad. Maria Isabel Edelweiss. Petrópolis: Vozes, 1997.

_____. *Política cultural e educação*. São Paulo: Cortez, 2000.

ASSOCIACIÓ DE MESTRES ROSA SENSAT. La educación permanente. In: BARCELONA. Institut d'Educació. *Por una ciudad comprometida com la educación*. Barcelona, [2000?]. v.1, p.258-85.

AZEVEDO, J. C. Escola Cidadã: a experiência de Porto Alegre. In: OLIVEIRA, D. A.; DUARTE, M. R. T. *Política e trabalho na escola*: administração dos sistemas públicos de educação básica. Belo Horizonte: Autêntica, 1999. p.143-56.

_____. *Escola Cidadã*: desafios, diálogos e travessias. Petrópolis: Vozes, 2000.

BAKHTIN, M. (VOLOCHÍNOV, V. N.) *Marxismo e filosofia da linguagem*. Trad. Michel Lahud, Yara F. Vieira. 10.ed. São Paulo: Hucitec, 2002.

BALL, S. J. Mercados educacionais, escolha e classe social. In: GENTILI, P. (Org.) *Pedagogia da exclusão*: crítica ao neoliberalismo em educação. Petrópolis: Vozes, 1995. p.196-227.

BANCO MUNDIAL. *O Estado*: relatório sobre o desenvolvimento mundial. Whashington, 1997.

BARRETO, E. S. de S. (Org.) *Os currículos do ensino fundamental para as escolas brasileiras*. 2.ed. Campinas: Autores Associados; São Paulo: Fundação Carlos Chagas, 2000. (Coleção Formação de Professores)

BASTOS, J. B. (Org.) *Gestão democrática*. Rio de Janeiro: DP&A: Sepe, 2001.

BEISEGEL, C. R. *Política e educação popular*: a teoria e a prática de Paulo Freire no Brasil. São Paulo: Ática, 1992.

BORON, A. A. *A coruja de minerva*: mercado contra democracia. Petrópolis: Vozes, 2001.

BRASIL. Ministério da Administração Federal e Reforma do Estado. *Plano diretor da reforma do aparelho do Estado*. Brasília, 1995. Disponível em: <http://presidencia.gov.br/publi_04/colecao/plandi.htm>. Acesso em: 10 jan. 2001.

BRESSER-PEREIRA, L. C. Sociedade civil: sua democratização para a reforma do Estado. In: BRESSER-PEREIRA, L. C.; WILHEIM, J.; SOLA, L. (Org.) *Sociedade e Estado em transformação*. s. l.: Unesp: Enap, 1999. Disponível em: <http://www.bresserpereira.org.br/papers/ADM/85scivil.PDF>. Acesso em: 15 mar. 2004.

BRUNO, L. Poder e administração no capitalismo contemporâneo. In: OLIVEIRA, D. O. (Org.) *Gestão democrática da educação*. 2.ed. Petrópolis: Vozes, 1997. p.15-45.

CALDART, R. S. Apresentação. In: PISTRAK, M. M. *Fundamentos da escola do trabalho*. Trad. Daniel Aarão Reis Filho. São Paulo: Expressão Popular, 2000. p.7-15.

CAPRA, F. *A teia da vida*: uma nova compreensão científica dos sistemas vivos. Trad. Newton Roberval Eichemberg. São Paulo: Cultrix, 1996.

CHAUÍ, M. *Convite à filosofia*. São Paulo: Ática, 1997.

_____. *Cultura e democracia*: o discurso competente e outras falas. São Paulo: Cortez, 2000.

CHECA, P. G. et. al. *Los padres en la comunidad educativa*. Madrid: Editorial Castalia: Ministério de Educación y Ciencia, [1991?].

CIAVATTA, M. O conhecimento histórico e o problema teórico-metodológico das mediações. In: FRIGOTTO, G.; CIAVATTA, M. (Org.) *Teoria e educação no labirinto do capital*. Petrópolis: Vozes, 2001. p.121-44.

CORTELLA, M. S. *A escola e o conhecimento*: fundamentos epistemológicos e políticos. São Paulo: Cortez : Instituto Paulo Freire, 2000.

COSTA, M. R. Fonte epistemológica do currículo: abordagem interdisciplinar dos conhecimentos acumulados nas diferentes áreas: contribuições de uma professora. *Cadernos Pedagógicos*, Porto Alegre, n.12, p.11-14, jul. 1998.

COSTA, M. C. V. *Trabalho docente e profissionalismo*: uma análise sobre gênero, classe e profissionalismo no trabalho de professoras e professores de classes populares. Porto Alegre: Sulina, 1996.

COUTINHO, C. N. *A democracia como valor universal e outros ensaios*. 2.ed. Rio de Janeiro: Salamandra, 1984.

_____. *Marxismo e política*: a dualidade de poderes. São Paulo: Cortez, 1996.

_____. A democracia na batalha das idéias e nas lutas políticas do Brasil de hoje. In: FÁVERO, O.; SEMERARO, G. (Org.) *Democracia e construção do público no pensamento educacional brasileiro*. Petrópolis: Vozes, 2002. p.11-40.

CUNHA, L. A. *Educação, Estado e democracia no Brasil*. São Paulo: Cortez, 1995.

CURY, C. R. J. *Educação e contradição*: São Paulo: Cortez: Autores Associados, 1992.

CZERNISZ, E. C. S. *"Gestão democrática" da escola pública:* um movimento de "abertura" da escola à participação da comunidade? Maringá, 1999. Dissertação (Mestrado em Educação) – Programa de Fundamentos da Educação, Universidade Estadual de Maringá.

DACANAL, J. H.; WEBER, J. H. *A nova classe:* o governo do PT no Rio Grande do Sul. Porto Alegre: Novo Século, 1999.

DIAS, R. (Org.) *O público e o privado na educação*: a experiência da privatização do ensino em Maringá e temas afins. Maringá: Secretaria da Educação do Município de Maringá, 1995.

DUARTE, N. *Vigotski e o "aprender a aprender":* crítica às apropriações neoliberais e pós-modernas da teoria vigotskiana. Campinas: Autores Associados, 2000.

_____. *Educação escolar, teoria do cotidiano e a escola de Vigotski*. 3.ed. rev. e ampl. Capinas: Autores Associados, 2001.

ENGELS, F. Do socialismo utópico ao socialismo científico. In: MARX, K.; ENGELS, F. *Obras escolhidas*. São Paulo: Alfa-Omega, [198-?]. v.2, p.281-336.

FEDOZZI, L. Orçamento participativo e esfera pública: elementos para um debate conceitual. In: FISCHER, N. B.; MOLL, J. (Org.) *Por* uma nova esfera pública: a experiência do orçamento participativo. Petrópolis: Vozes, 2000. p.37-82.

FÉLIX, M. de F. C. Administração escolar: um problema educativo ou empresarial. São Paulo: Cortez, 1989.

FERNANDES, M. R. Mudança e inovação na pó-modernidade: perspectivas curriculares. Porto: Porto Editora, 2000.

FIORI, J. Luís. Instabilidade e crise do Estado na industrialização brasileira. Rio de Janeiro, 1988. Tese (Concurso de Professor Titular) – Instituto de Economia Industrial, Universidade Federal do Rio de janeiro.

FLEURY, M. T. L. A cultura da qualidade ou a qualidade da mudança. In: FERRETTI, C. J. et al. (Org.) Novas tecnologias, trabalho e educação: um debate multidisciplinar. Petrópolis: Vozes, 1994. p.21-35.

FLEURY, M. T. L.; FISCHER, R. M. (Coord.) Cultura e poder nas organizações. São Paulo: Atlas, 1996.

FORQUIN, J. C. Escola e cultura: as bases sociais e epistemológicas do conhecimento escolar. Trad. Guacira Lopes Louro. Porto Alegre: Artes Médicas, 1993.

_____. Les composantes doctrinales de l'idée d'éducation permanente: analyse thématique d'un corpus international (Unesco). Paris: L'Harmattan, 2002.

FREIRE, P. Educação e atualidade brasileira. Recife, 1959. Tese (Concurso para a cadeira de História e Filosofia da Educação) – Escola de Belas Artes de Pernambuco.

_____. Pedagogia da autonomia: saberes necessários à prática educativa. 8.ed. São Paulo: Paz e Terra, 1996. (Coleção Leitura)

_____. A educação na cidade. 5.ed. São Paulo: Cortez, 2001.

FREITAS, J. da R. Pressupostos curriculares para a escola cidadã. A Paixão de Aprender, Porto Alegre, n.7, p.54-59, jun. 1994.

FRIGOTTO, E. I. S. Construção curricular e demarcação discursiva: gênese e afirmação da proposta da escola cidadã de Porto Alegre. Rio de Janeiro, 1999. Tese (Doutorado em Educação) – Faculdade de Educação, Pontifícia Universidade Católica.

FRIGOTTO, G. A nova e a velha faces da crise do capital e o labirinto dos referenciais teóricos. In: FRIGOTTO, G.; CIAVATTA, M. (Org.) Teoria e educação no labirinto do capital. Petrópolis: Vozes, 2001. p.21-46.

GADOTTI, M. Autonomia como estratégia da qualidade de ensino e a nova organização do trabalho na escola. A Paixão de Aprender, Porto Alegre, n.7, p.20-9, jun. 1994.

GADOTTI, M.; TORRES, C. A. Paulo Freire, administrador público: a experiência de Paulo Freire na secretaria da educação da cidade de São Paulo (1989-1991) (Prefácio). In: FREIRE, P. *A educação na cidade*. 5.ed. São Paulo: Cortez, 2001. p.11-20.

GASPARIN, J. L. *Uma didática para a pedagogia histórico-crítica*. Campinas: Autores Associados, 2002.

GENRO, T. Co-gestão: reforma democrática do Estado. In: FISCHER, N. B.; MOLL, J. (Org.) *Por uma nova esfera pública*: a experiência do orçamento participativo. Petrópolis: Vozes, 2000. p.15-26.

GENTILI, P. A. O discurso da "qualidade" como nova retórica conservadora no campo educacional. In: GENTILI, P. A.; SILVA, T. T. *Neoliberalismo, qualidade total e educação*. Petrópolis: Vozes, 1994. p.111-78.

_____. (Org.) *Pedagogia da exclusão*: crítica ao neoliberalismo em educação. Petrópolis: Vozes, 1995.

_____. *A falsificação do consenso*: simulacro e imposição da reforma educacional do neoliberalismo. Petrópolis: Vozes, 1998.

GETZLER, I. Outubro de 1917: o debate marxista sobre a revolução na Rússia. In: HOBSBAWM, E. J. (Org.) *História do marxismo*. Trad. Carlos Nelson Coutinho, Luiz Sérgio N. Henriques. Rio de janeiro: Paz e Terra, 1985. v.5, p.35-69.

GIMENO SACRISTÁN, J. *Educar e conviver na cultura global*: as exigências da cidadania. Trad. Ernani Rosa. Porto Alegre: Artmed, 2002.

GIROUX, H. A. *Os professores como intelectuais*: rumo a uma pedagogia crítica da aprendizagem. Trad. Daniel Bueno. Apres. Paulo Freire, pref. Peter McLaren. Porto Alegre: Artmed, 1997.

GÓMEZ-GRANELL, C. et al. El compromiso de Barcelona por la educación: proyecto educativo de ciudad. In: BARCELONA. Institut d'Educació. *Por una ciudad comprometida com la educación*. Barcelona, [2000?]. v.1, p.15-48.

GÓMEZ-GRANELL, C.; VILA, I. (Org.) *A cidade como projeto educativo*. Trad. Daisy Vaz de Moraes. Porto Alegre: Artmed, 2003.

GONÇALVES, M. D. de S. *Autonomia da escola e neoliberalismo*: Estado e escola pública. São Paulo, 1994. Dissertação (Mestrado em Educação) – Programa de Pós-Graduação em História e Filosofia da Educação, Pontifícia Universidade Católica de São Paulo.

GOODSON, I. F. *Currículo*: teoria e história. Trad. Attílio Brunetta. 4.ed. Petrópolis: Vozes, 1995.

GORENDER, J. Introdução: O nascimento do materialismo histórico. In: MARX, K.; ENGELS, F. *A ideologia alemã*. Trad. Luis Claudio de Castro e Costa. São Paulo: Martins Fontes, 2001. p.VII-XL.

HARVEY, D. *Condição pós-moderna*. São Paulo: Loyola, 1992.

HERNÁNDEZ, F. et al. *Aprendendo com as inovações nas escolas*. Trad. Ernani Rosa. Porto Alegre: Artes Médicas Sul, 2000.

HIDALGO, A. M. *Tendências contemporâneas da privatização do ensino público*: o caso do Paraná. São Paulo, 1998. Dissertação (Mestrado em Educação) – Programa de História e Filosofia da Educação, Pontifícia Universidade Católica.

HIDALGO, A. M. et al. A gestão democrática educacional na redefinição do papel do Estado. In: NOGUEIRA, F. M. G. (Org.) *Estado e políticas sociais no Brasil*. Cascavel: Edunioeste, 2001.

HIDALGO, A. M.; SILVA, I. L. F. (Org.) *Educação e Estado*: as mudanças nos sistemas de ensino do Brasil e do Paraná na década de 90. Londrina: UEL, 2001.

HOBSBAWM, E. J. Apresentação. In: _____. (Org.) *História do marxismo*. Trad. Carlos Nelson Coutinho, Luiz Sérgio N. Henriques. Rio de Janeiro: Paz e Terra, 1985. v.5, p.13-31.

_____. *A era dos extremos*: o breve século XX (1914-1991). Trad. Marcos Santarrita. 2.ed. São Paulo: Cia. das Letras, 1995.

HORN, M. B. S. Fonte filosófica: construindo a cidadania. *Cadernos Pedagógicos*, Porto Alegre, n.12, p.21-3, jul. 1998.

IANNI, O. *A sociedade global*. Rio de Janeiro: Civilização Brasileira, 1993.

JAMESON, F. *A cultura do dinheiro*: ensaios sobre a globalização. Trad. Maria Elisa Cevasco, Marcos César de P. Soares. 2.ed. Petrópolis: Vozes, 2001.

KLEIN, L. R. *Alfabetização*: quem tem medo de ensinar? 2.ed. São Paulo: Cortez; Campo Grande: Universidade Federal do Mato Grosso do Sul, 1997.

KOSIK, K. *A dialética do concreto*. Trad. Célia Neves e Alderico Toríbio. Rio de Janeiro: Paz e Terra, 1976.

KROEF, A. B. G. Política cultural da rede municipal de ensino: fragmentos de uma composição. *Cadernos Pedagógicos*, Porto Alegre, n.23, p.7-14, jan. 2001.

LENINE, V. I. *O estado e a revolução*: a doutrina do marxismo sobre o Estado e as tarefas do proletariado na revolução. Lisboa: Progresso, 1978.

LIBÂNEO, J. C. *Democratização da escola pública*. São Paulo: Loyola, 1985.

_____. *Organização e gestão da escola*: teoria e prática. Goiânia: Alternativa, 2001.

LIMA, L. C. _____. *A Escola como organização e a participação na organização escolar*: um estudo da escola secundária em Portugal (1974-1988). Braga: Universidade do Minho, 1992.

_____. *Organização escolar e democracia radical*: Paulo Freire e a governação democrática da escola pública. São Paulo: Cortez: Instituto Paulo Freire, 2000. (Coleção Guia da Escola Cidadã)

_____. *A escola como organização educativa*: uma abordagem sociológica. São Paulo: Cortez, 2001

_____. Modernização, racionalização e optimização: perspectivas neotaylorianas na organização e administração da educação. In: LIMA, L. C.; AFONSO, A. J. *Reformas da educação* pública: democratização, modernização, neoliberalismo. Porto: Afrontamento, 2002. p.17-32.

LÖWY, M. *As aventuras de Karl Marx contra o Barão de Münchhausen*: marxismo e positivismo na sociologia do conhecimento. Trad. Juarez Guimarães, Suzanne Felicie Léwy. São Paulo: Busca Vida, 1987.

LÜCK, H. et al. *A escola participativa*: o trabalho do gestor escolar. Rio de Janeiro: DP&A, 2000.

LUXEMBURG, R. *Reforma ou revolução?* 4.ed. Trad. Manuel Augusto Araújo. Lisboa: Estampa, 1970.

MACHADO, L. R. de S. *Politecnia, escola unitária e trabalho*. São Paulo: Cortez; Campinas: Autores Associados, 1989.

MACNALLY, D. Língua, história e luta de classes. In: WOOD, E. M.; FOSTER, J. B. (Org.) *Em defesa da história*: marxismo e pósmodernismo. Trad. Ruy Jungman. Rio de Janeiro: Jorge Zahar, 1999. p.34-48.

MANACORDA, M. A. *Marx e a pedagogia moderna*. São Paulo: Cortez: Autores Associados, 1991.

MANDEL, E. *A crise do capital*: os fatos e sua interpretação marxista. Trad. Juarez Guimarães e João Machado Borges. Campinas: Universidade Estadual de Campinas, 1990.

MÁRKUS, G. *A teoria do conhecimento no jovem Marx*. Trad. Carlos Nelson Coutinho, Reginaldo Di Piero. Rio de Janeiro: Paz e Terra, 1974.

MARX, K. *O capital*: crítica da economia política. Trad. Regis Barbosa, Flávio R. Kothe. 2.ed. São Paulo: Nova Cultural, 1985. v.1.

MARX, K.; ENGELS, F. *A ideologia alemã*. Trad. Luis Claudio de Castro, Costa. São Paulo: Martins Fontes, 2001.

MASCARELL, F. Identidad cultural y educación. In: BARCELONA. Institut d1Educació. *Por uma ciudad comprometida com la educación*. Barcelona, [2000?]. v.1, p.97-107.

MEDEIROS, I. L. P. O desdobramento da fonte sócio-antropológica no cotidiano da escola cidadã por ciclos de formação. *Cadernos Pedagógicos*, Porto Alegre, n.12, p.11-14, jul. 1998.

MELLO, G. N. de. *Magistério de 1° grau*: da competência técnica ao compromisso político. São Paulo: Cortez: Autores Associados, 1984.

_____. *Cidadania e competitividade*: desafios educacionais do terceiro milênio. 5.ed. São Paulo: Cortês, 1996.

MÉSZÁROS, I. *Para além do capital*: rumo a uma teoria da transição. Trad. Paulo César Castanheira, Sérgio Lessa. São Paulo: Boitempo, 2002.

MIRANDA, G. V. Experiência de gestão na Secretaria Municipal de Educação de Belo Horizonte. In: OLIVEIRA, D. A.; DUARTE, M. R. T. *Política e trabalho na escola*: administração dos sistemas públicos de educação básica. Belo Horizonte: Autêntica, 1999. p.157-76.

MOLL, J. Os desafios contemporâneos da educação pública: compromissos da Secretaria Municipal de Educação de Porto Alegre. *A Paixão de Aprender*, Porto Alegre, n.14, p.24-32, nov. 2001.

MONTAÑO, C. *Terceiro setor e a questão social*: crítica ao padrão emergente de intervenção social. São Paulo: Cortez, 2002.

MOREIRA, A. F. *Currículos e programas no Brasil*. Campinas: Papirus, 1990.

MOREIRA, A. F.; SILVA, T. T. *Currículo, cultura e sociedade*. 4.ed. São Paulo: Cortez, 2000.

MORGAN, G. *Imagens das organizações*. São Paulo: Atlas, 1996.

MULHERN, F. A política dos estudos culturais. In: WOOD, E. M.; FOSTER, J. B. (Org.) *Em defesa da história*: marxismo e pós-modernismo. Trad. Ruy Jungman. Rio de Janeiro: Jorge Zahar: 1999.

NEGT, O. Rosa Luxemburgo e a renovação do marxismo. In: HOBSBAWM, E. J. (Org.) *História do marxismo*. Trad. Carlos Nelson Coutinho, Luiz Sérgio N. Henriques. Rio de Janeiro: Paz e Terra, 1985. v.3, p.15-39.

OLIVEIRA, F. O surgimento do antivalor. *Novos Estudos*, São Paulo, n.22, p.10-23, 1988.

_____. Entrevista concedida a Rafael Cariello. *Folha de S.Paulo*, São Paulo, 22 set. 2003, p.A10.

OURIQUES, N. D. A sedução revolucionária e o plano real. In: RAMPINELLI, W. J.; OURIQUES, N. (Org.) *No fio da navalha*: críticas das reformas noeliberais de FHC. São Paulo: Xamã, 1997.

PACHECO, E. A cidade educando a escola. *A Paixão de Aprender*, Porto Alegre, n.14, p.17-21, nov. 2001.

PACHECO, J. A.; MORGADO, J. C. *Construção e avaliação do projecto curricular de escola*. Porto: Porto Editora, 2002.

PAIVA, V. P. *Paulo Freire e o nacionalismo desenvolvimentista*. São Paulo: Graal, 2000.

PARANÁ. Secretaria de Estado da Educação. *Projeto pedagógico 1987-1990*. Curitiba, 1987.

_____. *Construindo a escola cidadã*. Curitiba, 1991.

_____. *Projeto qualidade do ensino público do Paraná (PQE)*. Curitiba, 1994.

_____. *Programa Expansão, Melhoria e Inovação no Ensino Médio do Paraná (Proem)*. Curitiba, 1996.

PARO, V. H. *Eleição de diretores*: a escola pública experimenta a democracia. São Paulo: Papirus, 1996.

_____. *Gestão democrática da escola pública*. São Paulo: Ática, 1997.

_____. *Administração escolar*: introdução crítica. São Paulo: Cortez, 2000a.

_____. *Qualidade do ensino*: a contribuição dos pais. São Paulo: Xamã, 2000b.

PÉREZ GOMÉZ, A. I. *A cultura escolar na sociedade neoliberal*. Porto Alegre: Artmed, 2001.

PETRAS, J. *Armadilha neoliberal e alternativas para a América Latina*. São Paulo: Xamã, 1999.

PINTO, J. B. G. Planejamento participativo na escola cidadã. *A Paixão de Aprender*, Porto Alegre, n.7, p.6-19, jun. 1994.

PISTRAK, M. M. *Fundamentos da escola do trabalho*. Trad. Daniel Aarão Reis Filho. São Paulo: Expressão Popular, 2000.

PORTO ALEGRE. Secretaria Municipal de Educação. *Números da educação*. Disponível em: <http://www.portoalegre.rs.gov.br/smed>. Acesso em 22 abr. 2004.

PORTOIS, J.-P.; DESMET, H. *A educação pós-moderna*. Trad. Joana Chaves. Lisboa: Instituto Piaget, 1997

PRADO JÚNIOR, C. *Dialétia do conhecimento.* 5.ed. São Paulo: Brasiliense, 1969. 2v.

REDIN, E. Educação infantil: construção da cidadania e prática pedagógica. *A Paixão de Aprender,* Porto Alegre, n.7, p.48-53, jun. 1994.

RIO GRANDE DO SUL. Secretaria da Coordenação e Planejamento. Fundação de Economia e Estatística. *Dados do município Porto Alegre.* Disponível em: <http://www.fee.rs.gov.br/sitefee>. Acesso em 22 abr. 2004.

ROLDÃO, M. do C. Currículo como projecto: o papel das escolas e dos professores. In: MARQUES, R.; ROLDÃO, M. do C. (Org.) *Reorganização e gestão curricular no ensino básico*: reflexão participada. Porto: Porto Editora, 1999. p.7-22.

_____. *Gestão do currículo e avaliação de competências*: as questões dos professores. Lisboa: Presença, 2003.

ROUSSEAU, J.-J. *Do contrato social.* Trad. Pietro Nassetti. São Paulo: Martin Claret, 2002.

SADER, E. *Estado e política em Marx.* São Paulo: Cortez, 1993.

SAES, D. *Democracia.* São Paulo: Ática, 1987.

_____. *Estado e democracia*: ensaios teóricos. Campinas: Unicamp, 1998.

SALERNO, M. S. Trabalho e organização na empresa integrada e flexível. In: FERRETTI, C. J. et al. (Org.) *Novas tecnologias, trabalho e educação*: um debate multidisciplinar. Petrópolis: Vozes, 1994. p.54-76.

SANDER, B. *Gestão da educação na América Latina*: construção e reconstrução do conhecimento. Campinas: Autores Associados, 1995.

SANTOS, M. *Por uma outra globalização*: do pensamento único à consciência universal. São Paulo: Record, 2000.

SAVIANI, D. *Educação*: do senso comum à consciência filosófica. São Paulo: Cortez: Autores Associados, 1980.

_____. *Escola e democracia.* São Paulo: Cortez, 1986.

_____. *Ensino público e algumas falas sobre universidade.* 4.ed. São Paulo: Cortez: Autores Associados, 1987.

_____. *Política e educação no Brasil.* São Paulo: Cortez: Autores Associados, 1988.

_____. *Educação brasileira*: estrutura e sistema. Campinas: Autores Associados, 2000.

SAVIANI, N. *Saber escolar, currículo e didática.* Problemas da unidade conteúdo-método no processo pedagógico. Campinas: Autores Associados, 2000.

SCALCON, S. *À procura da unidade psicopedagógica*: articulando a psicologia histórico-cultural com a pedagogia histórico-crítica. Campinas: Autores Associados, 2002.

SEVERINO, A. J. *Educação, ideologia e contra-ideologia*. São Paulo: EPU, 1986.

SILVA, A. O. *Os partidos, tendências e organizações marxistas no Brasil (1987-1994)*: permanências e descontinuidades. São Paulo, 1998. Dissertação (Mestrado em Ciências Sociais) – Pontifícia Universidade Católica de São Paulo.

SILVA, C. R. Entrevista com Fernando Hernández. *A Paixão de Aprender*, Porto Alegre, n.15, p.6-14, dez. 2002.

SILVA, I. L. F. *A educação pública como política*: uma reflexão sobre o confronto entre projetos sócio-políticos no campo da educação: os anos oitenta no Paraná. Londrina, 1996. Monografia (Departamento de Sociologia) – Universidade Estadual de Londrina.

_____. *Reforma ou contra-reforma no sistema de ensino do Paraná?*: uma análise da meta da igualdade social nas políticas educacionais dos anos 90. São Paulo, 1998. Dissertação (Mestrado em Educação) – Faculdade de Educação da Universidade de São Paulo.

SILVA, L. H. (Org.) *Escola cidadã*: teoria e prática. Petrópolis: Vozes, 1999.

SILVA, L. H. et al. (Org.) *Identidade social e a construção do conhecimento*. Porto Alegre: Secretaria Municipal de Educação de Porto Alegre, 1997.

SILVA, P. *Escola-família, uma relação armadilhada:* interculturalidade e relações de poder. Porto: Afrontamento, 2003.

SILVA, T. T. *Documentos de identidade:* uma introdução às teorias do currículo. 2.ed. Belo Horizonte: Autêntica, 2000.

SILVA JÚNIOR, C. A. *A escola pública como local de trabalho*. 3.ed. São Paulo: Cortez, 1995.

_____. A ideologia da incompetência do outro e outras ideologias de conveniência na relação neoliberalismo e educação. In: GHIRALDEL, P. (Org.) *Infância, educação e neoliberalismo*. São Paulo: Cortez, 1996. p.74-93.

SOCHOR, L. Lukács e Korsch: a discussão folosófica dos anos 20. In: HOBSBAWM, E. (Org.) *História do marxismo*. Trad. Carlos Nelson Coutinho, Luiz Sérgio N. Henriques. Rio de Janeiro: Paz e Terra, 1987. v.9, p.20-49.

SUCHODOLSKI, B. *A pedagogia e as correntes filosóficas*: pedagogia da essência e a pedagogia da existência. Lisboa: Livros Horizonte, [195-?].

TITO, E. M. R. de M. Fonte sócio-psicopedagógica: uma escola em construção. *Cadernos Pedagógicos*, Porto Alegre, n.12, p.24-7, jul. 1998.

TOLEDO, C. N. de. As esquerdas e a redescoberta da democracia. In: DAGNINO, E. (Org.) *Os anos 90*: política e sociedade no Brasil. São Paulo: Brasiliense, 1994.

TORRES, C. A. *Educação, poder e biografia pessoal*: diálogos com educadores críticos. Trad. Maria Rita Hofmeister. Porto Alegre: Artes Médicas Sul, 2000.

TORRES, C. A. et al. *Educação e democracia*: a práxis de Paulo Freire em São Paulo. São Paulo: Cortez: Instituto Paulo Freire, 2002.

TRAGTENBERG, M. *Burocracia e ideologia*. São Paulo: Ática, 1974.

_____. *Sobre educação, política e sindicalismo*. São Paulo: Autores Associados: Cortez. 1982.

VARES, S. P. Apresentação. *A Paixão de Aprender*, Porto Alegre, n.7, p.5, jun. 1994.

VYGOTSKI, L. S. *Obras escogidas*. Madrid: Visor, 1997. 2v.

WOOD, E. M.; FOSTER, J. B. (Org.) *Em defesa da história*: marxismo e pós-modernismo. Trad. Ruy Jungman. Rio de Janeiro: Jorge Zahar, 1999.

ZEMELMAN, H. Prefácio. In: FRIGOTTO, G.; CIAVATTA, M. (Org.) *Teoria e educação no labirinto do capital*. Petrópolis: Vozes, 2001. p.7-10.

SOBRE O LIVRO

Formato: 14 x 21 cm
Mancha: 23,7 x 42,5 paicas
Tipologia: Horley Old Style 10,5/14
Papel: Offset 75 g/m² (miolo)
Cartão Supremo 250 g/m² (capa)
1ª edição: 2008

EQUIPE DE REALIZAÇÃO

Coordenação Geral
Marcos Keith Takahashi